Friedrich W.J. Schelling zur Einführung

Franz Josef Wetz

Friedrich W. J. Schelling zur Einführung

JUNIUS

Junius Verlag GmbH
Stresemannstraße 375
22761 Hamburg
info@junius-verlag.de
www.junius-verlag.de

Umschlaggestaltung: Florian Zietz
Titelbild: Porträt nach einem Ölgemälde von
Christian Friedrich Tieck, um 1800
Satz: Junius Verlag GmbH
Printed in the EU 2025
ISBN 978-3-88506-939-3
3., korrigierte Auflage 2025

Bibliografische Information der Deutschen Nationalbibliothek Die Deutsche Nationalbibliothek verzeichnet diese Publikation in der Deutschen Nationalbibliografie; detaillierte bibliografische Daten sind im Internet über http://dnb.dnb.de abrufbar.

Inhalt

1. Einleitung 7

2. Der Heliozentrismus des Ich 15
Die kopernikanische Wende der Erkenntnistheorie 16
In Fichtes Fußstapfen – und doch auf eigenen Füßen ... 26

3. Naturbetrachtung statt Naturverachtung 31
Spekulative und empirische Physik 33
Zweckmäßigkeit, Organismus und Weltseele 39
Das Erwachen des Geistes in der Natur 50
Mensch und Natur 58

4. Auf der Suche nach der wahren Einheit 69
Die Geschichte des Selbstbewusstseins 72
Freiheit, Staat und Geschichte 77
Die Kunst als Gipfel der Philosophie 94

5. Göttliches All und nichtige Dinge 103
Verflüchtigung des Endlichen 106
Aufrechter Gang des Menschen 116
Philosophie der Kunst 121
Ohnmacht und Übermacht des Vergänglichen 128

6. Melancholie der Natur 135
Frühromantik, Spätromantik und
Nachtseite der Natur 138
Der wilde Gott 144

Philosophie der Freiheit 148
Philosophie der Weltalter 153
Das Wesen der Zeit 161
Wahnsinn, Böses, Schwermut 164
Göttlicher Wille und Wille zur Macht 174

7. Rätselhafte Existenz und Ohnmacht der Vernunft 179
Absolutismus der Vernunft 180
Grenzen der Vernunft 190
Unvordenkliche Existenz Gottes 197
Die große Tatsache der Welt 203
Geschichte der menschlichen Götterbildung 209

8. Schelling und kein Ende 215

Anhang

Anmerkungen 247
Literaturhinweise 254
Zeittafel 260
Über den Autor 262

1. Einleitung

Friedrich Wilhelm Joseph Schelling, einer der geistreichsten Köpfe der abendländischen Philosophiegeschichte, war ein Systeme konstruierender Problemdenker, der hohe Gedankengebäude errichtete und wieder einriss, wenn ihm neue Erkenntnisse solches nahelegten; ein Proteus war er aber nicht. Schelling besaß zwei Talente, die eher gegensätzlicher Natur sind: Er war System- und Problemdenker gleichermaßen. Systemdenker haben für gewöhnlich nur einen Gedanken, dem sie ihr ganzes Leben lang treu bleiben, indem sie ihn nach allen Richtungen hin entfalten. Problemdenker liefern dagegen eine Reihe unfertiger Versuche, Fragmente, ohne jemals die angestrebte systematische Einheit und Vollständigkeit zu erreichen.[1] Schelling war beides; philosophische Systeme erbauend, blieb er stets auf der Suche. Nicht zuletzt deshalb ist der Zugang zu seinen Schriften schwierig.

Schelling stellte sein Schaffen niemals in den Dienst nur einer einzigen Idee, sondern entwarf im Laufe seines Lebens mehrere Gedankengebäude, die trotz aller Unterschiede eng miteinander verwandt sind. Nirgends liegt ein völliger Bruch vor, im Gegenteil hält Schelling in allen Wandlungen seines Denkens an bestimmten Ideen fest, placiert und bewertet sie nur jeweils unterschiedlich. Innerlich ruhelos und voller Stimmungswechsel, brach er immer wieder zu neuen Ufern auf; mehrmals änderte und verwarf er seine Lebens- und Weltauffassung im Lichte neuer Erkenntnisse. Jedoch drückt diese Rastlosigkeit keineswegs eine Charakterschwäche aus, wie man annehmen könnte, sondern beweist vielmehr die Redlichkeit eines Denkers, der stets in Übereinstimmung mit seinen Überzeugungen zu leben versuchte, dem zwanglosen Zwang der eigenen Entwicklung folgend.

In seinen Darlegungen zeigt Schelling stets Gespür für systematische Relevanz und darüber hinaus Liebe zum Detail; wie eine Arche Noah nimmt er die Artenvielfalt ganz unterschiedlicher Wissenssysteme an Bord und bewahrt sie dadurch vor dem Untergang im Meer der Gedankenlosigkeit. Ein Meister der Textorganisation ist er jedoch nicht. Seine Ausführungen sind oftmals schwer zu verstehen, aber niemals unverständlich, denn er schreibt sachlich, nüchtern. Allerdings kennt er auch romantischen Überschwang, kalter Zynismus ist ihm dagegen fremd. Sensibel für Probleme und entschlossen geht er die großen Fragen der Philosophie an und bekundet bei alldem gelehrte Sympathie für die europäische Geistesgeschichte. Wollte man Schelling mit wenigen Worten charakterisieren, so müsste man ihn einen spekulativen Kopf mit ausgeprägtem Sinn für Wirklichkeit nennen. Sein Gesamtwerk, das Schriften über Erkenntnistheorie, Metaphysik, Natur- und Kunstphilosophie, aber auch zur Rechts- und Religionsphilosophie enthält, fällt durch seine ungeheure thematische Bandbreite auf.

Schelling wurde am 27. Januar 1775 als Sohn einer württembergischen Pfarrersfamilie in Leonberg geboren. Bereits mit fünfzehn Jahren, 1790, trat er ins Tübinger Stift ein, um an der Tübinger Universität, wie es damals üblich war, zuerst Philosophie, dann Theologie zu studieren. Im Stift bewohnte er mit Hegel und Hölderlin, mit denen er eng befreundet war, zusammen ein Zimmer; gemeinsame philosophische Interessen verbanden die drei von Anfang an. Nach Abschluss des Studiums im Herbst 1795 begleitete Schelling als Hofmeister die jungen Barone von

Riedesel an die Universität Leipzig; dort hörte er in den folgenden zwei Jahren Mathematik, Naturwissenschaften und Medizin. Bereits 1798 wurde er auf Betreiben Goethes und Fichtes als außerordentlicher Professor nach Jena berufen, wo er im Kreise der Romantiker Caroline Schlegel kennenlernte. Nach deren Scheidung von August Wilhelm Schlegel heirateten beide 1803. Im gleichen Jahr erhielt Schelling einen Ruf an die Universität Würzburg, die er, durch die napoleonischen Kriege gezwungen, schon 1806 wieder verlassen musste. Nun wechselte Schelling nach München, wo er Mitglied der Bayerischen Akademie der Wissenschaften und Generalsekretär der Akademie der bildenden Künste wurde. 1808 wurde ihm der Adelstitel verliehen. Bereits 1809 starb unerwartet seine Frau Caroline. Ihr Tod stürzte Schelling in eine tiefe Existenzkrise, von der er sich nur langsam erholte. Dennoch heiratete er drei Jahre später, 1812, ein weiteres Mal. Obwohl seine zweite Frau, Pauline Gotter, ihm drei Söhne gebar, blieb Caroline unvergessen, hatte sie doch viel stärker als Pauline an seinem philosophischen Schaffen teilgenommen. Während der Münchener Jahre zwischen 1806 und 1820 übte Schelling keine akademische Lehrtätigkeit aus. Wenn er auch in München hohes gesellschaftliches Ansehen genoss und über ein gutes Einkommen verfügte, so verbrachte er dort doch keine glückliche Zeit; er litt unter großer Vereinsamung. Nicht zuletzt deshalb ließ er sich 1821 beurlauben, um, ohne seine Ämter in München aufzugeben, nach Erlangen überzusiedeln, wo er als Honorarprofessor bis 1823 wieder Philosophie lehrte. Erst 1827 kehrte er nach München zurück: In diesem Jahr wurde er nicht nur Präsident der Akademie der Wissenschaften, sondern nach mehr als zwanzig Jahren auch wieder ordentlicher Universitätsprofessor, ernannt durch König Ludwig I. 1841 wiederum rief Friedrich Wilhelm IV. Schelling an die Universität Berlin, an der er bis 1846 lehrte.

Danach zog er sich fast ganz aus der Öffentlichkeit zurück, hielt aber bis 1852 noch gelegentlich Vorträge vor der Preußischen Akademie der Wissenschaften. Am 20. August starb Schelling in Bad Ragaz (Schweiz) während eines Erholungsurlaubes.

Auffälligerweise ist der zunächst so veröffentlichungsfreudige Philosoph in der Mitte seines Lebens fast gänzlich verstummt; von 1812 bis zu seinem Tode 1854 hat er kaum noch Bemerkenswertes publiziert. Jedoch ist es ein Irrtum zu glauben, dass er nichts mehr geschrieben und an keine Veröffentlichung gedacht hätte. Das Gegenteil war der Fall. In diesen Jahrzehnten des Schweigens entstanden vielleicht sogar Schellings wichtigste Schriften, von denen er die eine oder andere in Druck gab, um sie dann wieder zurückzunehmen. Ständig scheiterte er an der Vollendung der sogenannten Spätphilosophie, weshalb ihm das äußerlich sorgenfreie Leben innerlich manchmal zur Qual wurde.

Schellings Lebenswerk gliedert sich in mehrere Perioden; Horst Fuhrmans unterscheidet wie seinerzeit Heinrich Heine zwei Perioden, Nicolai Hartmann fünf und andere sogar sieben. Tatsache ist, dass Schelling, beeinflusst von Kant und Fichte, in den Jahren zwischen 1795 und 1800 eine Ich- und Naturphilosophie ausarbeitete; die Kapitel zwei bis vier dieser Einführung befassen sich hiermit. Die ungeklärte Frage, wie sich beide Ansätze aufeinander beziehen und miteinander vereinbaren lassen, führt ins fünfte Kapitel, welches ausführlich auf die sogenannte Identitätsphilosophie eingeht; diese entwickelte Schelling zwischen 1801 und 1806. Darin verlor er immer mehr die Wirklichkeit aus dem Blick, mit der sich dann die Freiheits- und Weltalterphilosophie um so intensiver auseinandersetzte. Auf diese Periode von 1809 bis ungefähr 1820 folgte Schellings letzte und längste Schaffensphase, in der er seine Philosophie der Mythologie und Offenbarung, auch negative und positive Philosophie genannt, ausarbeitete. Mit dieser beschäftigt sich das siebte Kapitel, bevor im abschließenden achten – nach zusammenfassendem Rückblick – auf die sogenannte Schelling-Renaissance unserer Zeit eingegangen werden soll.

Wie viele Denkphasen Schellings Gesamtwerk auch immer aufweisen mag, über alle Wandlungen seines Schaffens hinweg hält er an einer Idee unverändert fest: Von Fichte herkommend, leitet er bis zum Ende seines Schaffens das gesamte Sein aus zwei gegensätzlichen Urkräften ab. Zwar ändert sich im Laufe der Zeit sein Verständnis der Welt und damit einhergehend auch das jener Urkräfte, der gegensatzphilosophische Ansatz als solcher bleibt aber stets erhalten. So gesehen gibt es keine drei, fünf oder sieben Schelling, sondern eigentlich nur einen.

Heute würde man aber Schelling nicht mehr kennen, wenn Bertrand Russell recht behalten hätte, der in seiner umfangreichen *Philosophie des Abendlandes* bis auf eine kurze Bemerkung nichts über Schelling schrieb: »Er stand den deutschen Romantikern sehr nahe; philosophisch ist er unbedeutend, obwohl er zu seiner Zeit berühmt war.«[2] Gäbe es nicht mehr über Schelling zu sagen, dann könnte man sich das gründliche Studium seiner Werke ersparen. Aber Russells Einschätzung ist ein Fehlurteil, zu dem man nur dann kommen kann, wenn man sich nicht intensiv genug mit Schelling auseinandersetzt. Es entspricht weder dem Rang dieses Philosophen noch dem Ernst der Fragen, mit denen er sich in seinen Werken beschäftigt. Nur wer die großen Probleme der Philosophie nicht sehen oder nicht behandeln will, in ihnen nichts weiter als falsch gestellte Scheinfragen erblickt, kann Schellings Gedankenwelt gegenüber gleichgültig bleiben und sie als völlig unerheblich abtun.

Wenn auch heute die spekulative Systemphilosophie in einem Ausmaß wie nie zuvor in der Geschichte des Denkens an Geltung verloren hat, so bleiben doch die uralten Menschheitsfragen nach Sein und Sinn des Daseins, nach Aufbau, Zusammenhang und Wert des Ganzen bestehen. Deshalb wäre nichts verkehrter als die Meinung, dass die gerne für erledigt angesehenen letzten Fragen tatsächlich überholt und am Ende sind.

Richtig ist jedoch, dass die spekulativen Systeme der Vergangenheit nie der Wirklichkeit entsprachen. Stets erlagen sie der Gefahr, das Vielschichtige zu sehr zu vereinfachen und das Verschiedenartige auf gewaltsame Weise zu vereinheitlichen. Hinzu kommt, dass sie Versprechen sicherer Beweisführungen gaben, die sie nie einhalten konnten. Vermutlich war es von Anfang an falsch, diese Versprechen zu geben, wie es überhaupt ein Fehler ist, hinsichtlich der letzten Fragen Anspruch auf absolute Schlüssigkeit und apodiktische Gewissheit zu erheben. Wie alle Systemphilosophen widerstand auch Schelling diesen Versuchungen nicht.

Dennoch ist sein Lebenswerk von mehr als nur historischer Bedeutung, selbst wenn eine Fortsetzung heute nicht mehr ohne weiteres möglich ist. Zwar lässt sich seit einigen Jahren ein wiedererwachtes Interesse an Schelling beobachten, von einer wirklichen Schelling-Renaissance kann ungeachtet von Schelling-Kongressen und Schelling-Gesamtausgaben aber keine Rede sein. Sicherlich fehlt es gegenwärtig nicht an Gelehrten, die in zugegebenermaßen höchst wertvollen Einzeluntersuchungen wichtige Kerngedanken Schellings herausarbeiten; ihr eigenes Denken entbehrt aber oftmals der Originalität einer neuen Sichtweise.

Die Frage nach Schellings Bedeutung für die Philosophie von heute ist äußerst schwer zu beantworten. Selbst wenn die Antwort darauf zu seinen Ungunsten ausfiele, so wäre dennoch nicht zu leugnen, dass zahlreiche seiner Ideen im Unterstrom vieler Geistesrichtungen des 19. und 20. Jahrhunderts weiterleben – sei es in den Willensmetaphysiken Schopenhauers und Nietzsches, der Psychoanalyse Freuds, in der Lebensphilosophie oder im Existenzialismus. Bei näherem Hinsehen wird deutlich, dass alle diese Geistesrichtungen von Schellings Gedanken – mehr oder weniger stark – beeinflusst sind.

Sollte jemand Schellings Ideen aber gar nichts abgewinnen können, wird er vermutlich dessen Werke trotzdem mit Gewinn lesen, denn, ruhelos wie Schelling war, ließ er fast nichts von dem ungedacht, was wir Menschen überhaupt zu denken in der Lage sind.

2. Der Heliozentrismus des Ich

Schellings Frühphilosophie wurde besonders durch Fichtes 1794 erschienene *Wissenschaftslehre* geprägt. Das beweisen bereits die Titel der herausragenden Werke aus dieser Zeit wie *Über die Möglichkeit einer Form der Philosophie überhaupt* (1794) und *Vom Ich als Princip der Philosophie* (1795); beide Schriften gelten als Schellings philosophische Erstlingswerke. Allerdings hat er in der gleichen Zeit auch Dissertationen in Philosophie und Theologie sowie einige kleinere Aufsätze verfasst.[3] Aber erst mit den genannten Schriften, die eine unverkennbare Nähe zur *Wissenschaftslehre* zeigen, ist er bekannt geworden. Daraufhin bot ihm der Fichteaner Friedrich Immanuel Niethammer die Mitarbeit am *Philosophischen Journal* an, dessen Herausgeber er war. Schelling veröffentlichte darin 1795 seine *Philosophischen Briefe über Dogmatismus und Kritizismus,* in denen er erneut seine Begeisterung über Fichte kundtat. Im Herbst 1795 beendete er das Theologiestudium in Tübingen, war aber wie Hegel und Hölderlin nicht bereit, in den kirchlichen Dienst zu gehen; zu sehr hatten die Ideen der Aufklärung, Kants kritische Philosophie und Fichtes Wissenschaftslehre von ihm Besitz ergriffen. In Fichte sah er einen neuen Stern der Philosophie, der das von Kant Begonnene auf geniale Weise fortführte. Auf Schelling hinführend, sei daher zunächst auf jene beiden eingegangen.

Die kopernikanische Wende der Erkenntnistheorie

Kant vertrat in seinem erkenntnistheoretischen Hauptwerk *Kritik der reinen Vernunft* die Auffassung, dass objektive Erkenntnis immer an empirische Erfahrung gebunden sei. Alle Tatsachen wissenschaftlicher Erkenntnis werden demnach durch unsere Sinne gegeben und vom denkenden Verstand geformt. Dieser schreibt der Wirklichkeit Regeln und Bedingungen vor, unter denen sie uns überhaupt erscheinen kann, so dass es sinnlos wäre zu fragen, wie die Realität an sich, unabhängig von solchen Regeln und Bedingungen, beschaffen ist. Allen theoretischen Weltbeobachtungen liegen nach Kant apriorische Erkenntnisprinzipien zugrunde, durch welche die Gegenstände möglicher Erfahrung allererst konstituiert werden, und nur relativ zu diesem Begriffssystem lässt sich bestimmen, was existiert. Kant nennt dieses apriorisch, weil es unabhängig von der wirklichen Erfahrung gilt, ihr vorausgeht und das Feld möglicher Erfahrung vorstrukturiert. Im Einzelnen besteht das genannte Begriffssystem aus Formen der Sinnlichkeit und des Verstandes. Erstere nennt Kant Anschauungsformen, das sind Raum und Zeit, zu denen zwölf Kategorien des Verstandes treten, wie etwa Einheit, Vielheit, Kausalität und Wechselwirkung, in denen die sichtbare Welt als räumlich-zeitlicher Kausalzusammenhang erscheint.

Da unsere Vorstellungen der Welt durch diese Erkenntnisformen unseres Bewusstseins mit bedingt werden, kann uns die objektive Erkenntnis der Welt nur Auskunft darüber geben, wie sich die Gegenstände gemäß diesen Anschauungsformen und Verstandesbegriffen zeigen, aber nicht, wie sie unabhängig vom menschlichen Anschauen und Denken an sich sind. Daraus ergibt sich der Unterschied zwischen der Welt, wie sie uns erscheint, und den uns unerreichbaren Dingen an sich. Mit dieser Interpretation menschlicher Erkenntnis vertrat Kant einen idealistischen Standpunkt. Das Gegenteil davon ist eine realistische Sichtweise, nach welcher der Wissenschaft die unabhängig von unserer Erfahrung existierende Welt durchaus zugänglich ist. Der dadurch ausgelöste Streit, wie stark die Erkenntnis durch uns Menschen und wie stark durch die Welt selbst geprägt wird, hält noch heute an.

Kant, der in dieser Frage einen mittleren Weg ging, verglich in der Folge seine erkenntnistheoretische Wende mit der kopernikanischen: »Es ist hiermit ebenso, als mit dem ersten Gedanken des Kopernikus bewandt, der, nachdem es mit der Erklärung der Himmelsbewegungen nicht gut fort wollte, wenn er annahm, das ganze Sternenmeer drehe sich um den Zuschauer, versuchte, ob es nicht besser gelingen möchte, wenn er den Zuschauer sich drehen und dagegen die Sterne in Ruhe ließ.«[4] Dieser Vergleich muss auf den ersten Blick irritierend wirken, da Kopernikus doch den Menschen aus dem Mittelpunkt der Welt rückte, wohingegen Kant ihn durch seinen erkenntnistheoretischen Idealismus dorthin wieder zurückversetzte. Sicherlich wusste auch er, dass die Erde und die darauf lebenden Menschen nicht die räumliche Mitte der Welt bilden, wie er überhaupt nicht daran glaubte, dass für die Menschen und um ihretwillen alles erschaffen sei. Zugleich war er aber davon überzeugt, dass allein die menschliche Vernunft, welche die allgemeinsten Erkenntnisse nicht aus der Natur, sondern aus sich selbst schöpfe, festlegen könne, was unter Welt zu verstehen sei. Das ist, wenn auch kein kosmologischer, so doch ein erkenntnistheoretischer Anthropozentrismus.

Dagegen war durch Kopernikus, der das geozentrische Weltbild durch das heliozentrische ersetzte, jede Art von Anthropozentrismus fragwürdig geworden; jedenfalls scheint es so. Anstelle unserer Erde rückte er die Sonne in den Mittelpunkt des Alls. Zugleich beobachtete er eine doppelte Bewegung der Erde: Drehung um die eigene Achse und Jahreslauf um die Sonne. Dadurch brachte er eine Entwicklung in Gang, die im Laufe der Zeit zu der demütigenden Erkenntnis führte, dass die Menschheit weniger wichtig ist, als sie sich für gewöhnlich hält. Nietzsche fragte im 19. Jahrhundert: »Ist nicht gerade die Selbstverkleinerung des Menschen [...] seit Kopernikus in einem unaufhaltsamen Fortschritte? [...] Seit Kopernikus scheint der Mensch auf eine schiefe Ebene gerathen, – er rollt immer schneller nunmehr aus dem Mittelpunkte weg – wohin? ins Nichts? ins durchbohrende Gefühl seines Nichts?«[5] Damit übereinstimmend betonte Freud im 20. Jahrhundert, dass die Menschheit in der Neuzeit »Kränkungen ihrer naiven Eigenliebe«[6] hinnehmen musste, wie etwa die an den »Namen Kopernikus«[7] geknüpfte Erkenntnis, »daß unsere Erde nicht der Mittelpunkt des Weltalls ist, sondern ein winziges Teilchen eines in seiner Größe kaum vorstellbaren Weltsystems«[8]. Mit Vorstellungen dieser Art scheint der metaphysische Anthropozentrismus, nach dem die Welt für uns ist, wie auch der idealistische Anthropozentrismus, dem zufolge sie durch uns ist, unvereinbar zu sein.

Näher betrachtet, beabsichtigte aber weder Kopernikus eine Kränkung der Menschheit noch Kant eine Rettung ihrer alten Mittelpunktstellung. Ersterer wechselte vom geozentrischen zum heliozentrischen Weltbild, weil dadurch mathematische Vereinfachungen möglich wurden, letzterer vom erkenntnistheoretischen Realismus zum Idealismus, um so unhaltbare Erkenntnisansprüche zu korrigieren. Kants Vergleich seiner Erkenntnistheorie mit der kopernikanischen Reform bezieht sich nur auf diesen Punkt und auf sonst nichts anderes.

Davon abgesehen wollte Kopernikus durch die Etablierung des heliozentrischen Weltbildes und die damit einhergehenden mathematischen Vereinfachungen die traditionelle Weitsicht gerade retten. Denn das heliozentrische System, das einfacher war als das geozentrische, näherte sich dadurch dem Ideal harmonischer Wohlgeordnetheit, wie es der mittelalterlichen Schöpfungsidee zugrunde lag. Dazu passt, dass Kopernikus wie viele christliche Denker davon überzeugt war, dass die Welt für uns geschaffen sei, was sich jedoch nicht am räumlichen Standort des Menschen in der Welt erkennen lasse, wie man mutmaßen könnte, sondern an seiner ihn über alle anderen Lebewesen erhebenden Fähigkeit, die Welt zu erkennen und zu erforschen.

Im Gegensatz dazu wollte Kant durch die Etablierung seines erkenntnistheoretischen Idealismus nicht einfach nur das alte Weltbild mit dem Menschen in der Mitte bewahren. Im Gegenteil sollten mit Hilfe der neuen Erkenntnistheorie die Anmaßungen der alten Metaphysik zurückgewiesen und dadurch deren überzogene Ansprüche in die Schranken gewiesen werden.

Sowohl Kants *Allgemeine Naturgeschichte und Theorie des Himmels* als auch der »Beschluß« der *Kritik der praktischen Vernunft* beweisen, wie sehr er um die Unermesslichkeit des Weltalls wusste. In letzterem schrieb er, dass der Anblick der zahllosen Milchstraßen die eigene Wichtigkeit des Menschen als eines Naturwesens vernichte. Allerdings fand er im Menschen doch etwas, das ihn von allen übrigen Lebewesen unterscheide und trotz kosmischer Unerheblichkeit aus dem physischen Weltall heraushebe: »Daß der Mensch in seiner Vorstellung das Ich haben kann, erhebt ihn unendlich über alle andere auf der Erde lebende Wesen.»[9] Doch ist es das Ich nicht allein, das ihm »ein von der Tierheit und selbst von der ganzen Sinnenwelt unabhängiges Leben«[10] offenbart. Ein solches enthüllt ihm auch und vor allem das »moralische Gesetz«[11], das er in sich trägt. So ist für Kant der Mensch ein teils der Natur unterworfenes, teils der Natur entrücktes Lebewesen.

Fazit dieser Überlegungen: Anders als manchmal vermutet hielt Kopernikus noch teilweise am alten Anthropozentrismus fest, während Kant ihn schon partiell überwand. Wahr aber bleibt, dass die nachkopernikanische Kosmologie den Blick ins unermessliche Weltall lenkte und dadurch jeder Form von Anthropozentrismus und Idealismus die Grundlagen entzog. Daher sollte es auch nicht überraschen, dass ausgerechnet der nachkantische Idealismus das erkenntnistheoretische und moralische Bewusstsein zu einem absoluten Ich erhob, das sich nicht nur von der Natur absonderte, sondern diese sogar zum eigenen Produkt erklärte.

Diesen Weg schlug Fichte ein, nach dessen Ansicht die gesamte Natur, die innerhalb seines Denkens in auffallender Weise zu kurz kommt, das Erzeugnis eines absoluten Ich ist. Im Gegensatz zu Pascal im 17. Jahrhundert bedachte er nicht die Kürze des menschlichen Lebens, begrenzt von der Ewigkeit vorher und nachher, nicht, wie klein der Raum ist, den der Mensch einnimmt, oder den, den er sieht, verschlungen von der unendlichen Weite der Räume, von denen er nichts weiß und die von ihm nichts wissen. Deshalb erschauderte Fichte auch nicht wie Pascal vor dem ewigen Schweigen des unermesslichen Alls, von dem er völlig absah.

Er verwandelte Kants Erkenntnistheorie in einen absoluten Idealismus, dem zufolge ein allgemeines Ich, an dem wir alle in unserem Inneren teilhaben, das eigentliche All bildet. Das wirkliche Weltall, das die Winzigkeit der Erde und die Entbehrlichkeit der Menschen offenbart, kommt darin, selten genug, bloß ausschnittweise und auch dann nur als Setzung jenes allgemeinen Ich vor. Der absolute Idealist Fichte sah also keine selbstständigen Sterne mehr über sich, sondern bloß selbstgesetzte Natur um sich, und verdrängte auf diese Weise die unerträgliche Vorstellung des uns gegenüber gleichgültigen und rücksichtslosen Universums. Der außermenschliche Bezugsraum der Angst war gänzlich aus seinem Blickfeld geraten. In pointierter Zuspitzung formuliert: Viele empfinden ein Gefühl der eigenen Nichtigkeit, wenn sie die Sterne sehen; Fichte fühlte nur die Nichtigkeit der Sterne, als er sich sah. Indem er den kosmologischen Heliozentrismus durch einen idealistischen ersetzte, ließ er die Erdenbewohner nur noch um die Sonne ihres absoluten Ich kreisen.

Verschiedentlich warf er dabei Kant vor, die allgemeinen Erkenntnisformen in der *Kritik der reinen Vernunft* nur als Tatsachen des Bewusstseins zu beschreiben, ohne sie wissenschaftlich daraus abzuleiten. Außerdem kritisierte er, dass Kant in seinem zweiten Hauptwerk, der *Kritik der praktischen Vernunft*, ein moralisches Bewusstsein eingeführt habe, ohne die Frage nach dessen Beziehung zum Subjekt der theoretischen Erkenntnis hinreichend zu beantworten. Im Gegensatz dazu versuchte Fichte nicht nur alle Erkenntnisformen aus seinem allgemeinen Ich abzuleiten, sondern auch zu zeigen, dass theoretisches und praktisches Ich eins sind, das heißt: zwei unterschiedliche Tätigkeiten des einen absoluten Ich darstellen. Hierbei ordnete er wie Kant das praktische Ich dem theoretischen über. Die praktische Vernunft war tragendes Fundament einer idealistischen Metaphysik geworden.

Bei alledem bedeutet die Aussage »das Ich ist absolut«, es ist durch nichts anderes als durch sich selbst bedingt und bestimmt; es muss als schlechthin unbedingt angesehen werden. Daraus ergibt sich nach Fichte als oberster Grundsatz: »Das Ich setzt ursprünglich schlechthin sein eigenes Seyn.«[12] Es existiert durch sich und aus sich. Das Ich existiert also nur, insofern es sich setzt, und es kann sich nur setzen, insofern es bereits ist. Das nennt Fichte »Thathandlung«[13], wobei »Tat« für das Sein des Ich, »Handlung« für sein Selbstsetzen steht. Allerdings kann sich das Ich nur selbst setzen und denken, indem es sich von der Welt, dem Nicht-Ich, absetzt, denn erst dadurch gewinnt es seine Besonderheit. So folgt aus dem ersten Grundsatz als zweiter, dass sich das Ich ein Nicht-Ich entgegensetzt. Das scheint jedoch zu einem Widerspruch zu führen. Denn wird Ich gesetzt, so wird nicht zugleich Nicht-Ich gesetzt, und wenn Nicht-Ich, dann gerade nicht das Ich. Dieses Problem löst Fichte durch wechselseitige Einschränkung von Ich und Nicht-Ich, gewissermaßen als eine Teilaufhebung beider. Das absolute Ich schafft dadurch in sich selbst gleichsam Platz für das Nicht-Ich, von dem es sich unterscheidet. Das bringt der dritte Grundsatz zum Ausdruck: »Ich setze im Ich dem theilbaren Ich ein theilbares Nicht-Ich entgegen.«[14] Auf diese Weise setzt das absolute Ich den bekannten Gegensatz von Subjekt und Objekt, aber so, dass das eine nicht ohne das andere, Welt nicht ohne Selbst vorgestellt werden kann.

Anschließend entwickelt Fichte aus dem dritten Grundsatz zwei Formen der wechselseitigen Beschränkung von Ich und Nicht-Ich. »Das Ich setzt sich selbst, als beschränkt durch das Nicht-Ich«[15], lautet sein Lehrsatz der theoretischen Philosophie, dem zufolge objektive Erkenntnis von Gegenständen der Außenwelt, also vom Nicht-Ich, mit bedingt wird. »Das Ich setzt das Nicht-Ich als beschränkt durch das Ich«[16], heißt dagegen sein Lehrsatz der praktischen Philosophie, dem entsprechend moralisches Handeln eine Form von Einwirkung auf die Außenwelt darstellt. Danach kann das absolute Ich nicht bei der Hervorbringung der Welt als einer letztbegründeten Ordnung stehenbleiben, sondern ist auch zu vernünftiger Selbstgestaltung aufgerufen. Auffälligerweise ordnet Fichte die theoretische Philosophie der praktischen zwar vor, bewertet diese aber höher als die theoretische. Denn eigentlich erschaffe das Ich nur deshalb die Welt, um darin zu handeln; freies sittliches Streben sei bloß als ein Überwinden von Schranken und Widerständen vorstellbar, wie sie ihm in Gestalt der Welt entgegentreten.

Fichte bestritt im Gegensatz zu Kant die Existenz der Dinge an sich. Er vertrat, wie bereits erwähnt, keinen erkenntnistheoretischen Idealismus, sondern einen absoluten. Danach unterwirft das Ich nicht nur die Dinge seiner eigenen Gesetzgebung, sondern bringt auch ihre Existenz hervor. Nach seiner Überzeugung erweist sich der uns als selbstständig erscheinende Naturzusammenhang bei näherem Hinsehen als Produkt des absoluten Ich, das alle Bestimmungen der Wirklichkeit, einschließlich ihrer Existenz, aus sich schöpft. Wäre die Natur hingegen wirklich selbstständig, so könnte nach Fichtes Logik der Mensch nur als ein den Naturgesetzen unterworfenes Lebewesen betrachtet werden. Die einzige Konsequenz, die sich daraus ziehen ließe, bedeutete dann Fatalismus; Willensfreiheit und schöpferische Geisteskraft erwiesen sich als Illusionen, das menschliche Ich stellte sich als geistiger Automat heraus – eine der fürchterlichsten Vorstellungen für Fichte.

Um diese Auffassung, wie sie etwa Spinoza, Hobbes oder d'Holbach vertraten, nicht einnehmen zu müssen, hatte bereits zu Beginn des 18. Jahrhunderts der irische Bischof Berkeley sich auf einen absolut idealistischen Standpunkt gestellt. Allerdings wollte Fichte nicht das geringste mit Berkeleys Philosophie zu tun haben, der er ablehnend, wenn nicht gar geradezu feindlich gegenüberstand. Dennoch ist kaum zu bestreiten, dass beide in bestimmten Fragen grundsätzlich übereinstimmten. Auch Berkeley leugnete, dass es eine vom Wahrnehmen und Denken unabhängige Außenwelt gibt. Im Unterschied zu Fichte ging er jedoch davon aus, dass der göttliche Geist uns Vorstellungsbilder der Natur einpräge, die nur durch unsere Wahrnehmung existiere. Auf den Gedanken, dass das Ich die Welt selbst hervorbringe, kam er dabei nicht; wie umgekehrt Fichte nicht auf die Idee eines uns Vorstellungsbilder eingebenden Gottes kam.

Dessen ungeachtet bezweifelten aber beide übereinstimmend die Eigenrealität der Natur, um so die Idee der menschlichen Freiheit zu bewahren. Jedoch ging es Berkeley zugleich um mehr und anderes. Er konnte sich nicht vorstellen, dass Gott als allmächtiger Geist anderes denn Geistiges hervorbringe. Ein Geist könne nur geistig wirken, meinte er, eine Ideenwelt erschaffen, aber keine Materie. Deshalb müsse man die natürliche Überzeugung aufgeben, dass die materielle Welt an sich existiert; andernfalls sei man gezwungen, die Materie selbst als Teil Gottes zu denken – eine für ihn aber völlig abwegige Vorstellung, zu der allerdings der späte Schelling neigte, wie sich an anderer Stelle zeigen wird.

Wie groß die Unterschiede zwischen Berkeleys und Fichtes Idealismus im Einzelnen auch sind, beide leugnen das Ansich-Sein der Außenwelt, um dadurch auch und vor allem die menschliche Freiheit zu retten. Woher aber stammt dann der für uns alle selbstverständliche Glaube an die Unabhängigkeit und Selbstständigkeit der Welt?

Tatsächlich sind wir doch davon überzeugt, dass sich unsere Vorstellungen auf äußere, unabhängig von uns gegebene Dinge beziehen. Kein Mensch hält sich für den Schöpfer der Welt. Mit Kant ist man vielleicht noch der Meinung, nicht erkennen zu können, wie die Welt an sich beschaffen ist. Aber dass es von uns unabhängige Dinge an sich gibt, bezweifelt im Normalfall niemand. Nur Fichte zieht die Existenz der Dinge an sich in Zweifel, davon überzeugt: »Alles, was ist, ist nur insofern, als es im Ich gesetzt ist, und ausser dem Ich ist nichts.«[17] Deshalb drängt sich immer wieder die Frage auf, wie unter dieser Bedingung die Vorstellung einer von uns unabhängigen Welt überhaupt zustande kommt. Fichtes verblüffende Antwort lautet: produktive Einbildungskraft, und das heißt unbewusste Produktion. Das absolute Ich schaut eine gegenständliche Welt, sieht sich aber selbst nicht in seinem Schauen. Da es sich auf diese Weise der Hervorbringung des Nicht-Ich nicht bewusst ist, erfährt es sich als vom Nicht-Ich bestimmt und hält deshalb die Gegenstände der bewussten Erkenntnis für bewusstseinsunabhängige Dinge an sich.

»Daher unsere feste Überzeugung von der Realität der Dinge ausser uns, und ohne alles unser Zuthun, weil wir uns des Vermögens ihrer Produktion nicht bewußt werden.»[18] Erst philosophische Reflexion vermag diese Zusammenhänge zu durchschauen und zu erkennen, dass die räumlich-zeitliche Außenwelt nicht Erscheinung unbekannter Dinge an sich ist, wie Kant annahm, sondern bloße Bildwelt des produktiven Ich selbst.

Mit diesen Grundsätzen hat Fichte nicht nur seinen absoluten Idealismus verankert, sondern auch die erkenntnistheoretische Frage beantwortet, wie unsere Vorstellungen mit den Dingen an sich grundsätzlich übereinstimmen können. Er folgt darin gewissermaßen Giovanni Battista Vico, einem italienischen Philosophen des 17. und 18. Jahrhunderts, nach dem wir nur das vollständig erkennen können, was wir auch selbst gemacht haben, und das war für ihn die geschichtliche Welt, während es für Fichte die gesamte außermenschliche Sphäre ist. Nach Fichte reproduziert das bewusste Ich in der Erkenntnis nur, was es unbewusst produziert hat; es ist reproduzierendes Bewusstsein der von ihm selbst unbewusst produzierten Welt.

Zusammenfassend kann man sagen, dass für Fichtes *Wissenschaftslehre* Folgendes charakteristisch ist: zum einen die Existenz des absoluten Ich und der Glaube an seine Allmacht, die Auszeichnung des Menschen als eines alle übrigen Lebewesen überragenden Vernunftwesens; zum anderen die Interpretation der uns umgebenden Welt als eines vom absoluten Ich erschaffenen Ordnungssystems, damit verbunden das völlige Absehen vom unermesslichen Weltall sowie schließlich die Möglichkeit philosophischer Letztbegründung als absoluter Erkenntnis, die zu endgültiger Wahrheit führe. Mit weniger wollte sich Fichte nicht zufrieden geben.

Ziel war für ihn ein sich selbst tragendes Vernunftsystem, mit dem der lebendige Begriff der Freiheit verträglich wäre. Beide seien nicht nur miteinander vereinbar, sondern das eine sei sogar notwendige Voraussetzung für das andere. Der Freiheitsbegriff fordere selbst den Systemgedanken, was spätere Denker wie Kierkegaard und Nietzsche allerdings nachdrücklich bestritten. Sie meinten, Freiheit lasse sich in kein System einfügen, ohne dadurch vernichtet zu werden; zwischen beiden klaffe ein unüberbrückbarer Graben. Deshalb müsse jede Philosophie, die systematische Vollständigkeit und Einheit anstrebe, am Problem der Freiheit scheitern. Im Gegensatz dazu betrachteten idealistische Philosophen wie Kant, Fichte, Hegel oder Schelling System und Freiheit als miteinander vereinbar. Denn nur in einer Welt, die der Macht einer alles ordnenden Vernunft unterworfen sei, sei freies Denken, Wollen und Handeln möglich, nicht aber in einer solchen, aus der sich die ordnende Hand der Vernunft zurückgezogen habe.

In Fichtes Fußstapfen – und doch auf eigenen Füßen

»Die Philosophie ist noch nicht am Ende. Kant hat die Resultate gegeben: die Prämissen fehlen noch«[19], schrieb 1795 Schelling in einem Brief an Hegel. Trotz aller Hochachtung vor Kant nahm er aber wie Fichte daran Anstoß, dass seine »theoretische und praktische Philosophie schlechterdings durch kein gemeinschaftliches Prinzip verbunden« (I, 154) wird. Dabei sei doch offenbar, dass »beide gleich grundlos und unbegreiflich sind, wenn sie nicht beide aus Einem Princip [...] hervorgehen« (I, 398). Deshalb müsse von einem schlechthin unbedingten Grundsatz ausgegangen werden, aus dem sich alles weitere ableiten lasse. Dann wiederholt Schelling die drei dargestellten Grundsätze der Fichteschen Wissenschaftslehre und fügt hinzu, dass durch sie »auch aller Inhalt, alle Form der Wissenschaft erschöpft« (I, 100) sind.

Auch er privilegiert das »absolute Ich« (I, 167) als das schlechthin Unbedingte, das sich »durch sein Denken selbst – aus absoluter Causalität – hervorbringt« (I, 167). Es bilde das oberste Deduktionsprinzip, aus dem sich alles Weitere ergebe: »Das vollendete System der Wissenschaft geht vom absoluten, alles Entgegengesetzte ausschließenden Ich aus. Dieses als das Eine Unbedingbare bedingt die ganze Kette des Wissens, beschreibt die Sphäre alles Denkbaren, und herrscht durch das ganze System unseres Wissens als die absolute alles begreifende Realität.« (I, 176)

Das absolute Ich werde uns aber weder begrifflich noch sinnlich gegeben, sondern nur in »intellektueller Anschauung« (I, 181), zu der wir nach Kant allerdings unfähig sind. Nur ein göttlicher Verstand sei zu rein geistiger Anschauung in der Lage, meinte er, die Anschauungen von uns Menschen könnten dagegen nur sinnlicher Art sein. Schelling kannte Kants Meinung: »Ich weiß es recht gut, daß Kant alle intellektuale Anschauung geleugnet hat.« (I, 181) Dennoch hielt er unbeirrt daran fest, dass das absolute Ich »intellektual angeschaut« (I, 202) werden kann und muss, da dies für das absolute Ich der einzige Weg sei, seiner selbst unmittelbar innezuwerden. Auch in dieser Beziehung stimmte Schelling mit Fichte überein, der in der *Zweiten Einleitung in die Wissenschaftslehre* von 1797 den Ausdruck »intellektuelle Anschauung« zum ersten Mal gebrauchte: »Dass es ein solches Vermögen der intellektuellen Anschauung gebe, lässt sich nicht durch Begriffe demonstrieren, noch, was es sei, an Begriffen entwickeln. Jeder muss es unmittelbar in sich selber finden, oder er wird es nie kennen lernen.«[20] Ohne hier näher auf den unterschiedlichen Gebrauch dieses Begriffes in der Philosophie des Deutschen Idealismus einzugehen[21], sei nur darauf hingewiesen, dass außer Fichte und Schelling auch Novalis und Hölderlin davon überzeugt waren, dass wir Menschen das absolute Ich, die Vernunft oder das Göttliche geistig schauen können; Hegel verwarf die intellektuelle Anschauung allerdings als willkürlich.

Nun mögen Fichte und Schelling die intellektuelle Anschauung unterschiedlich interpretiert haben, beide sahen jedoch im absoluten Ich den Schöpfer aller Dinge, der mehr sei als nur ein oberster Ableitungsgrund alles Wissens. In diesem Sinne heißt es bei Schelling: »Das Ich enthält alles Sein, alle Realität.« (I, 186) »Demnach ist alles, was ist, im Ich, und außer dem Ich ist nichts.« (I, 192) Daraus folgt: »Das Ich ist [...] Ursache des Seins, [...] auch des Wesens alles dessen, was ist.« (I, 195) Kurzum, es ist Schöpfer der Welt in jeder Beziehung.

Damit ist auch wieder eine Antwort auf die Frage gegeben, ob »absolute Übereinstimmung des Gegenstandes und der Vorstellung, des Seins und Erkennens« (I, 365) möglich ist. Dies lässt sich eindeutig bejahen, denn aufs Neue gilt, dass das Ich in allen Dingen nichts anderes anschaut »als sein eignes Produkt« (I, 379).

Dennoch ist das absolute Ich Schellings ein anderes als das von Fichtes ,*Wissenschaftslehre.* Trotz grundlegender Übereinstimmungen nimmt der frühe Schelling bei der Interpretation des absoluten Ich eine eigenständige Position ein, worauf zuallererst Hegel in seiner *Differenz des Fichteschen und Schellingschen Systems der Philosophie* 1801 aufmerksam machte. Er war es auch, der seinem Studienfreund zum Bewusstsein brachte, wieweit er bereits, ohne es zu wissen, über Fichte hinausgegangen war. Schelling beschrieb diese Unterschiede später mit den Worten: Fichte hat »den Idealismus in völlig subjektiver, ich dagegen in objektiver Bedeutung gedacht [...]: um diese Entgegensetzung aufs verständlichste auszudrücken, so müßte der Idealismus in der subjektiven Bedeutung behaupten, das Ich sei Alles, der in der objektiven Bedeutung umgekehrt: Alles sei = Ich« (IV, 109).

Besonders deutlich zeigt sich die Differenz zwischen Fichte und Schelling in der Unterscheidung von absolutem und endlichem Ich. Das erstere mit »Gott« (I, 201) gleichsetzend, letzteres mit dem Menschen, wandte sich Schelling bereits in seiner Frühphilosophie tendenziell von Fichtes subjektivem Idealismus ab, obgleich er weiter daran festhielt, dass jeder Mensch an einem göttlichen Ich im eigenen Inneren teilhabe. Aber in seiner Philosophie gehörte das absolute Ich weniger zum Menschen als in Fichtes Wissenschaftslehre, nach der das menschliche Ich mit dem absoluten in der Wurzel identisch ist. Dagegen erinnern manche Äußerungen des frühen Schelling an die traditionelle Metaphysik, nach der die Menschen nur deshalb die Welt richtig erkennen können, weil sie Ebenbild des alles hervorbringenden göttlichen Verstandes sind. In ähnlicher Weise besteht nach Schelling zwischen dem erkennenden Menschen und dem Gegenstand der Erkenntnis eine »Harmonie« (I, 240), weil »beide, die Objekte und das empirische Ich, ihre Realität nur der unendlichen Realität des absoluten Ich verdanken« (I, 240). Aus diesem Grunde dürfe das empirische, endliche Ich auch als frei gelten, weil es an der »Freiheit des absoluten Ichs« (I, 181) teilhabe; jedoch sei die menschliche Freiheit begrenzt. Sie ist von der des absoluten Ich zwar »nicht [...] der Qualität, [aber] der Quantität nach verschieden« (I, 236).

Dennoch sei letzter Endzweck und höchste Aufgabe des Menschen, dem göttlichen Ich immer ähnlicher zu werden. »Das letzte Ziel des endlichen Ichs ist also Erweiterung bis zur Identität mit dem Unendlichen.« (I, 200) Das aber bedeutet, »der Endzweck der Welt ist ihre Zernichtung, als einer Welt, d. h. als eines Inbegriffs von Endlichkeit (des endlichen Ichs und des Nicht-Ichs)« (I, 201).

Man erkennt, wie wenig Schelling bereits in seiner Frühphilosophie noch auf dem Boden des subjektiven Idealismus Fichtes stand; er sprach schon mit eigener Stimme. Dazu passt, dass für Schelling, anders als für Fichte, die Natur in ihrer ganzen Fülle eine ständig wachsende Rolle spielte. Noch stellte er sie als Produkt des absoluten Ich dar, und wie Fichte vergaß er darüber das unermessliche Weltall. Aber das Programm für die nächsten Jahre stand fest; es enthielt die Ausarbeitung einer Naturphilosophie, in der Schelling jedoch keineswegs von Fichtes Wissenschaftslehre gänzlich abrückte. Im Gegenteil versuchte er jetzt den Idealismus aus der uns umgebenden Natur selbst abzuleiten, indem er das absolute Ich als produktive Kraft in sie hineinprojizierte.

Dabei blieb eine wesentliche Frage, ob überhaupt erkennendes Subjekt und Objekt der Erkenntnis übereinstimmen können. Dazu schrieb Schelling einmal, dass wir nur das mit Sicherheit erkennen, was zugleich Vorstellendes und Vorgestelltes sei, das heißt den Menschen, uns selbst. Denn nur in der Selbstanschauung des Geistes stimmen Vorstellung und Gegenstand so miteinander überein, dass wir diese Übereinstimmung auch mit absoluter Gewissheit erkennen. Das vorausgesetzt, kann von Übereinstimmung des erkennenden Subjekts mit einem Objekt der Natur nur dann gesprochen werden, wenn sich nachweisen lässt, »daß der Geist, indem er überhaupt Objekte anschaut, bloß sich selbst anschaut. Lässt sich dies erweisen, so ist die Realität unseres Wissens gesichert.« (I, 366) Diesen Beweis erbringt Schelling in seiner Naturphilosophie dadurch, dass er in der selbstständig existierenden Natur ein alles hervorbringendes Subjekt aufzeigt, anstatt wie Fichte die Natur als Produkt eines unbewusst wirkenden absoluten Ich darzustellen, das wir im Grunde selbst sind. Nun heißt es bei Schelling, die Natur kann deshalb Objekt für das erkennende Subjekt werden, weil sie selbst das Werk eines in ihr bewusstlos wirkenden Subjekts ist, das in seiner Grundstruktur mit der des menschlichen Ich übereinstimmt. Aber so sehr Schelling jetzt auch betont, dass die uns umgebende Natur an sich existiert, das unermessliche Weltall lässt er weiterhin außer Acht.

3. Naturbetrachtung statt Naturverachtung

Bereits in der *Abhandlung über den Idealismus der Wissenschaftslehre* 1796/97 nennt Schelling alle Themen seiner künftigen Naturphilosophie. Dazu gehören »eine sich selbst organisierende Natur« (I, 386), »eine produktive Kraft in den Dingen außer uns« (I, 387), ein »allgemeiner Geist der Natur« (I, 387). Dann erwähnt er die Vorstellung der Welt als einer Art zweckmäßiger Organisation, die einen Entwicklungszusammenhang, eine Stufenfolge bilde, an deren Spitze der Mensch stehe, wie er schrittweise aus der Natur hervorgegangen sei. Diese liege »vor uns aufgeschlagen, um in ihr die Geschichte unseres Geistes wieder zu finden« (I, 383).

Schellings naturphilosophische Phase fällt in die Zeit zwischen 1797 und 1801. 1796 trat er eine Stelle als Hauslehrer bei den Stuttgarter Baronen von Riedesel an, mit denen er für zwei Jahre nach Leipzig ging. Dort besuchte er naturwissenschaftliche Vorlesungen, die seine im Entstehen begriffene Naturphilosophie nachhaltig beeinflussten. Bereits 1798 wurde Schelling außerordentlicher Professor in Jena, wo er mit Fichte, Schiller, Goethe und dem Romantikerkreis um Schlegel freundschaftlich verkehrte. In diesen Jahren entstanden zahlreiche Texte über Naturphilosophie mit durchaus einheitlichem Ansatz – 1797 die *Ideen zu einer Philosophie der Natur*, die Schrift *Von der Weltseele* im darauffolgenden Jahr, weiter die *Einleitung zu dem Entwurf eines Systems der Naturphilosophie* im Jahre 1799 und nicht zuletzt die 1801 publizierte Abhandlung *Über den wahren Begriff der Naturphilosophie und die richtige Art ihre Probleme aufzulösen.* In diesen naturphilosophischen Hauptschriften stellt Schelling die Natur nicht mehr als Produkt des absoluten Ich, sondern als eigenständige Wirklichkeit dar.

Später kommt er auf die naturphilosophischen Ergebnisse seiner frühen Schaffensphase immer wieder zurück, sei es im *System der gesamten Philosophie und der Naturphilosophie insbesondere* 1804 oder in der *Darstellung des Naturprozesses* 1844, zwei zu Lebzeiten Schellings unveröffentlicht gebliebene Abhandlungen. Allerdings kommt der Naturphilosophie in den Jahren nach 1806 nicht mehr die Bedeutung zu, die sie für Schelling noch um 1800 hatte. In jenen Jahren galt seine ganze Aufmerksamkeit der Naturphilosophie, was aber nicht bedeutet, dass er mit dem Idealismus seiner frühen Wissenschaftslehre, der sogenannten Transzendentalphilosophie, völlig gebrochen hätte. Zwar betrachtete er die »Naturphilosophie [als] eine ganz für sich bestehende und von der Transcendentalphilosophie völlig verschiedene Wissenschaft« (IV, 81), die sogar Vorrang vor dieser habe (vgl. IV, 92), gleichzeitig betonte er aber, dass sie sich wechselseitig ergänzten, komplementär aufeinander bezogen seien. Um es deutlicher zu sagen: Aufgabe der Wissenschaftslehre war für Schelling, die Natur aus dem absoluten Ich abzuleiten, die der Naturphilosophie hingegen, das absolute Ich aus der Natur zu erklären. Es oblag also der letzteren, »aus dem Objektiven das Subjektive entstehen zu lassen« (IV, 86), der Transzendentalphilosophie dagegen, das Objektive aus dem Subjektiven hervorzubringen. Noch einmal anders formuliert: »Wenn es [...] Aufgabe der Transcendentalphilosophie ist, das Reelle dem Ideellen unterzuordnen, so ist es dagegen Aufgabe der Naturphilosophie, das Ideelle aus dem Reellen zu erklären: beide Wissenschaften sind also Eine, sich nur durch die entgegengesetzten Richtungen ihrer Aufgabe unterscheidende Wissenschaft.«

(III, 272) Darin beweist die Naturphilosophie die Einheit des Ideellen, Idealen oder Geistigen, auch das Subjektive genannt, mit dem Reellen, Realen oder Materiellen, auch als das Objektive bekannt; die Transzendentalphilosophie hingegen die des Realen, Materiellen mit dem Idealen, Geistigen. Beiden Ansätzen kommt nach Schelling gleiche Notwendigkeit im System des Wissens zu.

Spekulative und empirische Physik

Schellings Naturphilosophie, zweifellos ein Stein der Weisen, ist auf alle Fälle aber auch ein Stein des Anstoßes, der sich nur schwer aus dem Wege räumen lässt. Bereits der Ausdruck »Naturphilosophie« ruft bei vielen Naturwissenschaftlern Unbehagen und Skepsis hervor, so sehr ist diese Disziplin inzwischen in Verruf gekommen. Tatsächlich muss man fragen, wie im Zeitalter der modernen Naturwissenschaften überhaupt Naturphilosophie möglich sein kann. Jedenfalls nicht ohne Berücksichtigung empirischer Forschung, möchte man meinen. Naturspekulation, falls sie wirklich zulässig sein sollte, ist an Naturwissenschaft gebunden und hat die Aufgabe, deren Ergebnisse im Lichte höherer, übergreifender Fragen zu erörtern. In dieser Hinsicht ist Naturphilosophie nachträgliche Deutung naturwissenschaftlicher Erkenntnisse, die sie dann zu einem geschlossenen Bild der Natur als ganzer zusammenfügt.[22] In anderer Hinsicht dient sie den modernen Naturwissenschaften dadurch, dass sie erst die Voraussetzungen für empirische Naturforschung schafft.[23] So verstanden, entspricht Naturphilosophie einerseits in etwa der Metaphysik, andererseits ähnelt sie einer Erkenntnistheorie.

Wenn auch auf unterschiedliche Art und Weise, so knüpfen doch beide Seiten an empirische Erfahrung an, wozu der frühe Schelling überraschenderweise vermerkt: »Wir wissen nicht nur dies oder jenes, sondern wir wissen ursprünglich überhaupt nichts als durch Erfahrung, und mittelst der Erfahrung, und insofern besteht unser ganzes Wissen aus Erfahrungssätzen.« (III, 278) Eine solche Formulierung ist verwirrend, wenn man bedenkt, dass Naturphilosophie, wie tief sie auch immer mit den Gegenständen wirklicher Erfahrung verbunden sein mag, doch aus Aussagen a priori besteht, aus apriorischen Konstruktionen, die echtes Wissen zu sein beanspruchen. Es ist sogar so, dass Schelling, weit davon entfernt, Erfahrung als einziges Wissen gelten zu lassen, der Empirie immer weniger Bedeutung beimaß, indem er erkenntnistheoretische und metaphysische Naturphilosophie einander mehr und mehr annäherte, wenn nicht miteinander gleichsetzte. Wie viele Denker der abendländischen Philosophie lebte er dabei in der kühnen Zuversicht, dass ihm persönlich durch bloßes Nachdenken die volle Erkenntnis der Welt zugänglich sei. Alles, was sich zu wissen lohnt, sollte apriorisch erkennbar, empirische Physik durch spekulative ersetzbar sein.

Der Ausdruck »spekulative Physik« erscheint zum ersten Mal 1797 in den *Ideen zu einer Philosophie der Natur* und zum letzten Mal 1806 in der *Darlegung des wahren Verhältnisses der Naturphilosophie zu der verbesserten Fichteschen Lehre.* Dabei wird die spekulative Physik, die von »empirischer Physik« (III, 275) zu unterscheiden ist, meistens mit Naturphilosophie gleichgesetzt: »Naturphilosophie ist speculative Physik.« (III, 274) Einerseits trifft auf sie zu, was man häufig über Schellings Philosophie liest, dass sie nicht mit den damaligen Naturwissenschaften konkurrierte, auf deren Ergebnisse Schelling durchaus Rücksicht nahm.[24] Andererseits ersetzte Schelling nach und nach immer mehr Empirie durch Spekulation, naturwissenschaftliche Erklärung durch naturphilosophische Konstruktion.[25] Sein Verhältnis zu den empirisch arbeitenden Naturwissenschaften ist offensichtlich mehrdeutig, gespalten. Ähnlich zwiespältig sind aus diesem Grund auch die Beurteilungen seiner Kenntnisse über die damalige Naturforschung.

So umrankt von Anfang an die Naturphilosophie ein Geflecht von Anerkennung und Ablehnung. Während die einen Schellings profundes naturwissenschaftliches Wissen bewundern, weisen andere nach, dass dieses gar nicht so bewundernswert ist und nur teilweise mit der damaligen Wissenschaftsentwicklung Schritt hält. Anders als auf dem Gebiet der Biologie und Chemie sei er in mathematischer Physik unzureichend, geradezu mangelhaft ausgebildet gewesen. Demgegenüber betonen manche, dass er doch immerhin neueste Entdeckungen unseres Jahrhunderts in seiner Naturphilosophie vorweggenommen habe. Andere wiederum lenken den Blick nur auf seine irreführenden Eingriffe in den damaligen Wissenschaftsprozess und lehnen alle Versuche, Naturphilosophie mit Naturwissenschaft zu vereinbaren, grundsätzlich ab.

Tatsache ist, dass sich bereits zu Schellings Zeiten namhafte Naturwissenschaftler wie der Chemiker Justus von Liebig und der Biologe Matthias Schleiden von seiner Naturphilosophie abwandten. Allerdings lässt sich die Meinung nicht aufrechterhalten, dass seine Naturspekulationen für die Naturwissenschaften absolut schädlich gewesen seien; wie wäre sonst deren außergewöhnlich große Wertschätzung durch Christian Friedrich Schönbein, einen der bedeutendsten Chemiker der ersten Hälfte des 19. Jahrhunderts, zu erklären? Immerhin hing selbst Liebig ihr zwei Jahre an, bevor er sie dann allerdings als unhaltbar verwarf. Außerdem sei Heinrich Steffens genannt, der die Grundsätze der Schellingschen Naturphilosophie erfolgreich auf die Geologie anwandte, ferner Andreas Röschlaub, der sie auf dem Gebiet der Medizin fruchtbar machte, und Johann Wilhelm Ritter, der, angeregt durch Schellings Ideen, Entdecker der ultravioletten Strahlung wurde. Besonders zu erwähnen ist Hans Christian Ørsted, der von Schellings Annahme ausgehend, dass Elektrizität und Magnetismus zwei Aspekte einer Naturkraft seien, 1820 tatsächlich die magnetische Wirkung der elektrischen Ströme entdeckte. Jedoch kann diese zugegebenermaßen verblüffende Bestätigung naturphilosophischer Spekulation durch naturwissenschaftliche Forschung nicht darüber hinwegtäuschen, dass Schelling im Laufe der Zeit die empirischen Wissenschaften immer mehr aus dem Auge verlor.

Wenn Schelling in seinen Ausführungen auf wirkliche Erfahrung überhaupt zu sprechen kam, dann stellte er der Naturspekulation mal die empirische Wissenschaft gegenüber, mal die reine Empirie. Darunter verstand er das bloße Aufsammeln zufällig wahrgenommener Fakten, die Erfahrung von Objekten der uns umgebenden Welt, welche zwar »als etwas Fertiges« (III, 282) begegnen, auf den ersten Blick aber keinen einheitlichen Zusammenhang bilden und sogar den Anschein erwecken, zufällig zu sein, das heißt, auch gar nicht oder anders sein zu können. Aufgabe der Naturphilosophie sei deshalb, die fertigen Objekte »im Werden und als ein erst zu Stande zu Bringendes« (III, 283) darzustellen, sie aus einem obersten Ableitungsgrund zu erklären und in ein geschlossenes System einzufügen. Diese spekulative Verwandlung aller wahrgenommenen Dinge in ein System, in dem alles mit Notwendigkeit auseinander folgt, gleicht einer Apriorisierung des Empirischen. Tatsächlich kann man bei Schelling lesen, dass aus einem »Erfahrungssatz [...], sobald ich unmittelbar oder mittelbar die Einsicht in seine innere Nothwendigkeit erlange, ein Satz apriori« (III, 278) wird. Das bedeutet Eingliederung eines ursprünglich empirisch erkannten Naturphänomens in eine Ordnung, die erfahrungsunabhängigem, reinem Denken entspringt. Interessanterweise nennt Schelling diese apriorische Naturphilosophie, welche alle Naturphänomene aus einem höchsten Deduktionsprinzip abzuleiten versucht, nicht nur spekulative Physik, sondern gelegentlich auch »Naturwissenschaft im strengsten Sinne des Wortes« (III, 275).

Dagegen wird die empirische Naturwissenschaft, die als mathematische Physik oder experimentierende Chemie bekannt ist, 1799 im *Entwurf eines Systems der Naturphilosophie* verwirrenderweise als Widerspruch in sich verworfen. Es gebe nur Spekulation und Empirie, meint Schelling hier, »nicht aber ein Drittes [...], worin beide zu vereinigen sind, daß also der Begriff einer Erfahrungswissenschaft ein Zwitterbegriff ist, bei dem sich nichts Zusammenhängendes, oder der sich vielmehr überhaupt nicht denken läßt« (III, 282). Damit ist die nicht-philosophische, empirische Naturwissenschaft, die in langsamen, geduldigen Experimenten die Natur zu entschlüsseln sucht, als unmöglich zurückgewiesen. Ohnehin würde sie sich erübrigen, wenn alle empirischen Naturphänomene »einer Construktion apriori fähig« (III, 283) wären, gewissermaßen »von oben«, von einem obersten Prinzip her begründet werden könnten.

Dann aber erkennt Schelling wieder die Notwendigkeit von Empirie und experimentierender Forschung. Deren Aufgabe sei die Ermittlung »aller Zwischenglieder im Zusammenhang der Natur« (III, 279), die Feststellung unableitbarer Einzelheiten, Details, die »noch in den Tiefen der Natur verborgen liegen« (III, 279) und deshalb nicht ohne weiteres in einer »Wissenschaft der Natur apriori« (III, 278) konstruiert werden könnten. Diese gebe allerdings die Richtung vor, in der die Zwischenglieder zu suchen seien. Darüber hinaus sollte empirische Naturforschung betrieben werden, um die apriorischen Konstruktionen der Naturphilosophie auf eine empirische Probe zu stellen und damit einer Bewährung in der wirklichen Naturerfahrung auszusetzen. Trotz alledem neigte Schelling immer stärker zu einer rein apriorischen Naturphilosophie, die ohne die Gegebenheiten der Erfahrung und die Resultate der Einzelwissenschaften auszukommen glaubte.

Ernster schien er dagegen die modernen Naturwissenschaften in Form der mechanistischen Physik zu nehmen, der zufolge die Welt einem riesigen Uhrwerk gleicht, einer Maschine, in der alle Teile in einem eindeutigen Ursache-Wirkung-Verhältnis stehen. Jedoch versuchte Schelling auch die mechanistische Naturauffassung, wie sie im 18. Jahrhundert Newton und Laplace vertraten, mit einem organismischen Naturverständnis zu überwinden. Die empirische Physik habe es lediglich mit mechanischen Bewegungen zu tun, schrieb er, weil sie »nur auf die Oberfläche der Natur, und das, was an ihr objektiv und gleichsam Außenseite ist, sich richte« (III, 275). Es liege in ihrer Eigenart, »Natur als Objekt« (III, 285) und nicht zugleich »Natur als Subjekt« (III, 285) anzusehen. Das heißt, »das innere Triebwerk und das, was an der Natur nicht-objektiv ist« (III, 275), die in ihr wirkenden Kräfte, welche alles hervorbringen und zu einem wohlgeordneten, zweckmäßigen Ganzen zusammenfügen, entzögen sich der äußeren Wahrnehmung ebenso wie jeder empirischen Forschung. Aber nicht nur von diesem inneren Triebwerk, das Schelling mit einem Ausdruck der philosophischen Tradition »Weltseele« (II, 347) nannte, habe der empirisch arbeitende Naturwissenschaftler keine Vorstellung, für diesen sei die Natur auch kein harmonisch aufgebauter Organismus oder zweckmäßig geordneter Sinnzusammenhang. Erst dem Naturphilosophen enthülle sich das alles, indem er spekulative Physik betreibe.

Zweckmäßigkeit, Organismus und Weltseele

Zu Beginn des abendländischen Denkens haben die antiken Griechen die Welt als organisches Ganzes gesehen. Götter, Natur und Menschen erschienen ihnen als Teile eines göttlichen Kosmos, als »schöne Schmuckordnung«. Die in der Welt erkannte rationale Zweckmäßigkeit war nach griechischer Auffassung Zeichen für deren vollkommene Göttlichkeit, nach christlicher Überzeugung war sie Hinweis auf einen außerweltlichen Schöpfer. Jahrhundertelang galten diese Vorstellungen mit ihrer Betonung von Ordnung, Schönheit und Zweckmäßigkeit fast unangefochten. Von einem harmonischen Zusammenwirken aller Teile des Ganzen ausgehend, sah man in der Natur eine weise Einrichtung, deren Baupläne für die einen offen zutage lagen, für die anderen erst zu entziffern waren. In jedem Falle besaß die Welt eine vernünftige Ordnung, die nicht zweckmäßiger und vollkommener hätte sein können. Schellings Naturphilosophie gehört in diese philosophische Tradition, wie sehr sie im Einzelnen auch davon abweicht.

Arthur Lovejoy charakterisiert sie idealtypisch durch drei Grundsätze: die Prinzipien der Fülle, der Kontinuität und der Abstufung.[26] In der zweckmäßig, weise eingerichteten Welt herrscht das Prinzip der Fülle, was bedeutet: In ihr sind alle möglichen Dinge und Arten enthalten; das Universum bildet ein »plenum formarum«. Nach dieser Regel gilt die Welt als umso vollkommener, je vollständiger sie ist. Auf das Prinzip der Fülle, welches die alles Mögliche erschöpfende Vielfalt der Dinge betont, folgt unmittelbar das Prinzip der Kontinuität. So ist das Universum jetzt auch ein »continuum formarum«. Es bildet eine ständige Stufenleiter mit allen möglichen Übergängen zwischen benachbarten Arten. Wäre es anders, dann gäbe es Lücken, Leerstellen in der Natur, und das Universum wäre nicht so vollständig, wie es tatsächlich ist. Zu den Prinzipien der Fülle und der Kontinuität tritt als Drittes das Prinzip der aufsteigenden Anordnung aller Dinge hinzu. Die Stufenfolge ist damit zugleich eine hierarchische Rangfolge, ein »ordo formarum«, eine nach Graden der Vollkommenheit abgestufte Gliederung, in der es Höheres und Niederes gibt, keinesfalls aber alles gleichrangig nebeneinander existiert. Üblicherweise sind die den höchsten Gipfel des Bestehenden bildenden Teile geistiger Art, dagegen wird bloße Materie als niedrigste Existenz angesehen.

Auch Schellings Naturphilosophie, welche die Welt als wohlgeordneten Organismus beschreibt, wird von diesen drei Prinzipien bestimmt; ihre eigentliche Besonderheit liegt jedoch in der Annahme einer der Natur innewohnenden Kraft, die das alles bewirkt – die bis dahin ungenannte »Weltseele«.[27]

So heißt eine 1798 von ihm veröffentlichte Schrift, deren Titel auf eine große abendländische Tradition anspielt, die mit Heraklit und Platons kosmologischem Dialog *Timaios* begann. Über letzteren hatte der junge Schelling bereits 1794 einen längeren Aufsatz verfasst, in dem er der Weltseele einen besonderen Stellenwert zuerkannte. (Vgl. T) Heraklit sprach statt von Weltseele von »Weltvernunft«[28], die in den Kosmos hineingehöre und im unaufhörlichen lebendigen Walten die alles fügende Ordnung sei. Wie Heraklit sah Platon bei aller Unterschiedlichkeit in der Welt ein mit »Vernunft begabtes Lebewesen«[29], wobei Vernunft mit Weltseele gleichgesetzt wurde, die das Ganze des Seienden durchdringe, ordne und lenke. Dieses von der Weltseele regierte Ganze bezeichnete er sogar als »sichtbaren Gott«[30]. Die Auffassung, »daß das Weltall eine Gottheit ist«[31], vertraten später auch die Stoiker, die gleichfalls der »Weltseele«[32] große Bedeutung beimaßen. Sie bewirke die alle Teile durchdringende Harmonie des gesamten Weltalls, das als Kosmos im Unterschied zum Chaos eine notwendige, vollkommene Ordnung darstelle, in der es für Zufall, Unordnung, Willkür nirgends Raum gebe. Das war gleichfalls die Auffassung Philons von Alexandrien, der eine vermittelnde Stellung zwischen antiker Kosmosphilosophie und mittelalterlich-christlicher Schöpfungsphilosophie einnahm, sowie die Meinung des Neuplatonikers Plotin, der in der Weltseele eine Macht sah, durch die und in der das sichtbare Weltall bestehe.[33]

Nachdem die christliche Vorstellung eines außerweltlichen, personalen Schöpfergottes im Mittelalter die Annahme einer Weltseele weitgehend verdrängt hatte, trat sie erst wieder im Übergang zur Neuzeit auf, in den Werken Giordano Brunos und Baruch de Spinozas, die Schelling beide überaus schätzte. Wie viele andere zuvor beschrieb Bruno das Weltall als Lebewesen und Organismus, den eine alles beherrschende Weltseele regiere. Derselben Überzeugung war Spinoza, der dann zwischen schaffender Natur – Natura naturans – und geschaffener Natur – Natura naturata – unterschied. Natura naturans entspricht hierbei der Weltseele, welche als die der Welt innewohnende Ursache aller Dinge auch Gott genannt wurde. Zusammenfassend kann man sagen, dass fast alle von der Existenz einer Weltseele überzeugten Philosophen Pantheisten waren.

Zu den wesentlichen Gehalten des Pantheismus gehört die Vorstellung der Welt als eines lebenden Wesens, eines göttlichen Organismus, eines zweckmäßig geordneten Ganzen, in dem alle Teile miteinander verwandt sind. Darin herrscht eine produktive Kraft, als Weltvernunft und Weltseele bekannt, die selbst zur Natur gehört und keinen außerweltlichen, persönlichen Schöpfergott darstellt.

Deshalb ist es nicht verwunderlich, dass man Schelling gelegentlich einen Naturalisten gescholten hat, für den die Natur alles sei. Dieser Vorwurf ist einerseits berechtigt, da in der Naturphilosophie tatsächlich kein außerweltlicher, personaler Gott vorkommt, der die Welt aus dem Nichts hervorgebracht haben könnte. Spinoza ähnlich setzte Schelling Gottes Macht mit einer der Natur innewohnenden Urkraft gleich. Andererseits ist jener Vorwurf aber unbegründet, da Schelling doch dem gesamten Universum eine alles beseelende göttliche Kraft unterlegte. Nachdrücklich wies er darauf hin, dass »ein ordnender, zusammenfassender Geist« (II, 48) in jedem Teil der Natur walte, und schlug so eine Brücke zur philosophischen Tradition des Pantheismus. »In den ältesten Zeiten schon ließ man die ganze Welt von einem belebenden Princip, Weltseele genannt, durchdrungen werden.« (II, 46) Schelling nannte es die Idee der ältesten Philosophie, »zu welcher, nachdem sie ihren Kreislauf vollendet hat, die unsrige allmählich zurückkehrt« (II, 237).

Spinoza war für ihn der wohl wichtigste Pantheist früherer Jahrhunderte, auf dessen Naturvorstellungen er immer wieder zu sprechen kommt, ohne sie jedoch unkritisch zu übernehmen. Spinozas Philosophie übte überhaupt eine starke Anziehungskraft auf zahlreiche Dichter und Denker der damaligen Zeit aus. Dafür stehen die Namen Herder, Hegel, Goethe oder Novalis, Schleiermacher und Friedrich Schlegel, um nur die wichtigsten zu nennen. Das ist umso erstaunlicher, je mehr man bedenkt, dass seine pantheistische Gleichsetzung der Natur mit Gott keinerlei sentimental-religiöse Färbung besitzt, sondern im Gegenteil nach geometrischer Methode konstruiert ist, weshalb sein Gedankengebäude auch eher eisige Kälte ausstrahlt als romantische Wärme. Außerdem leugnete Spinoza jeglichen Naturzweck und die menschliche Willensfreiheit.

Zweifellos standen alle diese Vorstellungen in krassem Gegensatz zu den Ideen der Klassik, Romantik und der Philosophie des Deutschen Idealismus. Dennoch schien Schelling »das spinozistische System mit allen seinen Irrthümern doch durch seine kühne Consequenz unendlich achtungswürdiger [zu sein], als die beliebten Coalitionssysteme unserer gebildeten Welt, die, aus den Lappen aller möglichen Systeme zusammengeflickt, der Tod aller wahren Philosophie werden« (I, 152). Bereits 1795, damals treuer Anhänger Fichtes, schrieb er in einem Brief an Hegel: »Ich bin Spinozist geworden! Staune nicht. Du wirst bald hören, wie?«[34]

Spinozas System geht von drei Leitbegriffen aus: Substanz, Attribut und Modus. Die Substanz bezeichnet das Absolute, etwas Unbedingtes, was keines anderen bedarf, um zu existieren. Diesem kommen notwendigerweise unendlich viele Attribute zu, unter diesen auch Ausdehnung und Denken, die einzigen, die wir Menschen nach Spinozas Auffassung kennen. Zu den Attributen wiederum sollen mit der gleichen Notwendigkeit unendlich viele Modi gehören. Zu den Modi des Attributs Ausdehnung zählt er die ganze uns umgebende Welt der endlichen Dinge. Sie bilde die geschaffene Natur – Natura naturata –, von der die schaffende Natur – Natura naturans – unterschieden wird, welche sich aus der Substanz und den Attributen zusammensetze. Hieraus geht nach Spinoza die Welt der endlichen Dinge mit logischer Notwendigkeit hervor, weshalb es ein Widerspruch wäre zu denken, dass sie überhaupt nicht oder anders sein könnte, als sie ist. Das ist allerdings nicht der einzige Unterschied zwischen schaffender Natur und traditionellem, christlichem Schöpfergott, der die Welt durch seinen freien Willen aus dem Nichts hervorgebracht haben soll, weswegen sie überhaupt nicht existieren müsste. Die schaffende Natur ist auch nicht wie der christliche Gott eine außerweltliche, personale Macht, sondern gehört der Weltseele gleich in das anfangslos bestehende Ganze als unpersönliche Naturkraft hinein. Alles in allem dachte Spinoza also nicht mehr im Rahmen der biblischen Schöpfungslehre.

Schelling übernahm von Spinoza die Unterscheidung zwischen Natura naturans und Natura naturata. Dadurch verlieh er der Natur »unbedingte Realität« (III, 17), das heißt absolute Selbstständigkeit. Sie existiere von sich aus und sei von sich aus produktiv, ihr eigener Gesetzgeber. Deshalb dürften wir »das Ganze der Natur nicht bloß als Produkt, sondern [sollten es] notwendig zugleich als produktiv setzen« (III, 284). Der Begriff Natur umfasse eben beides, die Natur als Produkt oder Objekt, Natura naturata, und die Natur als Produktivität oder Subjekt, Natura naturans. Das nannte Schelling »Spinozismus der Physik« (III, 273), und zu präzisieren wäre: Es war spekulative Physik oder Naturphilosophie.

In anderer Beziehung hielt Schelling Spinozas System jedoch für völlig unzureichend. Einmal warf er ihm vor, dass seine alles hervorbringende Substanz tot, unbeweglich, unlebendig sei, eher einem starren, dinglichen Objekt als einem tätigen Subjekt gleiche. Das ist ein Problem, das außer Schelling auch Fichte und Hegel sahen. Ein weiterer Mangel sei, dass Spinoza die Hervorbringung aller Dinge durch die schaffende Natur bloß versichere, aber nirgendwo auf nachvollziehbare Weise darstelle. Tatsächlich sagt Spinoza, dass aus der Substanz die Attribute und alle Objekte der Natur folgen; er schreibt sie ihr nur äußerlich zu, leitet sie aber nirgendwo wirklich ab, geschweige denn, dass er die Notwendigkeit ihrer Existenz beweist. Im Ganzen ist sein Natursystem statisch. Hinzu kommt, dass Spinoza die geschaffene Natur nur als lückenlosen Kausalzusammenhang darstellt, als Mechanismus also, nicht aber als Organismus, wie die antiken Pantheisten, im Übergang zur Neuzeit Giordano Bruno und nicht zuletzt auch Schelling sie sehen.

Dieser erblickte in der Überwindung des mechanistischen Weltbildes, wie es im neuzeitlichen Rationalismus – Descartes, Spinoza – und Materialismus – d'Holbach, La Mettrie – sowie in der klassischen Physik – Newton, Laplace – vertreten wurde, eine große Herausforderung. Ihnen allen galt das Ganze der Welt als ein mit Hilfe der Geometrie erfassbarer Kausalzusammenhang, in dem Ausdehnung die wesentlichste Eigenschaft war. Alle Erscheinungen wurden auf die Bewegungsgesetze der toten Materie zurückgeführt. Naturwissenschaftlich gesehen bedeutete erst das Auftreten von Thermodynamik, Quantenmechanik und Relativitätstheorie den endgültigen Niedergang der mechanistischen Weltvorstellung, deren Ende bereits romantische Naturphilosophen wie Schelling, Novalis und die Brüder Schlegel vorausgesehen und verkündet hatten.

Im Bemühen, die Vorstellung der Natur als eines zweckmäßig geordneten Ganzen zu retten, stimmte Schelling mit Kant überein. Diesen hatte in der *Allgemeinen Naturgeschichte und Theorie des Himmels* die Frage umgetrieben, wie sich die Kluft zwischen dem mechanistischen Verständnis der Welt und dem der Natur als eines zweckmäßig eingerichteten Ganzen, der teleologischen Weltbetrachtung, schließen lasse. Allerdings sah der frühe Kant keine Schwierigkeit darin, den kausalen Mechanismus zugleich als zweckmäßigen Sinnzusammenhang zu interpretieren, war für ihn doch alles durch erstaunliche Vollkommenheit, Schönheit, Harmonie bestimmt, und wie viele andere zuvor konnte er sich eine solche Welt nicht ohne die Existenz eines weisen Schöpfers vorstellen: »Wenn in der Verfassung der Welt Ordnung und Schönheit hervorleuchten, so ist ein Gott.«[35]

In der *Kritik der Urteilskraft* griff Kant dann erneut die Frage auf, wie sich die mechanistische mit der teleologischen Weitsicht verbinden lasse. Hier wird nun das mechanisch ablaufende Weltgeschehen nicht mehr wie noch in der *Allgemeinen Naturgeschichte* als Geschehen der Dinge an sich gesehen, sondern nur noch als Geschehen von Gegenständen, wie sie den Erkenntnisformen unseres Bewusstseins gemäß erscheinen. Außerdem gilt auch die auf einen Schöpfungsplan hinweisende Zweckmäßigkeit der Natur nicht mehr als eine Bestimmung an sich, sondern nur noch als ein subjektives Prinzip, das Grundlage für die Entdeckung insbesondere der Gesetze von Organismen sei. Es bilde gleichsam ein Modell für das Verständnis organischer Prozesse und Formen und ermögliche so überhaupt erst deren wissenschaftliche Erforschung.

Dabei beleuchtete Kant die erkannte Zweckmäßigkeit der Natur von verschiedenen Seiten; hier soll jedoch nur eine betrachtet werden. Nach der ernüchternden Erkenntnis, die sichtbare Natur gebe »auf keinen anderen als einen gänzlich unabsichtlichen Mechanismus [ihrer] Erzeugung Anzeige«[36], betonte er, dass es dennoch unvermeidlich sei, der Natur Zweckmäßigkeit zu unterlegen, wenn man Organismen erforschen wolle, die sich eben rein mechanistischer Erklärung entzögen. Allerdings konnte Kant sich Zweckmäßigkeit in der Natur nicht ohne einen sie bewirkenden Verstand, einen weisen Welturheber, vorstellen, der zum Begreifen der anorganischen Natur aber nicht notwendig sei. Dennoch hielt Kant es auch jetzt für erlaubt, dem ganzen Weltenplan den Begriff eines Schöpfers zu unterlegen. Denn sei nachgewiesen, dass wir uns von der organischen Natur ohne die Vorstellung eines absichtlich wirkenden Gottes kein angemessenes Bild machen können, so dürften wir auch die Dinge, »welche es eben nicht notwendig machten, über den Mechanismus der blind wirkenden Ursachen hinaus ein andres Prinzip für ihre Möglichkeit aufzusuchen, dennoch als zu einem System der Zwecke gehörig beurteilen«[37]. Dieses sei wiederum nur »als ein Produkt einer verständigen Ursache«[38], das heißt eines allwissenden Gottes, vorstellbar.

Wie Kant verneint auch Schelling den Gegensatz zwischen Mechanismus und Organismus, den er allerdings zunächst nachdrücklich herausstellte: »Fassen wir endlich die Natur in Ein Ganzes zusammen, so stehen einander gegenüber Mechanismus [...] und Zweckmäßigkeit.« (II, 54) Hierbei bedeutet Zweckmäßigkeit für Schelling soviel wie Selbstorganisation, ein Schlagwort unserer Zeit. Danach ist ein Lebewesen gewissermaßen Ursache und Wirkung seiner selbst, ein Organismus ein durch sich selbst lebendes Ganzes, das bloß durch Wechselwirkung seiner Teile bestehen kann, die ihrerseits wiederum nur durch das Ganze möglich sind, in welchem sie überhaupt erst entstehen konnten. (Vgl. II, 40 ff.) Diese Struktur des einzelnen Organismus überträgt Schelling im Weiteren auf die gesamte Welt, die einen All-Organismus darstelle, dessen alles durchdringende Kraft das Leben sei. Alle Naturerscheinungen, die organischen Phänomene ebenso wie die anorganischen, seien Teile dieses Gesamtorganismus. Leben ist somit nicht nur an eine bestimmte Art von Naturobjekten gebunden, Leben ist das Wesen des Kosmos im Ganzen.

Dabei ordnet Schelling den Begriff des Organismus in jeder Beziehung dem des Mechanismus über. Weit davon entfernt, das Ergebnis mechanistischer Prozesse zu sein, sei Leben vielmehr umgekehrt deren Voraussetzung und Grundlage. Ähnlich sieht Schelling das Verhältnis von anorganischer zu organischer Natur. Jene müsse aus der Perspektive der letzteren betrachtet werden, in welcher sich das Anorganische als werdendes Leben darstelle. Ebenso sei auch das Tote nichts anderes als erloschenes Leben. Anders formuliert sind anorganische und mechanistisch erklärte Natur »nur das Negative des Organismus: so kann unsere Philosophie nicht vom Mechanismus (als dem Negativen), sondern sie muß vom Organismus (als dem Positiven) ausgehen, und so ist freilich dieser so wenig aus jenem zu erklären, daß dieser vielmehr aus jenem erst erklärbar wird. – Nicht, wo kein Mechanismus ist, ist Organismus, sondern umgekehrt, wo kein Organismus ist, ist Mechanismus.« (II, 349)

Am Ende löst Schelling den »Gegensatz zwischen Mechanismus und Organismus« (II, 348) völlig auf, vereinigt nicht mehr nur beide Sichtweisen miteinander, sondern lässt die kausal-mechanistische Perspektive hinter der organismisch-ganzheitlichen gänzlich zurücktreten. Das entspricht der allmählichen, bereits dargestellten Verdrängung der empirischen Physik durch die spekulative Physik, steht aber in krassem Widerspruch zu Kants Auffassung, der beide Sichtweisen ineinander blendete, ohne die eine hinter der anderen vollständig verschwinden zu lassen.

Schelling unterscheidet sich von Kant außerdem dadurch, dass er die als zweckmäßig geordnet vorgestellte Natur als An- sich-Sein und nicht bloß als Erscheinung bewertet. Aber er stimmt wiederum mit Kant darin überein, dass »Zweckmäßigkeit [...] nur in einem Verstande entstehen« (II, 42) kann, nur auf dem Hintergrund eines absichtlich wirkenden Geistes denkbar ist. Diesen findet er jedoch anders als Kant nicht außerhalb der Natur, sondern in ihr. Schelling ordnet also nicht wie Kant Naturalismus und Theismus zueinander, die Zweckmäßigkeit der Natur auf einen weisen Welturheber zurückführend, sondern verbindet Naturalismus und Pantheismus, indem er alle Zweckmäßigkeit von einer den Dingen außer uns innewohnenden Kraft ableitet. Es ist die Rede vom »Geist der Natur« (I, 387), einer alles hervorbringenden, beseelenden Macht, die das »Weltsystem« (I, 386) als eine Art Organismus gebildet habe. Ganz allgemein versteht Schelling unter System »ein solches Ganzes, das sich selbst trägt, das, in sich selbst beschlossen, keinen Grund seiner Bewegung und seines Zusammenhangs außer sich voraussetzt« (I, 400). Genaugenommen kann darin »das Einzelne [...] weder ohne das Ganze, noch das Ganze ohne das Einzelne wirklich werden« (II, 54). Deshalb sei nichts verkehrter, als die Welt mit einer bloß mechanischen Maschine zu vergleichen oder gar gleichzusetzen. Um es deutlicher zu sagen: Schelling geht es hauptsächlich um den Nachweis geistiger Kräfte und zweckmäßiger Strukturen in der Natur.

Dabei soll wie zuvor das absolute Ich auch die Weltseele, das Universum als Gesamtorganismus eingeschlossen, mittels »intellektueller Anschauung« (IV, 90) erkennbar sein. Bisher war von intellektueller Anschauung nur als Erkenntnis des absoluten Ich die Rede, nicht aber bezüglich des Geistes in der Natur. Jetzt gilt es zu erkennen, dass beide, absolutes Ich und absolute Naturkraft, aufgrund struktureller Gleichheit auch gleichermaßen zugänglich sein müssen. Die Grundkräfte, denen das Universum seine Entstehung und Struktur verdankt, unterscheiden sich vom allgemeinen Ich der Wissenschaftslehre nur durch Bewusstlosigkeit; eigentlich sind sie nichts weiter als das in die Natur hineinprojizierte, seiner Bewusstheit beraubte absolute Ich Fichtes.

Schelling nennt diese Grundkräfte auch »das reine Subjekt-Objekt« (IV, 90) oder das objektive Subjekt-Objekt, was dasselbe wie Natura naturans oder Weltseele meint. Dagegen sei das durch Bewusstsein gekennzeichnete absolute Ich ein subjektives Subjekt-Objekt. Die Attribute »subjektiv« und »rein« bedeuten hier soviel wie »bewusst« und »bewusstlos«. Die Zusammensetzung Subjekt-Objekt ergibt sich dagegen aus der Überlegung, dass der immer tätige Geist bei allem, was er erkennt und produziert, stets nur mit sich selbst zu tun hat, also in dem, was er hervorbringt – Objekt -, stets nur sich – Subjekt – erschafft und erblickt. Daraus folgt eine absolute Identität des Subjekts mit dem Objekt, eben das Subjekt-Objekt. Nimmt man nun durch gedankliche Abstraktion das Bewusstsein aus diesem Subjekt-Objekt heraus, so erhält man einen bewusstlosen Geist als Träger der Natur, das reine Subjekt-Objekt, die Weltseele – Natura naturans. Demnach wird der All-Organismus – Natura naturata – von geistigen Kräften beherrscht, wie wir sie nur aus dem eigenen Inneren kennen – mit dem einzigen Unterschied, dass sie in der Natur bewusstlos, blind, gleichsam ichlos wirken.

Ungeklärt ist aber immer noch die Frage, wie die Natur als unbewusst wirkende Geisteskraft die geschaffenen Dinge tatsächlich hervorbringt. Darauf antwortet Schelling knapp: Natur ist als Objekt das Produkt der Natur als Subjekt, das heißt nicht dinghafter, ideeller Kräfte.

Diese seien unendliche Produktivität, die sich wie ein Lichtstrahl, ein in die Unendlichkeit fließender Strom ausbreite. Solange die Natur aber nur als Kraft existiert, entstehen noch keine realen Dinge, keine ruhende sichtbare Welt. Da sie uns jedoch vor Augen steht, muss die Natur als Subjekt mehr als ausströmende Kraft sein. Die sichtbare Welt konnte nur entstehen, weil die sich ausbreitende, expansive Kraft durch eine ihr widerstehende, kontraktive Kraft aufgehalten wurde. Die immer tätige Naturmacht musste also in ihrer unendlichen Produktivität eingeschränkt werden, damit sie reale Dinge hervorbringen konnte, die eben »nicht denkbar [sind] ohne ein ursprüngliches Gehemmtsein der Produktivität« (III, 287). Da nun aber die ursprüngliche Naturkraft aus sich heraus besteht, ohne von einem ihr völlig Fremden beherrscht zu sein, »kann der Grund dieses Gehemmtseins nicht außer ihr liegen« (III, 287), sondern muss »in die Natur selbst« (III, 287) fallen. Daraus ergibt sich, dass »schon in der ursprünglichen Produktivität der Natur entgegengesetzte Tendenzen liegen« (III, 288). Diese die unendliche Produktivität begrenzende Kraft nennt Schelling im Gegensatz zu ersterer auch negative Produktivität. Erst die beiden einander entgegengesetzten Kräfte zusammen, die positive und die negative, bilden die sogenannte Natura naturans. Schelling fragt nicht, woher diese schöpferischen Kräfte kommen, sondern schließt in umgekehrter Reihenfolge von der Existenz der sichtbaren Natur auf die Grundlagen ihres möglichen Entstehens und Bestehens. Da es sie gibt, muss ein ursprünglicher Widerstreit der Kräfte angenommen werden. Dieser ist die Bedingung für die Natur als Objekt. Hierbei kennzeichnet Schelling die einander opponierenden Kräfte, welche die Natur als Subjekt darstellen, auch als ideal oder ideell, da sie geistiger, wohlgemerkt aber unbewusster und gewissermaßen ichloser Art sind: Wie bereits an anderer Stelle ausgeführt, stellen sie Vorformen des bewussten Geistes dar. Dagegen bezeichnet Schelling die vergegenständlichte Natur auch als real oder reell.

Aus dem bloßen Aufeinanderprall der entgegengesetzten Kräfte allein ergibt sich allerdings noch keine sichtbare Natur. Angenommen, beide sind gleich stark, und es besteht »kein Grund, sie als ungleich zu setzen, so werden sie, wo sie Zusammentreffen, sich wechselseitig aneinander vernichten, das Produkt ist also = 0, es kommt abermals nicht zum Produkt« (III, 288). Deshalb darf man sich den Zusammenstoß der aufeinander treffenden Kräfte nicht als einmaligen Vorgang vorstellen, sondern als ein sich ständig wiederholendes Ereignis. Dabei betrachtet Schelling es fast als selbstverständlich, dass die sichtbaren Dinge und Strukturen aus jenem Widerstreit so hervorgehen wie Strudel im Wasser bei dem Zusammentreffen zweier Flüsse. Deren Entstehen und Bestehen wäre undenkbar »ohne ein beständiges Reproduziertwerden« (III, 289). Ähnlich müssen auch die Produkte der Natur »gedacht werden als in jedem Moment vernichtet und in jedem Moment neu reproduziert« (III, 289). Die Wirkkraft der ständig schaffenden Natur wird durch die widerstehende Gegenkraft dauernd vernichtet und bleibt doch stets erhalten. Beide können sich nicht gänzlich aufheben, da sie unablässig wirken; so erschaffen sie in ununterbrochenem Aufeinanderprallen »das Mittlere zwischen sich selbst und dem Nichts« (III, 289), »unendlich gedacht weder = 1 noch 0« (III, 289), sondern »= V2« (III, 289). Das ist die gehemmte Kraft, und die Natur als Objekt ist das dadurch Hervorgebrachte.

Jedoch bleibt die unendliche Tätigkeit nicht bei einzelnen Naturobjekten stehen, sondern geht unaufhörlich über sie hinaus, um wieder und wieder durch jene Gegenkraft gehemmt zu werden, was dann zur Bildung höherstufiger Ergebnisse führt, und weiter so in wiederum höher stehende. Veranschaulichend gesprochen, fließen die gegenläufigen Kräfte, den Flüssen in entstehenden Strudeln vergleichbar, immer weiter.

So entstand im Laufe von Äonen die uns vor Augen stehende »dynamische Stufenfolge in der Natur« (III, 291), von Schelling auch »Evolution der Natur« (III, 291) genannt. Sie ist das Ergebnis jener beiden gegensätzlichen Wirkkräfte, welche der Vorstellung einer alles durchdringenden Weltseele, Natura naturans, eine ganz besondere Bedeutung verleihen.

Schelling stellt jene Kräfte der Natur als Subjekt nach einem Modell dar, das er von Fichte übernommen hat. Bei diesem heißt es, dass das absolute Ich unbegrenzte Tätigkeit, im Besonderen produktive Einbildungskraft sei, die sich eine sich selbst begrenzende Macht entgegensetze, welche dann den fließenden Strom ihrer unendlichen Tätigkeit zu seiner Ursprungsquelle zurückleite. Das Ergebnis sei eine erste, schwache Selbstempfindung des Ich, das erwachende Bewusstsein. Allerdings wirke die unbegrenzte Tätigkeit weiter und setze sich dabei solange eine Gegenkraft entgegen, bis sie über verschiedene Stufen der Reflexion, wörtlich: Rückbiegung in sich, zum Bewusstsein ihrer selbst gelange. Dieses Schema projizierte Schelling in die Natur, die Natura naturans nach dem Vorbild der gegensätzlichen Kräfte des absoluten Ich konstruierend.

Allgemeine Aufgabe der Naturphilosophie sei, die »Stufenfolge des Lebens in der Natur« (II, 46) von den einfachsten, anorganischen Körpern zu immer höheren Organismen bis zum Menschen hin aus den genannten Kräften zu erklären. Sie sollte dieses aus gegensätzlichen Naturgewalten hervorgegangene Leben »genetisch« (II, 39) darstellen, das heißt, aus den genannten Urkräften eine notwendige Ordnung und dynamische Folge aufeinander aufbauender Begriffe ableiten. Eine solche Darstellung der Evolution ist als Wissenschaft bloß eine Bewegung des Denkens, die »absolute Tätigkeit der Natur« zunächst nur eine deduktive Hervorbringung und Zusammenfügung von Begriffen. Sie beschreibt keine biologische Evolution im heutigen Sinne mit Selektion und Mutation, Vererbung erworbener Eigenschaften oder dem Aussterben ganzer Arten aufgrund äußerer Einflüsse. Umgekehrt ist für die moderne Evolutionstheorie die dynamische Stufenfolge der Natur ebenso wenig eine Entwicklung notwendig aufeinander folgender Begriffe wie das Produkt aufeinander wirkender ideeller Urkräfte, also nicht das Werk einer Natura naturans. Aus diesem Grund ist Schelling auch kein Vorläufer Darwins, nach dem sich die verschiedenen Lebensformen durch allmähliche Entwicklung ausdifferenziert haben. Die Tatsache, dass Schelling die Ausdrücke Naturgeschichte und Natursystem gelegentlich einander entgegensetzt, beweist das aufs deutlichste. Er wollte die Naturentwicklung gerade so nicht verstanden wissen. Denn »Geschichte« (III, 282) bedeutet hier soviel wie »Empirie« (III, 282), welche niemals eine notwendige Stufenfolge, die Natura naturans eingeschlossen, erkennen und erklären kann. Als solche ist sie »das absolut Entgegengesetzte der Theorie« (III, 282), das heißt der Naturphilosophie als streng deduktiver Wissenschaft. Deren Erkenntnisse beruhen in erster Linie auf apriorischen Einsichten der Vernunft, in denen das Ganze des Seins als organisches System notwendiger Zusammenhänge und Abhängigkeiten erscheint.

Allerdings lasse sich »die Naturgeschichte [...] zum Natursystem [...] erheben« (I, 468) und dadurch »doch Raum für eine Naturgeschichte im eigentlichen Sinne« (I, 468) gewinnen. Tatsächlich muss man sich fragen: Warum sollten System und Geschichte, die sich aus der Natura naturans als oberstem Ableitungsgrund ergebende Begriffsfolge, nicht mit der Welt der Erfahrung übereinstimmen können? Freilich, die Welt des Augenscheins offenbart nirgendwo Naturveränderungen in großem Ausmaß, geschweige denn eine notwendige Begriffsfolge. Aber die Tatsache,

»daß unsere Erfahrung keine Umgestaltung der Natur, keinen Übergang einer Form oder Art in die andere, gelehrt hat – (obgleich die Metamorphosen mancher Insekten, und, wenn jede Knospe ein neues Individuum ist, auch die Metamorphosen der Pflanzen als analogische Erscheinungen wenigstens angeführt werden können) – ist gegen jene Möglichkeit kein Beweis; denn, könnte ein Verteidiger derselben antworten, die Veränderungen, denen die organische Natur, so gut als die anorganische, unterworfen ist, können (bis ein allgemeiner Stillstand der organischen Welt zu Stande kommt), in immer längeren Perioden geschehen, für welche unsere kleineren Perioden (die durch den Umlauf der Erde um die Sonne bestimmt sind) kein Maß abgeben, und die so groß sind, daß bis jetzt noch keine Erfahrung den Ablauf einer derselben erlebt hat.« (II, 349)

Tatsächlich gilt: »Jeder Mineralkörper ist ein Fragment der Geschichtsbücher der Erde. Aber was ist die Erde? – Ihre Geschichte ist verflochten in die Geschichte der ganzen Natur, und so geht vom Fossil durch die ganze anorganische und organische Natur heraus bis zur Geschichte des Universums – Eine Kette.« (III, 291)

Die große Kette des Seins – das ist eine sich durch die gesamte abendländische Denkgeschichte hindurchziehende Weltmetapher.[39] Jahrhundertelang wurde sie statisch gedacht, das Weltall als eine unveränderliche Ordnung vorgestellt, die nach dem Vorbild ewiger Ideen geformt worden sei. Dagegen stellt Schelling die große Kette des Seins als eine Leiter des linearen Fortschritts dar, die mit dem Einfachen beginnt. Auf ihr schreitet dann das Leben ständig aufwärts zu einem Mehr und immer Besseren. Diese Stufenfolge, die eine vernünftige Ordnung darstellt, bildet zugleich eine Rangfolge.

Aber auch die Geschichte dieser Idee beginnt nicht erst bei Schelling, sondern schon lange zuvor. Bereits Leibniz, der die Welt fast nur als unveränderliche Ordnung sah, entfaltete die Kette des Seins, von einem stetigen Fortschritt der Natur zu größerer Vollkommenheit überzeugt, gelegentlich als endlosen Entwicklungszusammenhang. In die gleiche Richtung gingen Überlegungen Robinets oder Maillets und vor allem die Ausführungen des frühen Kant. In der *Allgemeinen Naturgeschichte und Theorie des Himmels* entwickelte er eine hauptsächlich kosmologische und geologische Evolutionslehre, Herder in den *Ideen zur Philosophie der Geschichte* bereits eine biologische. Beide halten in ihren Evolutionstheorien im Gegensatz zu den französischen Materialisten und Enzyklopädisten wie d'Holbach, La Mettrie oder Diderot noch an einem theistischen Schöpfungsmodell fest.

Sie alle verbindet mit Schelling die Vorstellung von der Natur als Entwicklungsgeschichte. Unterschiedlicher Meinung waren sie jedoch über die Grundlagen, die Wirkkräfte in diesem Geschehen sowie in der Frage, ob die Evolution zielgerichtet ablaufe und ob sie eine in sich notwendige Stufenfolge darstelle. Das wurde später von Darwin auf äußerst wirkungsvolle Art und Weise mit dem gleichen Nachdruck bestritten, wie es Schelling Jahrzehnte zuvor behauptet hatte.

Seine Ausführungen beginnen stets mit einem Urprinzip, das er fast immer absolute Identität nennt, aus der eine stetig aufsteigende Bewegung, ein fortschreitendes Werden hervorgeht. In diesem Ureinen, das vor allem Werden liegt, sind von Anfang an jene zwei entgegengesetzten Kräfte enthalten, aus deren Widerstreit sich die ganze Stufenfolge der Natur entwickelt hat, die Schelling in mehrere Epochen oder Reihen unterteilt, welche oftmals auch »Potenzen« genannt werden. An diesem Begriff, übernommen von Eschenmayer, hält er bis zuletzt fest, wenn er auch dessen Bedeutung verschiedentlich abwandelt. In seiner Naturphilosophie besteht eine Potenz aus den drei Momenten: reine Produktivität, Hemmung dieser Produktivität und Synthese beider zu einem Naturprodukt, das, eine höhere Potenz hervorbringend, sich von Neuem aufspaltet in reine Tätigkeit, Einschränkung derselben und Synthese beider zu einer Einheit auf höherer Ebene. Diese ist dann wieder zugleich das erste Glied der folgenden Reihe.

Die Momente der ersten Reihe nennt Schelling Attraktiv- und Expansivkraft. Diese würde sich unendlich ausbreiten, wenn die Attraktivkraft ihr nicht entgegenwirkte. Das aus beiden Kräften hervorgehende gemeinsame Produkt sei die Materie, welche er auch das Beharrende, die Schwere, Schwerkraft oder Gravitation nennt; genaugenommen sei diese keine bestimmte Eigenschaft der Materie, sondern sie selbst.

Die so als reine Schwerkraft vorgestellte Materie spaltet sich anschließend in die beiden Momente Magnetismus und Elektrizität, die Schelling gleichfalls als einander entgegengesetzte Kräfte beschreibt. Die Synthese beider, deren Gleichgewichtszustand, auch Indifferenz genannt, erscheint als chemischer Prozess, der eine Einheit von Magnetismus, Schwere und Elektrizität in Form von Licht darstelle und zugleich das erste Glied der nächsthöheren Stufe bilde, des beginnenden Lebensprozesses.

Die entgegengesetzten Kräfte dieser Potenz heißen bei Schelling Sensibilität und Irritabilität. Erstere bedeutet Empfindungsfähigkeit oder organische Rezeptivität, letztere Reizbarkeit oder organische Aktivität, wie sie Herzschlag oder Kreislauf des Blutes darstellen. Als Einheit beider gilt der sogenannte Bildungstrieb, die Fähigkeit zur Reproduktion, das heißt Ernährung, Wachstum, Zeugung. Erst in der Ausbildung von Sexualität, die sich bei den Pflanzen in der Pracht ihrer Blüten offenbare, erreiche jeder Organismus seine höchste Stufe. Alle genannten organischen Funktionen sollen sich in allen Lebensformen zeigen, aber nach Graden der Intensität abgestuft.

In diesem Zusammenhang kommt Schelling auch auf das Wesen der Krankheit zu sprechen, deren unterschiedliche Formen er auf zu hohe oder zu geringe Sensibilität und Irritabilität zurückführt. Jedoch sei darauf nicht näher eingegangen, ebenso wenig auf Kritik oder Anerkennung, die seine medizinischen Spekulationen in der damaligen Zeit erhielten.[40]

Festgehalten sei noch, dass nach Schelling erst mit der Entstehung des Menschen die Entwicklung der Natur abgeschlossen und zugleich eine neue Welt begründet ist. Darin kehren die drei Momente des Lebens in höherer Gestalt als Sinnlichkeit, Verstand und Vernunft wieder.

Die Entwicklungsstufen zusammen ergeben ein geschlossenes Bild der Natur, ein Evolutionsschema, die Stufenfolge eines dynamischen Prozesses, welcher von der Hervorbringung der Materie über die Entstehung des Anorganischen und des Organischen bis zur Entwicklung des selbstbewussten Menschen verläuft. Alle Stufen sind aber nur Potenzen der einen absoluten Produktivität der Natur, Natura naturans, die sich zuerst in jene zwei entgegengesetzten Kräfte teilte, um dann in jeweils abgewandelter Form auf jeder Entwicklungsstufe immer wieder von Neuem aufzutreten. Ziel des gesamten Naturprozesses ist der Mensch, der nach Schelling nicht vom Himmel fiel, sondern aus der Natur entstand. Diese ist als ein von gegensätzlichen Kräften beseelter All-Organismus also zugleich ein Entwicklungsgeschehen mit dem Menschen als Endzweck.

Mensch und Natur

Ausgangspunkt von Schellings Naturphilosophie war ein Unbehagen an Fichtes Wissenschaftslehre, in der die Unabhängigkeit der Natur vom absoluten Ich, an dem nach Fichte jeder von uns in seinem Inneren teilhabe, bestritten wurde. Wenn auch Schelling dieses System anfangs nur erklären wollte, so stieß er sich doch schon bald an der idealistischen Missachtung und Unterbewertung der Natur. Später hob er öfter hervor, in Fichtes Philosophie sei »gar nichts außer uns, nur ein subjektives Ich, nur das menschliche Geschlecht [...] da« (VII, 445), was einem völligen »Totschlag der Natur« (VII, 445) gleiche. Ähnlich an anderer Stelle: In der Wissenschaftslehre ist »das ganze Universum [...] nur im Bewußtsein da« (X, 90) und »alles äußere und objektive Sein verschwunden« (IX, 218). Schlimmer noch, Fichte führt nicht nur die gesamte Natur auf das unbewusst tätige Ich in uns zurück, er beschreibt sie auch kaum. »Die Natur ist in dem abstrakten [...] Nicht-Ich untergegangen [...], an dem gar nichts wahrzunehmen ist, als daß es eben dem Subjekt entgegengesetzt ist, – und die ganze Natur ist ihm in diesem Begriff so zusammengeschwunden, daß er eine Deduktion, die weiter als dieser Begriff sich erstreckte, nicht für nötig hielt.« (X, 91)

Dagegen betont Schelling die absolute Unabhängigkeit der Natur vom Menschen, was sogleich die erkenntnistheoretische Frage aufwirft, wie unsere Vorstellungen überhaupt mit der Natur übereinstimmen können. Schellings Antwort ist, dass in den Dingen um uns ein Geist herrscht, der dem in uns ähnelt. So gesehen sind in der Natur genau dieselben Gesetze verwirklicht wie in unserem Bewusstsein, wodurch ihre Erkennbarkeit ermöglicht und garantiert wird. »Die Natur soll der sichtbare Geist, der Geist die unsichtbare Natur sein. Hier also, in der absoluten Identität des Geistes in uns und der Natur außer uns, muß sich das Problem, wie eine Natur außer uns möglich sei, auflösen.« (II, 56) Näher betrachtet lässt sich damit sogar der alte Gegensatz zwischen Geist und Materie, Mensch und Natur überwinden sowie die absolute Selbstständigkeit und Einheit der uns umgebenden Welt beweisen.

Wenn Kant dagegen den Menschen als Bürger zweier Welten beschreibt, steht er noch in einer Tradition, die den Menschen in ein schlichtes, vergängliches Naturwesen und ein denkendes Vernunftwesen teilt. Als Lebewesen unter anderen gehört der Mensch seiner Ansicht nach einerseits zur Sinnenwelt, dem Reich der Natur, in dem er als Erdenbewohner den gestirnten Himmel über sich hat. Als freies Vernunftwesen mit dem Sittengesetz in sich ist er hingegen Angehöriger einer intelligiblen, moralischen Welt, eines übersinnlichen Reiches der Zwecke. Diese Zweiteilung des Menschen mit der zugrunde liegenden Einteilung des Alls in Sinnen- und Verstandeswelt ist so alt wie die abendländische Geistesgeschichte; im neuzeitlichen Denken stammt sie von Descartes, der die gesamte Wirklichkeit in ausgedehnte Natur und denkenden Geist unterteilte. Der Dualismus, jene Trennung von Geist und Materie, seelischer Innerlichkeit und körperlicher Äußerlichkeit, beschäftigte die gesamte Metaphysik. Seit dem 17. Jahrhundert rang sie darum, den Gegensatz zwischen Leib und Seele zu überwinden, die Einheit des Menschen wiederzugewinnen. Demgemäß versuchten auch die Philosophen des Deutschen Idealismus wie zuvor Malebranche, Leibniz oder Spinoza, den von Descartes aufgerissenen Graben zwischen Körper und Geist, die tiefe Kluft zwischen Mensch und Natur, zu überbrücken.

Schelling verbindet beide dadurch, dass er in Tier, Pflanze, Materie, nach unterschiedlichen Graden der Nähe zum menschlichen Selbstbewusstsein abgestuft, Vorformen des bewussten Geistes hineindeutet. Zwar schreiten seine Ausführungen stets von unten nach oben, gedanklich verfährt er aber umgekehrt. Genaugenommen interpretiert er die Natur vom Menschen aus, indem er eine Stufenfolge stetig abnehmender Geistigkeit und geringer werdender Freiheit konstruiert. Nur so ist es ihm möglich, im selbstbewussten Menschen einen Teil der Natur zu sehen. Allerdings bleibt das menschliche Ich von den mannigfaltigen Formen des Geistes in der Natur durch das Selbstbewusstsein unterschieden. Dennoch sind die in der Natur herrschenden Urgewalten wirklicher Geist; dessen niederste Stufe ist die genannte Expansions- und Attraktionskraft, durch welche Materie entsteht. Das menschliche Selbstbewusstsein stellt dagegen die höchste Form des Geistes dar. Zwischen diesen beiden Polen existieren zahlreiche Zwischenformen, so dass sich ein Kontinuum ergibt, wodurch der alte Dualismus zwischen Materie und Geist verschwindet. Man erkennt, nur wenn ein unbewusster Geist bereits in der Natur wirkt, kann aus ihr ein bewusster entstehen und folglich der Mensch als Naturprodukt verstanden werden; damit ist auch die alte Entfremdung des Menschen von der Natur aufgehoben.

Allerdings versöhnt Schelling den Menschen nicht bloß mit der Natur, indem er seine Verwandtschaft mit ihr bis in die Materie zurückverfolgt, sondern auch dadurch, dass er den gesamten Naturprozess als auf ihn hin ausgerichtet vorstellt. Genaugenommen sei der Mensch das eigentliche Ziel der Evolution, da sich erst in ihm der in der Natur bewusstlos wirkende Geist seiner selbst als freies Wesen bewusst werde. »Die Stufenfolge der Organisationen und der Übergang von der unbelebten zur belebten Natur verrät deutlich eine produktive Kraft, die erst allmählich sich zur vollen Freiheit entwickelt« (I, 387), die sie im Menschen erreicht. »Alles an ihm trägt den Charakter der Freiheit. Er ist durchaus ein Wesen, das die tote Natur ihrer Vormundschaft entlassen und der Gefahr seiner eigenen (unter sich streitenden) Kräfte überantwortet hat.« (I, 389) Aber damit Freiheit aus der Natur hervorgehen kann, muss auch sie wieder in der Natur enthalten sein; in einer als Mechanismus gedeuteten Welt kann Freiheit jedenfalls nicht entstehen. Tatsächlich ist Schelling davon überzeugt, dass die ursprüngliche Produktivität der Natur selbst eine Kraft der Freiheit darstellt, die nach Graden der Nähe zum menschlichen Bewusstsein zunimmt und folglich in den uns näheren Lebensformen ausgeprägter ist als in den entfernteren.

Immer wieder äußerte er sich begeistert über die Idee der Freiheit, sei es in seinen früheren Schriften: »Der Anfang und das Ende aller Philosophie ist – Freiheit!« (I, 177), oder in späteren wie den *Philosophischen Untersuchungen über das Wesen der menschlichen Freiheit*-. »Nur wer Freiheit gekostet hat, kann das Verlangen empfinden, ihr alles analog zu machen, sie über das ganze Universum zu verbreiten.« (VII, 351)

Jedoch betrachtet er Freiheit niemals als Gegensatz zu Notwendigkeit, da beide seiner Ansicht nach nur die zwei Seiten einer Medaille sind. Der Mensch muss sogar erst zur Freiheit erwachen, die »sich in dieser Welt aus dem Dunkel der Notwendigkeit« (IX, 38) erhebt. Hat man die Freiheit dann erlangt, so bleibt sie dennoch an die Notwendigkeit als deren Kehrseite gebunden. Darum lässt »sich von der wahrhaft freien Handlung kein Grund angeben; sie ist so, weil sie so ist, sie ist schlechthin, ist unbedingt und darum nothwendig« (IX, 39). Das heißt, jeder Akt des menschlichen Selbst ist »absolut frei, weil er durch nichts außer dem Ich bestimmt ist, absolut notwendig, weil er aus der innern Notwendigkeit des Ichs hervorgeht« (III, 395). Das gleiche gilt auch für die ursprüngliche Produktivität der Natur, die Natura naturans oder Weltseele, die im angedeuteten Sinne gleichfalls frei und notwendig wirkt, aber erst im Menschen bewusste Freiheit wird.

Davon ausgehend, dass menschliche Freiheit, Innerlichkeit und Subjektivität keine Illusionen sind, zieht also Schelling, allen heutigen Formen des physikalistischen Reduktionismus zum Trotz, nicht das bewusste Ich auf die Stufe der toten Materie herab, sondern hebt umgekehrt diese und alle Lebensformen auf das Niveau des Menschen herauf, geistige Bestimmungen darin hineindeutend.

Hierdurch wird nicht nur die alte Entfremdung von Mensch und Natur, Geist und Materie aufgehoben, sondern zugleich ein innerer Zusammenhang zwischen allen Naturerscheinungen hergestellt. Denn auch das gehört zu den Aufgaben der Naturphilosophie: die Einheit der Natur aufzuzeigen, mehr noch, die verloren gegangene Einheit wiederherzustellen.

Ursprünglich lebte der Mensch im »philosophischen Naturstande« (II, 12). »Damals war er noch einig mit sich selbst und der ihn umgebenden Welt.« (II, 12) Es gab noch nicht die Fragen, wie die Außenwelt erkannt werden kann, wodurch Mensch und Natur Zusammenhängen oder worin die Einheit der Natur besteht. Aber die Menschheit konnte in jenem Zustand nicht verbleiben. Der »Geist, dessen Element Freiheit ist, [musste] sich den Fesseln der Natur und ihrer Vorsorge entwinden und sich dem ungewissen Schicksal seiner eigenen Kräfte überlassen« (II, 13). So verließ er also den Naturzustand auf dem Wege der Reflexion, in welcher der frühe Schelling eine alle Einheiten auflösende Kraft erblickte, die den Gegenstand von der Anschauung, den Geist von der Materie und den Menschen von der Natur trenne. Als eine solche zersetzende Macht sei die Reflexion »ein Uebel, [...] eine Geisteskrankheit des Menschen« (II, 13), wie später gleichfalls Hegel, Kierkegaard und Arnold Gehlen betonten. Auch sie sahen in der Reflexion eine verunsichernde Macht, die alles Haltgebende zum Einsturz bringe. Jedoch wird nach Schelling ein solcher Einsturz von der »wahren Philosophie« (II, 14) gewollt, die ihre wichtigste Aufgabe in der Wiederherstellung der zerbrochenen Einheit sehe. Demnach löst der menschliche Geist alles bis dahin Verbundene auf, »um es durch Freiheit [anschließend] wieder zu vereinigen« (II, 14) und so »durch eigenes Verdienst in jenen Zustand zurückzukehren, in welchem er, unwissend über sich selbst, die Kindheit seiner Vernunft verlebte« (II, 13). Auf diesem Wege zur Einheit entdeckt der Geist die Natur als All-Organismus und ebenfalls die alles miteinander verbindende Weltseele, die dem Urmenschen unbekannt war.

Ein solches Naturverständnis war in der damaligen Zeit fast allen Dichtern eigen. Die Romantiker lasen in der Natur wie in einem Buch, überzeugt davon, dass sie von sich aus spricht, wenn man ihr nur zuhört. Ähnlich schrieb Schelling: »Was wir Natur nennen, ist ein Gedicht, das in geheimer wunderbarer Schrift verschlossen liegt« (III, 627); und schon Kant betonte: »Die Natur ist ein Buch [...]. Gesetzt wir kennen alle Buchstaben darin [...], wir wissen sogar die Sprache in der es geschrieben ist. – Ist das alles schon genug, ein Buch zu verstehen [...]? Es gehört also mehr dazu als Physik, um die Natur auszulegen.»[41] Ähnlich wiederum Schelling: »Es ist wahr, daß uns die Chemie die Elemente, Physik die Silben, Mathematik die Natur lesen lehrt; aber man darf nicht vergessen, daß es der Philosophie zusteht, das Gelesene auszulegen.« (II, 6) Allerdings tritt uns die Natur »überall zuerst in mehr oder weniger harter Form und Verschlossenheit entgegen. Sie ist wie die ernsthafte und stille Schönheit, die nicht durch schreiende Zeichen die Aufmerksamkeit reizt, nicht das geheime Auge anzieht.« (VII, 299) Deshalb ist zu fragen: »Wie können wir jene scheinbar harte Form geistig gleichsam schmelzen, daß die lautere Kraft der Dinge mit der Kraft unseres Geistes zusammenfließt, und aus beiden nur Ein Guß wird?« (VII, 299) Dadurch, dass wir alle Dinge als bedeutungsvolle Zeichen interpretieren, selbst Felsen und Steine als Buchstaben eines uns verwandten Geistes deuten, lautete die Antwort – auch für Goethe: »Wenn man nun Felsen und Zacken, Spalten und Risse als Buchstaben behandelte, sie zu entziffern suchte, sie zu Worten bildete und sie fertig zu lesen lernte, hättest du etwas dagegen? – Nein, aber es scheint mir ein weitläufiges Alphabet. – Enger als du denkst, man muß es nur kennen lernen wie ein anderes auch. Die Natur hat nur eine Schrift.«[42]

Das ebenso lesbare wie lesenswerte Buch der Natur trägt nach allem bisher Ausgeführten die Schriftzüge eines Geistes, der selbst Lebloses wie Steine und Felsen beseelt. Deshalb hebt auch Novalis »die Wunderbarkeit der Steine«[43] hervor, fest davon überzeugt, »daß Steine und Wälder der Musik gehorchen«[44], sogar »einen Geist haben«[45], weshalb »der Fels [auch] ein eigentümliches Du [werde], wenn [man] ihn anrede«[46]. Novalis beschreibt das gesamte Leben des Alls in der angezeigten Richtung als »ewiges tausendstimmiges Gespräch«[47], worin alles mit allem innerlich verbunden sei und das darum eine »Symphonie«[48] darstelle. Ähnliches meint Schelling mit seiner Vorstellung von der Welt als wohlgeordnetem Organismus, in dem die Kraft eines bewusstlosen Geistes, eine Weltseele lebe, die sich in der Stufenfolge der Natur schrittweise zu Bewusstsein und Freiheit entwickelt habe.

So ist es nicht verwunderlich, dass sich heute, im Zeitalter der ökologischen Krisen, Schellings ganzheitliches Naturverständnis ungeteilter Aufmerksamkeit erfreut. Seine Naturphilosophie kommt nicht nur unserem Verlangen nach Heimat und Geborgenheit in der Welt entgegen, sie verleiht der Natur auch wieder eine Achtung gebietende Würde, die sie im kalten Objektivismus der alles berechnenden Naturwissenschaften verloren zu haben scheint. Darin ähneln Schellings spekulative Naturdeutungen nicht nur denen Teilhard de Chardins oder Blochs, sie stimmen in wesentlichen Beziehungen auch mit allen gegenwärtigen Naturethiken überein, welche die Pflicht zu schonendem Umgang mit der Natur aus deren Eigenwert ableiten.

Allerdings verfolgte Schelling mit seiner Naturphilosophie ganz andere Ziele. Ihre eigentliche Aufgabe sah er einmal darin, die Erkennbarkeit der Natur zu erklären, dann, den alten Dualismus von Materie und Geist, Natur und Mensch zu überwinden, und schließlich, die Welt als zweckmäßig geordnete Einheit darzustellen. Alle drei Aufgaben löste er mit der Vorstellung einer dem menschlichen Geist verwandten Kraft, der Weltseele.

Auffälligerweise blieb bei alldem aber das unermessliche Weltall weitgehend außer Acht, so dass sich uns heute die Frage aufdrängt: Ist Schellings Naturphilosophie so stark, dass sie eine Beachtung des unendlichen Universums mit seinen zahllosen Sternen und Galaxien nicht verlangt, oder so schwach, dass sie eine solche nicht verträgt? Erst später kam Schelling gelegentlich auf die Welt der Gestirne zu sprechen. In der zwischen 1809 und 1812 verfassten Schrift *Über den Zusammenhang der Natur mit der Geisterwelt* ist sogar die Rede von »völliger Gleichgültigkeit des Universums nach allen Seiten und in alle Weite« (IX, 96), von »unermeßlicher Tiefe« (IX, 96) des Weltraums und von »leerem Raum [...], der gegen alle Seiten gleichgültig sich ausdehnt« (IX, 98). In diesem Zusammenhang kommt Schelling auch auf die »Herabsetzung der Erde« (IX, 107) durch die neuzeitliche Kosmologie zu sprechen, die sie »aus dem Mittelpunkt verstoßen« (IX, 107) habe. Bloß anfreunden mochte er sich mit solch einer Sichtweise nicht. Deshalb notierte er, »daß die Erde der tiefste und körperlichste Punkt des Weltganzen ist, können wir nicht behaupten, und ist nach allen unseren Kenntnissen sogar unwahrscheinlich« (IX, 108). In dieser schon zur damaligen Zeit längst entschiedenen Frage nahm er einen ähnlichen Standpunkt ein wie der Romantiker Novalis, der gleichfalls bestritt, »daß die Erde ein unbedeutender Wandelstern sei«[49]. Wie er war Schelling davon überzeugt, »daß es mit der Erde unter den Planeten eine besondere Bewandtnis habe« (IX, 110); welche, verriet er aber nicht. Nur über eines ließ er keinen Zweifel bestehen, dass nämlich wir Erdenbewohner auf »der Leiter der Wesen sehr hoch« (IX, 108) stehen, Ziel und Endpunkt der gesamten Naturgeschichte sind.

Es dauerte mehr als dreißig Jahre, bis ein Zusammenhang zwischen metaphysischem Anthropozentrismus und moderner Kosmologie gefunden war. In der *Darstellung des Naturprozesses* von 1843/44 kann man lesen: »Wir müssen freilich annehmen, daß die Erde der Entstehungspunkt für den Menschen ist – warum, das wissen wir nicht, es geht in Verhältnisse zurück, die wir nicht übersehen, aber der Mensch ist darum nicht speziell ein Produkt der Erde – er ist ein Produkt des ganzen Prozesses -, nicht der Erde allein, das ganze Weltall ist bei ihm beteiligt, und wenn aus der Erde, so ist er, um auf dem bisherigen Standpunkt fortzureden, doch nicht ausschließlich für sie, er ist für alle Sterne, denn er ist für das Weltall, als Endzweck des Ganzen erschaffen.« (X, 390) Ähnlich in den zwischen 1847 und 1852 entstandenen Vorlesungen über Philosophie der Mythologie: »Allerdings ist der Mensch das Ziel und in diesem Sinn alles des Menschen wegen. Ein Letztes soll erreicht werden, aber dies schließt nicht aus, dass es anderem Raum lasse; vielmehr, je breiter die Basis, über die es sich erhebt, desto mehr leuchtet seine Einzigkeit hervor.« (XI, 494)

Abgesehen von diesen Stellen, war für Schelling das sich in unermessliche Weiten hin erstreckende und von Milliarden auseinander strebender Galaxien erfüllte Weltall nur selten Gegenstand besonderer Beachtung, geschweige denn näherer Betrachtung. Im Gegenteil: Wann immer Schelling auf den gestirnten Himmel zu sprechen kam, äußerte er sich darüber leicht abfällig, manchmal auch spöttisch. Deshalb drängt sich der Verdacht auf, dass Schelling, der das für den Menschen Wesentliche in der Natur erkannte, das unermessliche Weltall dennoch kaum sah. Vielleicht ahnte er, dass eine ernsthafte Auseinandersetzung damit seine Interpretation der Welt als All-Organismus und seine Vorstellung vom Menschen als Endzweck des Ganzen ins Wanken gebracht hätte. Eine solche Verunsicherung galt es wohl um jeden Preis zu vermeiden.

4. Auf der Suche nach der wahren Einheit

Fichte, der in seiner *Wissenschaftslehre* auf eine genauere Darstellung der Natur verzichtet hatte, sah in der Natur zunächst nur das Produkt des unbewusst tätigen Ich, das ohne jede physische Voraussetzung sich selbst und mit sich die Welt setze. Später befasste er sich ausführlicher mit der Natur, führte sie aber nach wie vor auf einen dem absoluten Ich vergleichbaren absoluten Verstand zurück. In der *Transzendentalen Logik* von 1812 und den *Tatsachen des Bewußtseins* von 1813 entwickelte er daraus Begriffe und Lebensformen wie Raum, Zeit, Materie, Werden, Naturkraft, Mineral, Pflanze, Tier und Mensch. Schelling und den meisten Philosophen des abendländischen Denkens ähnlich stellte er an die »Spitze«[50] der Weltordnung den Menschen. Damit antwortete er indirekt auf Schellings Vorwürfe, die Natur heruntergespielt und abgewertet zu haben. Allerdings bestritt Fichte auch jetzt die Möglichkeit einer von der Wissenschaftslehre getrennten Naturphilosophie.

1801 schrieb er in einem Brief an Schelling: »Es gibt keinen besondern [...] Realismus, oder Naturphilosophie und dergleichen, die da wahr wären; sondern es gibt überall nur Eine Wissenschaft, dies ist die Wissenschaftslehre: und alle übrigen Wissenschaften sind nur Teile der Wissenschaftslehre.«[51] Der gesamte Briefwechsel[52] Schellings mit Fichte dreht sich um diese strittige Frage, die beide zuvor eher umgingen, scheinbar in voller Einmütigkeit, die aber in der Sache zu keiner Zeit wirklich bestand.

Schelling hat im Laufe seines langen Lebens viele Briefe geschrieben, von denen eine große Zahl unwiederbringlich verloren ist; die Briefwechsel mit Hegel, Goethe, Maximilian von Bayern und Fichte blieben dagegen fast vollständig erhalten. Dass Schelling mit Fichte erst seit 1799 regelmäßig Briefe wechselte, hängt sicherlich damit zusammen, dass sie sich zuvor noch nicht so gut kannten, und nachdem sie sich ein wenig besser kennengelernt hatten, lebten sie am selben Ort, so dass sich nun das Briefeschreiben erübrigte. Schelling war auf Betreiben Fichtes 1798 nach Jena berufen worden, wo dieser bereits seit 1794 lehrte. Jedoch musste Fichte schon 1799 Jena wieder verlassen. Das Dresdener Oberkonsistorium hatte gegen ihn Anklage wegen Atheismus erhoben und bei den fürstlich-sächsischen Höfen seine Bestrafung beantragt.

Das war im 17. und 18. Jahrhundert, als man den Atheismus noch mit allen Mitteln bekämpfte und die meisten Druckerzeugnisse der Genehmigung durch die Obrigkeit bedurften, durchaus nichts Ungewöhnliches. Nun ist es aber weniger verwunderlich, dass es trotzdem Denker gab, welche den Mut aufbrachten, die christliche Glaubenslehre anzuzweifeln, wie Spinoza in seinem *Theologischen Traktat*, Kant in seiner *Religion innerhalb der Grenzen der Vernunft* oder Fichte in seiner *Kritik aller Offenbarung*. Viel bemerkenswerter ist, dass der Vorwurf des Atheismus sie alle, Schelling eingeschlossen, schwer traf, obgleich sie doch keine gläubigen Christen mehr waren.

Fichte, der bereits 1792 mit seiner *Kritik aller Offenbarung* dem Christentum den Rücken gekehrt hatte, drohte den amtlichen Stellen mit seinem Abgang, falls ihm ein Verweis zuteilwürde. Diese Androhung blieb nicht folgenlos und brachte Fichte sogar in große Verlegenheit, da die Regierung sie ganz bewusst als Entlassungsgesuch interpretierte, und so durfte er tatsächlich gehen. Friedrich Schlegel ebnete ihm den Weg nach Berlin, wo er bis zu seinem Wechsel nach Erlangen 1805 nur noch Privatvorlesungen hielt.

Der Briefwechsel Schellings mit Fichte endete bereits 1802, nachdem für beide feststand, dass sie den jeweils anderen nicht mehr für die eigene Sache erwärmen und gewinnen konnten. Fichte beharrte bis zuletzt darauf, dass apriorische Naturkonstruktionen nur innerhalb einer Wissenschaftslehre möglich sind und das »System der faktischen Welt«[53] auf den einen absoluten Verstand zurückgeführt werden muss. Vorstellungen wie die Existenz der Weltseele oder die Entstehung des Geistes aus der Natur entbehrten dagegen jeder Grundlage.

Solche Ideen standen aber im Vordergrund der Arbeit des frühen Schelling, der hartnäckig seine Naturphilosophie verteidigte, an die er 1800 das *System des transzendentalen Idealismus* anfügte. Darin scheint er zu Fichtes Wissenschaftslehre zurückzukehren, ohne allerdings von seinem naturphilosophischen Standpunkt abzurücken. Der frühe Schelling war offensichtlich davon überzeugt, dass das System der Philosophie erst »durch zwei Grundwissenschaften vollendet wird« (III, 342): durch Transzendentalphilosophie und Naturphilosophie. Wenn es Aufgabe der letzteren war, das »Objektive zum Ersten zu machen, und das Subjektive daraus abzuleiten« (III, 342), so verblieb für die angestrebte Transzendentalphilosophie »nur die entgegengesetzte Richtung [...], vom Subjektiven, als vom Ersten und Absoluten, auszugehen, und das Objektive aus ihm entstehen zu lassen« (III, 342). Anders formuliert: Hat die Naturphilosophie die Entwicklung der Welt bis zur Entstehung des bewussten Ich nachzuzeichnen, so muss die Transzendentalphilosophie erklären, wie dieses zur Erkenntnis der Welt gelangt. Beide Philosophien sind zwar einander völlig entgegengesetzt, suchen und ergänzen sich aber wechselseitig. Sie bilden zwei Reihen von Zusammenhängen, die in den gesetzlichen Abfolgen einander genau entsprechen, und in diesem Sinne stellen sie die zwei Seiten ein und derselben Ordnung dar.

Allerdings vermochte Schelling diese übergreifende Einheit beider Konzeptionen noch nicht aufzuzeigen. Es blieb zunächst bei der bloßen Feststellung, dass die Naturphilosophie den Geist aus der Natur hervorgehen lässt, die Transzendentalphilosophie dagegen die Natur aus dem Geist, sowie der Beteuerung, dass beide berechtigt und miteinander vereinbar sind. In Wirklichkeit standen sie aber isoliert nebeneinander, und es war noch nicht zu erkennen, wie sie jemals miteinander verbunden werden könnten. Kein Weg schien von der Transzendentalphilosophie, die Schelling im *System des transzendentalen Idealismus* wieder als absoluten Idealismus konzipierte, zur Naturphilosophie zu führen. Denn geht diese von einer selbstständigen Natur aus, betrachtet jene die Natur als durch das unbewusst wirkende Ich des Menschen geworden und bestreitet damit deren An-sich-Sein und Unabhängigkeit. Das heißt, sobald man sich erst einmal auf die Transzendentalphilosophie eingelassen hat, findet man nur noch durch Gedankensprung zur Naturphilosophie zurück. Das, was sich ergänzen sollte, schließt sich offenbar wechselseitig aus.

Dennoch greift Schelling im *System des transzendentalen Idealismus* Fichtesche Grundgedanken noch einmal auf, mit denen er sich bereits vor seiner naturphilosophischen Schaffensphase auseinandergesetzt hatte. Das neue System, in dem die Natur wieder stärker in den Hintergrund tritt, gliedert sich in drei Teile: Erkenntnistheorie, Ethik und Ästhetik.

Die Geschichte des Selbstbewusstseins

Ausgangspunkt seiner Darlegungen ist jetzt der gesunde Menschenverstand oder das natürliche Erfahrungsbewusstsein. Es besagt, dass die eine Welt völlig unabhängig von uns existiert und sie nichts ist, was wir gemacht haben; wir sind aber grundsätzlich fähig, sie im Einzelnen zu erkennen. Für gewöhnlich sind wir tatsächlich davon überzeugt, dass unsere Vorstellungen mit den Dingen an sich übereinstimmen; wir halten sie für Abbilder der außermenschlichen Wirklichkeit. Gleichzeitig gehen wir davon aus, dass sich vieles in der Welt durch uns bearbeiten und nach unserem Willen, unseren Vorstellungen verändern lässt.

Daraus ergibt sich für Schelling ein Widerspruch, der sich in seinen Ausführungen so liest: Einerseits richten sich die »Vorstellungen in uns nach der objektiven Welt« (III, 348), andererseits richtet sich »die objektive Welt nach Vorstellungen in uns« (III, 348). Es sei dahingestellt, ob dieser Gegensatz zwischen Erkennen und Handeln wirklich einen Widerspruch bildet, da es nur um die Frage geht, wie die Welt beschaffen sein muss, damit ein freies Wesen wie der Mensch darin handeln kann. Eine notwendige Bedingung dafür ist, so Schelling, dass eine »vorher bestimmte Harmonie« (III, 348) zwischen theoretischer und praktischer Intelligenz besteht, die es erst geben kann, wenn die Kraft, welche sich im weltgestaltenden Handeln äußert, dieselbe ist, durch welche die Welt überhaupt existiert. Er war also überzeugt, dass sich die Welt nur dann nach dem Vorbild eigener Vorstellungen formen lasse, wenn sie in all ihren Bestimmungen Produkt des darin handelnden Ich ist. Wie schon in seiner Frühphilosophie heißt es auch jetzt, dass das Erkenntnissubjekt, seiner produktiven Tätigkeit nicht bewusst, selbst die Welt hervorgebracht habe.

Da einem die eigene Schöpferkraft verborgen bleibt, glaubt man an das An-sich-Sein der Welt; erst dem Transzendentalphilosophen gibt sich diese Schaffenskraft zu erkennen. Er allein ist in der Lage, das An-sich-Sein der realen Welt als Schein zu durchschauen und zu erklären, wie es zu diesem Schein immer wieder aufs Neue kommt. Dabei wendet er sich als erstes von der Welt weg und zu sich selbst hin, weil erst der Einblick in das eigene Innere das wirkliche Wesen der Dinge erschließt.

Fichte ähnlich beschreibt Schelling im *System des transzendentalen Idealismus* den Hervorgang der Welt aus dem absoluten Ich über mehrere Stufen. Er macht deutlich, wie das Ich die Welt erschafft, weshalb das Ich sie dennoch als von sich unabhängig existierend vorstellt, und lässt das Ich in diesen Ableitungen schrittweise zu sich selbst kommen, sich seiner selbst bewusst werden. Deshalb nennt er seine Ausführungen auch Darstellung der »Geschichte des Selbstbewußtseins« (III, 399). Aufgabe der Transzendentalphilosophie sei, diese nachzuzeichnen, das heißt, »das Ich von einer Stufe der Selbstanschauung zur andern bis dahin zu führen, wo es mit allen den Bestimmungen gesetzt wird, die im freien und bewußten Akt des Selbstbewußtseins enthalten sind« (III, 450).

Schelling unterteilt die genannte Stufenfolge, in eine klare Rangordnung gebracht, in theoretische, praktische und ästhetische Philosophie. Allein im theoretischen Teil, in den sämtliche aus Fichtes *Wissenschaftslehre* bekannten Grundsätze aufgenommen werden, unterscheidet er als drei Epochen des Selbstbewusstseins ein Stadium der Empfindung, eins des Selbstgefühls und eins der Reflexion.

Parallel zur Naturphilosophie mit ihrer ursprünglichen Naturkraft stellt er in der Transzendentalphilosophie die Urhandlung des Ich als unendliche Tätigkeit dar, die blind ins Leere hinausschießt. In diesem Zustand ist das Ich noch weit von jedem persönlichen Selbstbewusstsein entfernt. Der erwähnten blinden Tätigkeit setzt das Ich selbst eine zweite, sie begrenzende Kraft entgegen, über welche die ursprüngliche wieder hinausgeht. Ständig hebt sie die selbstgesetzte Grenze auf, um sich dann von neuem wieder einzuschränken. Die jeweiligen Begrenzungen stellen in der Geschichte des Selbstbewusstseins aufeinanderfolgende und aufeinander aufbauende Stufen des Zu-sich-Kommens dar. Das Verfahren ist das gleiche wie in der Naturphilosophie, nur geht es hier nicht um die außermenschliche Evolution von der Materie über die Formen des Organischen bis zum Geist, sondern wie in der *Wissenschaftslehre* um eine dem Geist selbst innewohnende Entwicklung von der dumpfen Empfindung bis zum wachen Selbstbewusstsein, um jenen Prozess also, »durch welchen das Ich bis zum Bewußtsein in der höchsten Potenz sich erhebt« (III, 332).

Die erste Epoche der Bewusstwerdung beginnt mit der sogenannten ursprünglichen Empfindung, in der das Ich ohne Selbstanschauung noch ganz das Empfundene ist. Auf dieser Stufe verliert es sich gänzlich in dem, was es empfindet, ohne Selbstempfinden zu sein; es verschwindet gleichsam im Empfundenen. Selbstverständlich erkennt sich das Ich hierbei noch nicht als das Empfundene; ebenso wenig durchschaut es, dass diese Affektion, welche die Empfindung hervorruft, nur eine Selbstbegrenzung der unendlichen Tätigkeit des Ich ist. Das erkennt erst der Transzendentalphilosoph, wenn er den Weg der theoretischen Philosophie durchläuft. Die erste Epoche, die sich wie alle anderen wiederum in mehrere kleinere, hier nicht näher auszuführende Entwicklungsabschnitte gliedert, endet mit der Unterscheidung von Empfindendem und Empfundenem, Innen und Außen. Diese entsteht, wenn das noch nicht bewusste Ich sein Empfinden anzuschauen beginnt.

Das ist dann der Anfang der zweiten Epoche, in welcher sich der Gegensatz zwischen Innen und Außen weiter verschärft. Auf dieser Entwicklungsstufe bilden sich die Anschauungsformen Raum und Zeit und Kategorien wie Kausalität und Wechselwirkung, alles Erkenntnisbegriffe, die Schelling aus Kants *Kritik der reinen Vernunft* übernahm. Aber das Ich erkennt sich immer noch nicht als produktiv, wie es auch jene Anschauungsformen und Kategorien, mit deren Hilfe es sich eine Welt konstruiert, noch nicht als solche versteht. Das Ich besitzt jetzt Selbstgefühl und eine einfache Weltvorstellung, aber immer noch kein echtes Selbst- und Weltbewusstsein. Damit fehlen ihm weiterhin die Voraussetzungen, »durch welche [es] unmittelbar zum Bewußtsein seiner eigenen Tätigkeit« (III, 504) gelangen könnte.

Allerdings strebt die unendliche Tätigkeit auch über die zweite Epoche hinaus. Diese Erhebung über die Anschauung geschieht durch Reflexion, in der sich das Ich zum ersten Mal vom empfundenen und angeschauten Objekt absondert, was »im gewöhnlichen Sprachgebrauch Abstraktion« (III, 505) heißt. Denkend hebt es nun die Welt in die klare Form des Urteils, in dem begrifflich bestimmt wird, was bis dahin nur vorausdrücklich bewusst war. So erlebt in der dritten Epoche das Ich erstmalig den Unterschied zwischen Denken und Sein, Begriff und Objekt, und wird sich dabei auch seiner selbst bewusst. Jetzt ist es Selbst- und Weltbewusstsein im vollen Sinne des Wortes, und damit ist der Höhepunkt der theoretischen Philosophie erreicht, deren Entwicklung also von der bloßen Empfindung über die Anschauung der Empfindung bis zur begrifflichen Reflexion über die Anschauung verläuft. Jedoch durchschaut das selbstbewusst gewordene Ich noch nicht, dass die begrifflich bestimmte Natur, die es als an sich existierend vorstellt, in Wirklichkeit das Werk eigenen, unbewussten Schaffens ist. Es erkennt sich zwar nun selbst, aber noch nicht als unbewussten Schöpfer der Welt.

Freiheit, Staat und Geschichte

Der Übergang von der theoretischen zur praktischen Philosophie als der vierten Epoche in der Geschichte des zu sich selbst kommenden Bewusstseins geschieht ebenso problem- wie bruchlos, da der Gegensatz zwischen theoretischer und praktischer Vernunft von vornherein überbrückt ist. Das theoretische Subjekt, das der ihm gegenüberstehenden, wenn auch selber geschaffenen Welt relativ selbstständig begegnet, kann diese nur im Gespräch mit anderen objektiv bestimmen. »Nur dadurch, daß Intelligenzen außer mir sind, wird mir die Welt überhaupt objektiv« (III, 555), wobei »objektiv« hier soviel bedeutet wie »für jedermann zugänglich und nachvollziehbar«. Hierdurch erweist sich die theoretische Erkenntnis selbst schon als Teil der praktischen Philosophie, deren wichtigster Begriff die Freiheit ist. Mögen wir Menschen auch die allgemeinen Erkenntnisformen, mit denen wir die Wirklichkeit beschreiben, nicht wählen können, so sind wir doch frei, uns von der Welt loszureißen und in dieser nach eigenem Ermessen zu entscheiden und zu handeln. Hierbei werden wir uns nach Schelling der eigenen Freiheit überhaupt erst bewusst, die über den Bereich der bloßen Welterkenntnis hinausführt.

Erst jetzt erkennen wir unsere Fähigkeit, in die unbewusst produzierte, durch Erkenntnis bewusst gewordene Natur verändernd eingreifen und gemeinsam mit anderen eine sittlich-geschichtliche Welt hervorbringen zu können. Das heißt, wir sind nun nicht bloß in der Lage, die uns umgebende Welt durch »Bewußtsein von ihr« zu konstituieren, sondern auch fähig, sie durch »Verhalten zu ihr« zu transformieren. Schelling bezog den Begriff der Freiheit sowohl auf die Beherrschung der Natur als auch auf das Zusammenleben der Menschen miteinander. Diese könnten sich, ihrem Eroberungsdrang gehorchend, die Natur unterwerfen und nach eigenen Vorstellungen eine künstliche Welt herstellen sowie eine geschichtlich-gesellschaftliche Welt aufbauen, wobei der Philosoph der letzteren mehr Bedeutung beimaß als der ersteren.

Insgesamt gliederte Schelling die praktische Philosophie in drei Teile, überschrieben: Freiheit, Staat, Geschichte. Diese Gliederung behielt er auch in seiner Spätphilosophie bei. Allerdings stand die praktische Philosophie bei ihm nie so im Mittelpunkt des Denkens wie bei Kant, Fichte oder Hegel, obgleich seine Darlegungen dazu manches Bedenkenswerte enthalten. Nirgends aber erreicht er auch nur annähernd den Reichtum der Kantischen oder Hegelschen Gesellschaftsphilosophie. Aufs Ganze seiner Entwicklung gesehen war er weniger politisch-ethisch als religiös-metaphysisch eingestellt, nicht so sehr am Soziologischen interessiert als vielmehr am Theologischen, mit dem der Denkweg des Tübinger Stiftlers einst begann. Seine herausragenden Arbeitsfelder waren zuerst natur-, dann kunst- und schließlich religionsphilosophischer Art. Aber wenn er sich auch eher selten zu politisch-ethischen Themen äußerte, hinterließ er im *System des transzendentalen Idealismus* doch einen vollständigen Text zur praktischen Philosophie. Darin verfolgte er keine tagespolitischen Interessen, seine Überlegungen waren mehr grundsätzlicher Natur, so sehr sie auch in den gedanklichen Rahmen der Aufklärung und der Französischen Revolution hineinpassen.

Dasselbe gilt für die *Neue Deduktion des Naturrechts* von 1795, eine bemerkenswerte Gelegenheitsschrift des erst 20-Jährigen. Darüber hinaus seien auch die im Sommersemester 1802 gehaltenen *Vorlesungen über die Methode des akademischen Studiums* erwähnt, die kleinere Abhandlung *Über das Wesen deutscher Wissenschaft* von 1807, welche in einigen Fragen mit Fichtes *Grundzügen des gegenwärtigen Zeitalters* übereinstimmt, und die *Stuttgarter Privatvorlesungen* von 1810, in denen er politisch-ethische Fragen lediglich streift. Auch in der Spätphilosophie kommt Schelling nur am Rande auf gesellschaftliche Themen zu sprechen; eine Ausnahme bildet jedoch die 23. Vorlesung der *Einleitung in die Mythologie* von 1852. Davon abgesehen, geben vor allem die Tagebücher Auskunft über seine politische Einstellung.

Auffälligerweise hat sich Schelling sein Leben lang zur Freiheit des Einzelnen bekannt und dabei den Staat nur so weit akzeptiert, wie er diese zu garantieren vermag. Bereits 1795 betonte er, »daß das Wesen des Menschen [...] in absoluter Freiheit besteht, daß der Mensch kein Ding, keine Sache und seinem eigentlichen Sein nach überhaupt kein Objekt ist« (I, 157). Natürlich war Schellings Freiheitsvorstellung in der Frühphilosophie emphatischer, politischer, revolutionärer als in seiner der Monarchie huldigenden restaurativen Spätphilosophie, in der Freiheit hauptsächlich religiös verinnerlicht gedacht wird.

Im *System des transzendentalen Idealismus* wiederholt Schelling einige Bestimmungen aus seiner *Neuen Deduktion des Naturrechts* von 1795, die bereits vor Fichtes *Grundlage des Naturrechts* (1796), Kants *Metaphysischen Anfangsgründen der Rechtslehre* (1797) und Hegels Abhandlung *Über die wissenschaftlichen Behandlungsarten des Naturrechts* (1802) erschien. Schellings politische Jugendschrift, verfasst für den Naturrechtsunterricht seiner beiden Zöglinge in Stuttgart, der Barone von Riedesel, beginnt mit einem geradezu anarchistischen Aufruf zur Freiheit: »Sei! [...] Strebe [...], absolut-frei zu sein, strebe, jede heteronomische Macht deiner Autonomie zu unterwerfen, strebe, durch Freiheit deine Freiheit zur absoluten, unbeschränkbaren Macht zu erweitern.« (I, 247) Ähnlich in den *Philosophischen Briefen über Dogmatismus und Kritizismus* aus demselben Jahr: »Meine Bestimmung [...] ist – Streben nach unveränderlicher Selbstheit, unbedingter Freiheit, uneingeschränkter Tätigkeit. Sei! ist die höchste Forderung des Kritizismus.« (I, 335) Allerdings bezog Schelling diesen

Appell zunächst allein auf unseren Umgang mit der Natur: »Ich kündige mich an als Herrn der Natur, und fordere, daß sie durch das Gesetz meines Willens schlechthin bestimmt sei. [...] Die ganze Welt ist mein moralisches Eigentum.« (I, 248) Aber die »Übermacht der Natur« (I, 249) setzt diesem maßlosen Eroberungsdrang klare Grenzen, die man gezwungen ist anzuerkennen, ob man möchte oder nicht: »Ich beuge mich vor ihr als Sinnenwesen, ich kann nicht weiter.« (I, 249)

Entsprechendes gilt auch für den Umgang der Menschen miteinander. Auch dabei stößt der Einzelne auf unüberschreitbare Grenzen seiner Macht. Von dem Kantischen Grundsatz ausgehend, dass jeder von uns kraft seines Menschseins Anspruch auf Achtung und Anerkennung hat, schreibt der junge Schelling: »Schaudernd stehe ich still. Hier ist Menschheit! ruft es mir entgegen, ich darf nicht weiter.« (I, 249) Das heißt, die eigene Freiheit endet, wo die Freiheit der anderen beginnt. Deshalb soll der Erdenbürger seinen persönlichen Willen so einschränken, dass seine Freiheit mit der aller anderen Menschen zusammen bestehen kann. Ohne gegenseitige Achtung ist keine individuelle Selbstbestimmung möglich, ohne eine gewisse Selbstbeschränkung keine Gemeinschaft geistig freier Menschen. Hierfür steht der Begriff des allgemeinen Willens, den man auch mit Gemeinwohl, Gemeinsinn und gemeinschaftlich geteilte Werte übersetzt.

Geschichtlich gesehen geht dieser Begriff auf Rousseau zurück[54], der im allgemeinen Willen, dem »volonté générale«, die notwendige Grundlage einer jeden Gesellschaft sah, welche dieses Namens wert sein möchte. Dabei übersah er aber, dass Menschen und Gruppen meistens Ziele verfolgen, die einander widersprechen, dass wir Rivalen sind mit unterschiedlichen Interessen und Vorstellungen. Rousseau ging dagegen davon aus, dass der einzelne erst dann wirklich frei ist, wenn er sich in all seinem Tun und Trachten vom Gemeinwillen leiten lässt, und verkannte dabei, dass dadurch Individualität zerstört wird. An deren Rettung war gerade dem jungen Schelling gelegen, der streng zwischen individuellem und allgemeinem Willen unterschied.

Rousseau betrachtete es als oberste Aufgabe von Ethik und Recht[55], zwischen beiden Willen zu vermitteln. Höchstes Gebot der Ethik sei das Sittengesetz, wie Kant es entwickelt habe, nach dem wir nur das wollen sollen, was alle anderen Vernunftwesen auch wollen können. Höchster Grundsatz des Rechts sei hingegen, dass jeder auf eigene Art glücklich werden dürfe, solange er nur nicht die Freiheit der anderen verletze.

Aber so sehr auch der junge Schelling den Wechselbezug zwischen individuellem und allgemeinem Willen in Ethik und Recht als notwendige Voraussetzung eines freien Gemeinwesens erkannte, das eigentliche Ziel seiner Ausführungen lag im Nachweis, dass individuelle Freiheit Vorrang vor Ethik und Recht habe. Das geht besonders deutlich aus der Bemerkung hervor, dass nur freie Individuen Träger des Gemeinwillens sein können, die im Konfliktfall das Recht besäßen, sich diesem zu verweigern: »Alles, selbst der allgemeine Wille, beugt sich vor der Freiheit des Individuums, wenn sie zu ihrer eignen Rettung wirksam ist. Der allgemeine Wille existiert nicht mehr, sobald es Rettung der Freiheit gilt.« (I, 276) Das heißt: »Ich habe ein Recht zu jeder Handlung, wodurch ich die Selbstheit des Willens behaupte, also auch ein Recht, jede Handlung aufzuheben, mit welcher die Selbstheit meines Willens nicht bestehen kann.« (I, 276) Demzufolge liegen die Grenzen von Gemeinschaft, Recht und Staat dort, wo sie Individualität, Autonomie, Selbstbestimmung in Frage stellen oder gar zu zerstören drohen. Mit diesem Standpunkt nähert sich der frühe Schelling sozialphilosophischen Ideen der Aufklärung, die sich besonders für die Durchsetzung individueller Freiheitsrechte einsetzte, eine fällige Antwort auf frühere Willkür und gesellschaftliche Zwänge.

Darüber hinaus behauptete Schelling wie viele Denker der abendländischen Geistesgeschichte, dass aus der Erkenntnis, wer wir im letzten sind, darauf geschlossen werden kann, wie wir unser Leben führen sollten. Herkömmlicherweise gilt der Einzelne als Geschöpf Gottes oder als aus der Natur herausragendes Vernunftwesen – zwei Kennzeichnungen, die nicht nur dem Menschen einen absoluten Wert zuerkennen, sondern auch darlegen, worauf er sein Leben ausrichten soll. In dieser Tradition bewegt sich Schelling, wenn er schreibt: »Gebt dem Menschen das Bewußtsein dessen, was er ist, er wird bald auch lernen, was er soll: gebt ihm theoretische Achtung vor sich selbst, die praktische wird bald nachfolgen [...]; eben deswegen muß die Revolution im Menschen vom Bewußtsein seines Wesens ausgehen, er muß theoretisch gut sein, um es praktisch zu werden.« (I, 157) Das wahre Ziel der Selbsterkenntnis heißt demnach Selbstverantwortung, die ebenso Selbstachtung wie Anerkennung des Nächsten mit einschließt.

Im *System des transzendentalen Idealismus* rückt Schelling vom starken Individualismus seiner Frühphilosophie ab. Diese Ausführungen beginnen zwar auch mit einer Betonung der menschlichen Freiheit, uneingeschränkt über die Natur herrschen und über sich selbst bestimmen zu können. In ihnen wird aber mehr als zuvor die Notwendigkeit erkannt, die Freiheit des Einzelnen durch den »Zwang eines unverbrüchlichen Gesetzes« (III, 582) einzuschränken. Allerdings soll das Gesetz nicht die individuelle Freiheit aufheben, sondern nur den »eigennützigen Trieb« (III, 583) des Einzelnen in seine Schranken weisen. Eine solche einschränkende Macht, wie sie Recht und Staat darstellen, sei nötig, damit die individuelle Freiheit nicht in der allgemeinen Rivalität und Konkurrenz, den Kämpfen aller gegen alle untergehe. Recht und Staat sind also für den reifen, älteren Schelling dazu da, sowohl gesellschaftliches

Handeln zu ordnen als auch individuelle Selbstbestimmung zu schützen.

Das Gesetz, das diese Aufgabe erfüllt, soll wie ein Naturgesetz herrschen und die daraus resultierende Rechtsverfassung eine zweite, über der ersten errichtete Natur sein. Das heißt, wie »mit der eisernen Notwendigkeit, mit welcher in der sinnlichen Natur auf die Ursache ihre Wirkung folgt, muss in dieser zweiten Natur auf den Eingriff in fremde Freiheit der augenblickliche Widerspruch gegen den eigennützen Trieb erfolgen« (III, 583). Kant ähnlich unterscheidet Schelling in diesem Zusammenhang zwischen Recht und Staat einerseits, Moral und Ethik andererseits. Die beiden zuletzt genannten fordern den Einzelnen dazu auf, aus eigenem Antrieb ein dem Sittengesetz gemäßes Leben zu führen. Die rechtliche Ordnung stellt dagegen nur einen »Mechanismus« (III, 583) dar, »unter welchem freie Wesen als solche in Wechselwirkung gedacht werden können« (III, 583). Im Gegensatz zu Moral und Ethik sollen also Staat und Recht bloß für das Funktionieren des Ganzen Sorge tragen, sich aber nicht um die Gesinnung des Einzelnen kümmern. Die rechtliche, staatliche Ordnung gleiche einer »Maschine« (III, 584), die zwar »von Menschenhänden gebaut und eingerichtet sei« (III, 584), die aber, »sobald der Künstler seine Hand davon abziehe, wie die sichtbare Natur ihren eigenen Gesetzen gemäß, und unabhängig, als ob sie durch sie selbst existierte, fortwirke« (III, 584).

Zu Schellings Zeiten war der Vergleich von Staat und Recht mit Maschine und Mechanik weit verbreitet. Diese Metaphern hatten sich bereits in Naturwissenschaft und Naturphilosophie durchgesetzt. Descartes und d'Holbach betrachteten die Natur als Uhrwerk und alle außermenschlichen Lebewesen als Automaten. Es war die Zeit des mechanistischen Weltbildes, das gleichermaßen den neuzeitlichen Rationalismus, den französischen

Materialismus und die modernen Naturwissenschaften bis Mitte des 19. Jahrhunderts beherrschte.

Zuerst übertrug Herder die Maschinenmetapher auf den Staat, dann Schiller, Hölderlin, Novalis und zuletzt auch Fichte und Hegel. Im Gegensatz zu Schelling verstanden sie alle diesen Ausdruck aber als Schimpfwort: Der Staat sei ein mechanisches Räderwerk, klagten sie, in dem der Einzelne nur als kleines Teilchen vorkomme.[56] Der Verfasser – vermutlich Hegel – des *Ältesten Systemprogramms des deutschen Idealismus*, eines Fragmentes von 1796/97, konnte sich den Staat gar nicht anders denn als Maschine vorstellen und befürwortete deshalb seine völlige Abschaffung: »Wir müssen also auch über den Staat hinaus! – Denn jeder Staat muß freie Menschen als mechanisches Räderwerk behandeln; und das soll er nicht; also soll er aufhören.»[57] Eine Utopie des absterbenden Staates hatte zuvor bereits Herder entworfen, und Fichte hat sie wenige Jahre später wiederholt. Fichte sah im Staat eine Ordnung des Überganges zu einem vollkommenen Vernunftreich, in dem jeder äußere Zwang entbehrlich und überflüssig würde: »Der Staat geht, ebenso wie alle anderen menschlichen Institute, auf seine eigene Vernichtung aus.»[58] Wenn man so will, ist das eine gedankliche Vorwegnahme der Marxschen Idee, nach welcher der Staat, ein Produkt der Geschichte und Klassengegensätze, in der kommunistischen Gesellschaft der Zukunft zugrunde gehen wird.

In Schellings Werken sucht man vergleichbare Formulierungen vergebens. Wenn er auch wie kaum ein anderer in der Naturphilosophie das mechanistische Weltbild bekämpfte, so gebrauchte er im *System des transzendentalen Idealismus* den Ausdruck »Staatsmaschine« (III, 586) doch verhältnismäßig wertneutral. Mehr noch, er verstand darunter ein für das Zusammenleben der Menschen notwendiges Regelsystem, wobei natürlich nicht jede Staatsmaschine gutzuheißen sei.

Zu Beginn der Geschichte habe die Not die Menschen dazu gezwungen, eine rechtliche Ordnung zu begründen, die ihr gemeinsames Überleben sicherte. Diese beruhte auf Unterdrückung, »was zum Anfang notwendig« (III, 585) war. Allerdings konnte solch eine Zwangsordnung auf Dauer nicht bestehen, da sich einerseits die geschichtlichen Bedingungen menschlichen Zusammenlebens ständig änderten, andererseits die Menschen sich nur so lange unterdrücken ließen, wie es für ihr Überleben erforderlich wäre. Deshalb trugen alle früheren Verfassungen den »Keim ihres Unterganges« (III, 585) bereits in sich, »weil sie ursprünglich nicht durch Vernunft, sondern durch den Zwang der Umstände gestiftet« (III, 585) worden waren. Ein Volk, das in schweren Zeiten seine Freiheitsrechte aufgibt, wird sie früher oder später zurückfordern. Es wird nach Schelling nicht eher ruhen, bis eine Freiheit gewährende Rechts- und Staatsordnung errichtet ist, eine republikanische Verfassung mit Gewaltenteilung und Selbstbestimmungsrecht des Einzelnen.

Das letzte und höchste Ideal sieht Schelling jedoch in einer völkerumspannenden freiheitlichen Rechtsordnung, »so daß die einzelnen Staaten nun wiederum zu einem Staat der Staaten gehören, und für die Streitigkeit der Völker untereinander ein allgemeiner Völkerareopag, zusammengesetzt aus Mitgliedern aller kultivierten Nationen, existiert, welchem gegen jedes einzelne rebellische Staatsindividuum die Macht aller übrigen zu Gebote steht« (III, 587). Diese Idee einer geeinten Menschheit entwarf bereits Kant 1795 in der Schrift *Zum ewigen Frieden*, in der zwischen Staats-, Völker- und Weltbürgerrecht unterschieden wird. Ersteres soll die Beziehungen der Menschen untereinander regeln, das zweite die Verhältnisse zwischen den verschiedenen Staaten ordnen und das Weltbürgerrecht den bescheidenen Ansprüchen des Einzelnen gegen fremde Staaten zur Geltung verhelfen. Diese von Kant eingeführte Dreiteilung hat Fichte in seinen *Grundlagen des Naturrechts* bereits 1796 übernommen, Schelling dagegen zu keinem Zeitpunkt; er schenkte nur dem Völkerrecht, der Idee einer Weltrepublik, Beachtung.

Kant differenzierte zwischen Völkerrecht und Völkerbund, der bloß auf Vereinbarungen der Staaten untereinander beruht und folglich nur die Möglichkeit hat, Empfehlungen auszusprechen, aber nicht über die nötige Macht verfügt, das gemeinsam Vereinbarte, den Weltfrieden, zu sichern. Anders verhält es sich in einer Weltrepublik, in der die Völkergemeinschaft die entsprechenden Mittel besitzt, den einen Staat gegen die Übergriffe eines anderen zu schützen. Eine solche Weltrepublik, die für Sicherheit und Selbstbestimmungsrecht aller Völker Sorge trägt und ihnen zu diesem Zwecke einige Einschränkungen auferlegt, hielt Kant für erstrebenswert, nicht aber einen einheitlichen Weltstaat, in dem alle Einzelstaaten aufgehen würden.

Kants Idee greift Schelling im *System des transzendentalen Idealismus* auf, ohne sie aber weiterzuentwickeln. Heute gilt sie als das philosophische Fundament für eine internationale Rechts- und Friedensgemeinschaft, an deren Verwirklichung die Vereinten Nationen arbeiten.

Man erkennt: Schelling war weit davon entfernt, Staat und Recht als vorübergehende Erscheinungen anzusehen, die später einmal ganz verschwinden, überflüssig würden. Im Gegenteil, er sah im Ideal einer republikanischen Verfassung und in einem freien Völkerstaat eine notwendige Bedingung gerade auch für individuelle Freiheit. Nun drängt sich aber die Frage auf, ob diese Ideale nicht weltfremde Utopie sind, die Vereinigung von individueller Freiheit und allgemeiner Rechtsordnung nicht einen aberwitzigen Wunschtraum darstellt. Solche Befürchtungen hatte Schelling nicht, mochte sich auch das angestrebte Ziel noch nicht im Entferntesten abzeichnen; er besaß großes Vertrauen in die Vernunft der Geschichte.

Einerseits seien wir Menschen frei, uns für oder gegen das Sittengesetz zu entscheiden; genauso liege es an uns, ob eine republikanische Rechtsordnung jemals verwirklicht werde oder nicht. Andererseits glaubte er im Ablauf der Geschichte eine Notwendigkeit, mehr noch, eine einheitliche Richtung und einen linearen Fortschritt zu erkennen. Nur so könne die Geschichte, welche dem oberflächlichen Betrachter ein verworrenes Schauspiel bietet, als »vernünftige Entwicklung« (III, 602) bewertet werden. Dazu bedürfe es zusätzlich sogar eines absoluten Geistes, der das freie Spiel der Kräfte »schon zum Voraus so in Harmonie gesetzt hat, daß am Ende wirklich etwas Vernünftiges herauskommen muß« (III, 602). Tatsächlich untersteht für Schelling die geschichtliche Welt einer »verborgenen Notwendigkeit, die bald Schicksal, bald Vorsehung genannt wird« (III, 594) und die bei Kant »Absicht der Natur«, bei Hegel »List der Vernunft« heißt. Damit übereinstimmend vertrat Schelling bereits 1792 in seiner philosophischen Dissertation[59] die Auffassung, dass sich die Geschichte über die Köpfe der Menschen hinweg auf ein allgemeines Vernunftreich der Humanität zubewege.

Die Geschichte selbst führe zu diesem angestrebten Ziel, indem sie die Neigungen und Entscheidungen der Menschheit in ihren Dienst nehme, gleichsam vor ihren Karren spanne. Sicherlich hänge der geschichtliche Prozess auch von der Freiheit des Einzelnen ab, jedoch nicht von ihr allein. Das liest sich bei Schelling so: »In Freiheit soll wieder Notwendigkeit sein, heißt also ebenso viel, als: durch die Freiheit selbst, und indem ich frei zu handeln glaube, soll bewusstlos, d. h. ohne mein Zutun entstehen, was ich nicht beabsichtigte« (III, 594) – eine republikanische Verfassung, ein freier Völkerstaat, eine moralische Weltordnung. Ob aber diese jemals irgendwo errichtet werden, kann nicht mit Sicherheit vorhergesagt werden.

Zunächst sind es nur philosophische Ideen, die, ohne Orientierung an der Erfahrung gewonnen, auf das politische Handeln der Menschen Einfluss nehmen sollen. Nicht länger dürfe deren Gleichgültigkeit einer moralischen Weltordnung gegenüber mit dem Argument, diese sei nicht zu realisieren, entschuldigt werden. Jedoch sei die Hoffnung darauf nur ein »Glaubensartikel des wirkenden und handelnden Menschen« (III, 593), der auch ohne die Gewissheit, dass dieses große Ziel irgendwann einmal erreicht werde, »durch seine Geschichte einen fortgehenden Beweis von dem Dasein Gottes [führe], einen Beweis, der aber nur durch die ganze Geschichte vollendet sein könne« (III, 603). So gesehen ist sie »eine fortgehende allmählich sich enthüllende Offenbarung des Absoluten« (III, 603).

Nun stellt sich in diesem Zusammenhang die Frage, ob Schelling den angestrebten Idealstaat auch als mechanische Maschine sah. Zu dieser Frage äußerte er sich nicht eindeutig. Der Gegensatz wäre der Staat als Organismus, doch auch von diesem ist im *System des transzendentalen Idealismus* nichts zu lesen. Das Bild des Organismus verwendet er in dieser Schrift zur Beschreibung der Kunst, worauf im nächsten Abschnitt näher einzugehen sein wird. Erst in den 1802 gehaltenen *Vorlesungen über die Methode des akademischen Studiums* charakterisiert Schelling wie Herder, Fichte, Hegel oder Novalis den »vollkommenen Staat« (V, 313), die »vollendete Welt der Geschichte« (V, 307), das sogenannte »ewige Gedicht des göttlichen Verstandes« (V, 309) auch als »Organismus einer in der Freiheit selbst erreichten Harmonie der Notwendigkeit und Freiheit« (V, 307). Dabei wird der Staat, der im *System des transzendentalen Idealismus* der Kunst untergeordnet wurde, nicht allein auf die gleiche Stufe wie diese gestellt; Schelling möchte sogar, dass der Staat selbst »als Kunstwerk erscheine« (V, 312). Eine Philosophie des Politischen, die das näher ausgeführt hätte, entwickelte er aber nicht. Eine solche Philosophie sucht man auch im *System der gesamten Philosophie und der Naturphilosophie insgesamt* von 1804 vergebens, obwohl der Staat darin mit dem »Göttlichen« (VI, 575) verglichen wird, außerhalb dessen weder Wissenschaft noch Religion oder Kunst gedeihen könne.

Allerdings rückte Schelling in den folgenden Jahren von diesen überzogenen Vorstellungen wieder ab. Bereits 1807 bezeichnete er den individuelle Freiheitsrechte gewährenden Staat von neuem als »Mechanismus« (VIII, 11) oder »Maschine« (VIII, 11), der er jetzt allerdings misstrauisch gegenüberstand. Jedoch richteten sich seine Bedenken nicht gegen staatliche Eingriffe in die persönliche Freiheit, wie man glauben könnte, sondern umgekehrt gegen diese selbst. Hatte er in seiner Jugendschrift *Neue Deduktion des Naturrechts* wie viele neuzeitliche Philosophen das Recht auf freie Selbstbestimmung als Naturrecht gekennzeichnet und gewürdigt, so scheint er diese Position seit 1805 in Frage zu stellen. Jedenfalls verwarf er fortan die Idee einer Gesellschaft, die auf dem Recht des Einzelnen auf freie Selbstentfaltung beruhe, weil darin Recht und Gesetz nur deshalb existierten, »damit der Einzelne für sich, abgeschlossen und gesondert bestehen könne« (VIII, 10). Weiter führt er dazu aus: »Auf diese unsinnigste Anmaßung absoluter Egoität wurde eine den Alten in diesem Sinn völlig unbekannte Wissenschaft gegründet, ein sogenanntes Naturrecht, das allen zu allem ein gleiches Recht gibt und keine innerlich bindenden Pflichten, sondern nur äußeren Zwang [...] und nur Einschränkungen kennt, die sich jeder an seinem ursprünglichen Recht bloß in der Absicht gefallen läßt, um den ihm übrig bleibenden Recht desselben desto sicherer in selbstgenügsamer Abgeschlossenheit genießen zu können.« (VIII, 10)

In einer solchen Gesellschaft werden die Verhältnisse der Menschen zueinander nicht mehr über gemeinsame Werte, sondern nur noch über das formale Recht geregelt. Bloße Rechtsbeziehungen aber, so unverzichtbar sie auch seien, könnten das Band zwischen uns Menschen nicht ersetzen, das in einer Zeit, in der die meisten von »schnödester Selbstsucht« (VIII, 10) umgetrieben würden, schon ziemlich brüchig sei. Dennoch hielt Schelling auch jetzt Freiheit nicht für ein böses Wort, ebenso wenig Autonomie, Selbstbestimmung, Individualität. Erst wenn Freiheit schrankenlos werde, sei sie ein Problem.

So gesehen verurteilte er wie viele seiner Zeitgenossen nur den zügellosen Individualismus der damaligen Gesellschaft, in der sich die Einzelnen wie Igel zusammenrollten, ihre Stacheln in alle Richtungen streckend. Folge dieser Haltung sei die Existenz einer anonymen Masse isolierter Einzelner, fehlende Bereitschaft zu gegenseitiger Hilfe, Mangel an Solidarität und zuverlässiger Freundschaft, was soviel wie gegenseitigen Beistand im beschwerlichen Alltag des Lebens bedeutet. »Auch der Staat glaubt solcher Tugenden entbehren zu können, so wie jeder innerlich bindenden Kraft. Gesinnungen gehen ihn nichts an, denn Handlungen, die seiner Existenz zuwider, glaubt er mit Gewalt hindern, deren er bedarf, erzwingen zu können. Vollkommene Mechanisierung aller Talente, aller Geschichte und Einrichtungen ist hier das höchste Ziel.« (VIII, 11)

Eine Vergangenheit verklärend, die nie Gegenwart war, weil es die gute alte Zeit niemals gab, trauerte Schelling einer versunkenen Welt nach, in der Politik und Staat angeblich von »Metaphysik« (VIII, 9) beherrscht wurden. Durch sie sei »alles Hohe und Große in der Welt« (VIII, 9) geworden, das in der Neuzeit so sehr vermisst würde. Trotzdem sei es aber auch heute möglich, »Staaten organisch [zu] schaffen und eine Menschenmenge Eines Herzens und Sinns, d. h. ein Volk« (VIII, 9) hervorzubringen. Dazu sei als Erstes nötig, dass man die alte Metaphysik wieder zu neuem Leben erwecke, als ob sich durch bewusste Bemühung wiederherstellen lässt, was seine ursprüngliche Kraft einmal verlor.

Schelling erkannte selbst, wie wirklichkeitsfern dieser Traum war, und gab ihn bald wieder auf, wie er fortan auch gänzlich darauf verzichtete, den Staat mit einem Organismus zu vergleichen. In den *Stuttgarter Privatvorlesungen* von 1810, denen zufolge die sichtbare Welt durch einen Abfall der Menschen von Gott entstand, gilt der Staat, »um es gerade heraus zu sagen, [als] eine Folge des auf der Menschheit ruhenden Fluchs« (VII, 461). Zwar hätten die Menschen nach ihrer Abkehr von Gott nicht ihre Freiheit verloren, dafür aber die Fähigkeit zu echter Gemeinschaft. Daher könnten sie nur noch durch staatliche Gewalt zusammengehalten werden; echte Bindungen kämen dabei selbstverständlich nicht mehr zustande. Überhaupt sei jede von Menschenhand geschaffene Einheit »doch immer nur prekär und temporär« (VII, 462), jedes von Recht und Politik geknüpfte Band äußerst zerbrechlich.

Im Alter schließlich tat Schelling die Idee der vollkommenen Gesellschaft als bloße »Schwärmerei« (XI, 551) ab; der Staat könne »nicht Ziel der Geschichte« (XI, 551) sein, sondern nur eine Ordnung des Übergangs, da der letzte Zweck des Menschen im außerweltlichen Jenseits liege, wie es in den zwischen 1847 und 1852 gehaltenen *Berliner Vorlesungen* heißt. Darin warnt Schelling vor gewaltsamem Umsturz, die »vollkommene Vergeblichkeit aller seit mehr als einem halben Jahrhundert in dieser Richtung angestellten« (XI, 537) Versuche vor Augen. Rechtmäßig seien nur Reformen, aber nicht Revolutionen. (Vgl. XI, 551) Jede »Staatsumwälzung« (XI, 547), hinter der für gewöhnlich der gefährliche Wunschtraum stecke, »den Himmel auf Erden einzurichten« (XI, 538), sei ein Verbrechen, das dem Elternmord gleiche. Darum verurteilte Schelling auch alle demokratischen und sozialistischen Bestrebungen seiner Zeit. Nun bekannte er sich, dem Bestehenden das Wort redend, zur »gemäßigten Monarchie« (XI, 552), welche »die bestmögliche Einrichtung« (XI, 552) sei. Wenige Jahrzehnte zuvor hatte er diese noch in einer republikanischen, weltbürgerlichen Rechtsordnung gesehen; unterdessen war er aber restaurativer Staatsphilosoph geworden, der in der Entwicklung von der despotischen Einzelherrschaft über die unbeschränkte Volksherrschaft hin zur gemäßigten Monarchie sogar einen Fortschritt der Freiheit erkannte. Die Herrschaft des Volkes setzte er dagegen der »drückendsten Tyrannei« (XI, 537) gleich, weil sie vom egoistischen Willen zufälliger Mehrheiten ausgehe statt von einer den Dingen innewohnenden Vernunft.

Zweifellos hat Schellings Bekenntnis zur Monarchie auch lebensgeschichtliche Ursachen. 1835 wurde er persönlicher Erzieher des Kronprinzen Maximilian, des späteren Königs von Bayern. Dieser empfand sein ganzes Leben lang seinem ehemaligen Lehrer gegenüber Achtung und Zuneigung. Das Gleiche gilt für den preußischen Kronprinzen Friedrich Wilhelm, den späteren König Friedrich Wilhelm IV, der nach Übernahme der Herrschaft 1840 Schelling selbst nach Berlin berief. Sicherlich haben diese Umstände Schellings politische Einstellung beeinflusst; vollständig erklären lässt sie sich aber dadurch nicht.

Trotz seiner philosophischen Befürwortung der Monarchie bekannte sich Schelling weiterhin zur Idee der allgemeinen Freiheit, die jedoch nur innerhalb der Zwangsordnung eines weise geführten Staates gelebt werden könne. Außerhalb jeder rechtlichen Ordnung herrsche nichts anderes als der »Krieg aller gegen alle« (XI, 536), wie knapp zweihundert Jahre zuvor bereits Hobbes formuliert hatte. Deshalb gebe es keine Alternative zum Staat, für den noch am ehesten der kluge, umsichtige Monarch, aber nicht der despotische Herrscher und noch weniger die »Demokratie« (XI, 542) sorgen könne, in welcher das Gemeinwesen doch nur Werkzeug urteilsloser Massen sei.

Nun stimmt es sicherlich, dass der »Staat (freilich nicht jeder), anstatt die individuelle Freiheit zu unterdrücken, diese vielmehr erst« (XI, 546) ermöglicht. Dennoch wird er oft »vom Ich als Druck empfunden« (XI, 546), was den Wunsch wachruft, »den Druck des Staates zu überwinden« (XI, 548). Dafür hatte Schelling durchaus Verständnis, solange »diese Überwindung [...] nur als innerliche« (XI, 548) verstanden wurde. »Innerlich über den Staat hinaus sein – das darf nicht bloß, das soll jeder.« (XI, 548) Man erkennt leicht, dass dies kein Aufruf war, den Staat abzuschaffen, sondern, im Gegenteil, ihn zu stützen, da er doch Grundlage und Ausgangspunkt »zum höheren Ziel alles geistigen Lebens« (XI, 550) sei. Dementsprechend forderte Schelling vom Staat, solche gesellschaftlichen Verhältnisse zu schaffen, dass sich der Einzelne ungestört aus ihm zurückziehen und in seinem Inneren zu Gott erheben könne. Erst nach Einkehr in sich als Aufstieg zu Gott sei der »unvermeidliche Druck auch der rechtmäßigen Ordnung [...] nicht mehr vorhanden« (XI, 548), mag diese auch als Voraussetzung dafür stets notwendig bleiben. Insgesamt bewertete der späte Schelling religiöse Innerlichkeit höher als Politik, Recht und Staat. Nicht nur, dass er als Monarchist allen republikanischen und demokratischen Ideen eine schroffe Absage erteilte; jetzt war die Religionsphilosophie für ihn die höchste Disziplin geworden, deren hohen Rang im *System des transzendentalen Idealismus* noch die Kunst innehatte.

Dort unterschied Schelling zwischen theoretischer und praktischer Philosophie, wobei in jener dargestellt wird, wie das Ich unbewusst die Welt produziert, die es anschließend in der Erkenntnis bewusst reproduziert. Im Übergang von der theoretischen zur praktischen Philosophie verwandelt sich die bewusste Reproduktion in bewusste Produktion. Das zu sich selbst gekommene Bewusstsein wird freier Wille, der von sich aus verändernd in die Natur eingreifen und eine sittliche Welt begründen kann. Deren Endziel sah Schelling im *System des transzendentalen Idealismus* in einer weltbürgerlichen Rechtsordnung, die jedoch nicht das Höchste darstelle; um 1800 hieß dieses Ziel allerdings auch nicht religiöse Innerlichkeit, sondern Kunst und Ästhetik.

Die Kunst als Gipfel der Philosophie

In der Geschichte des Selbstbewusstseins, wie sie Schelling im *System des transzendentalen Idealismus* entfaltet, ist die höchste Idee weder Wahrheit noch Freiheit, sondern vielmehr Schönheit. Aus diesem Grund bilden in jenen Jahren Ästhetik und Kunst den Abschluss seines philosophischen Systems. Erst im künstlerischen Genie und seinem Werk erreicht also die Transzendentalphilosophie, die Schelling als begriffliche Folge entwickelt, ihren wahren End- und Höhepunkt. Wie dargelegt, verläuft ihr Weg vom unbewussten zum bewussten Geist, dann weiter bis zu dessen Verwirklichung in Ethik und Geschichte, um schließlich in der Kunst, die alle Gegensätze in sich vereinigt und miteinander versöhnt, zu enden.[60] Mit dieser besonderen Gewichtung von Kunst und Schönheit innerhalb der Philosophie steht Schelling jedoch nicht allein. In diesen Zusammenhang gehören gleichfalls Schillers *Ästhetische Erziehung des Menschen,* Hölderlins *Hyperion,* zahlreiche Schriften von Novalis und Friedrich Schlegel wie auch das sogenannte *Älteste Systemprogramm des deutschen Idealismus,* ein Fragment aus der Zeit von 1796/97, als dessen Verfasser mal Schelling, mal Hölderlin angesehen wird, das aber vermutlich von Hegel stammt. In allen erwähnten Schriften erlangen Poesie und Schönheit höchste Bedeutung. Von beiden wird gesagt, dass sie die Wissenschaften und die Philosophie überdauern werden, letztere sogar in ihnen die Vollendung findet. Denn in der Idee der Schönheit, wie sie vor allem in der Dichtkunst erscheint, erblickte man zur damaligen Zeit eine alle Entzweiung und Trennung aufhebende harmonische Ganzheit, eine Einheit, in welcher auch der Widerstreit zwischen Theorie und Praxis überwunden sei.

Das war auch Schellings Ziel am Ende seiner Transzendentalphilosophie, in der er an den theoretischen und praktischen Ableitungen gleichfalls nicht mehr Genüge fand und einen Schritt darüber hinausging, indem er beide in einem übergeordneten Dritten miteinander verband. Auffälligerweise ordnete er hierbei die Philosophie der Poesie unter, welche die vereinende Schönheit des Wahren und Guten sei.

Ausgangspunkt der Einbeziehung dieser Ideale in ästhetische Bereiche ist die Frage nach einer zugleich bewussten und unbewussten Tätigkeit im Bewusstsein selbst. In dieser Verbindung wäre die unbewusste Kraft des Ich, welche die Welt hervorbringt, mit jener bewussten, die sich im freien Wollen des Menschen äußert, vereint. »Eine solche ist allein die ästhetische, und jedes Kunstwerk ist nur zu begreifen als Produkt einer solchen.« (III, 349) Das Kunstwerk hat also mit dem »Freiheitsprodukt gemein [...], daß es ein mit Bewußtsein Hervorgebrachtes, mit dem Naturprodukt, daß es ein bewußtlos Hervorgebrachtes ist« (III, 612). Das heißt, so absichtsvoll sich auch ein wahrer Künstler ans Schaffen macht, so unbeabsichtigt ist, was sich dabei als sein Werk gestaltet. Demgemäß ist dieses einerseits Resultat freier Tätigkeit, andererseits Ergebnis eines höheren, unbewussten Wirkens, das sich erst am Ende der künstlerischen Produktion zeigt, wenn der Künstler selbst von seinem Werk überrascht wird. Er hat es zwar absichtsvoll hervorgebracht, und doch ist es »ohne sein Zutun« (III, 617) entstanden. Diese allem kreativen Schaffen innewohnende, unbewusste Kraft ist das an der Kunst, »was an ihr nicht gelernt, nicht durch Übung, noch auf andere Art erlangt werden, sondern allein durch freie Gunst der Natur angeboren sein kann« (III, 618) und den Künstler zum »Genie« (III, 616) macht. So nannte man in Schellings Zeit all jene schöpferischen Menschen, die in dem, was sie mit Absicht schufen, zugleich völlig Unbeabsichtigtes darstellten.

Damit verhält es sich ähnlich wie mit jener höheren Macht, unter der die Geschichte steht, nur dass diese bis auf weiteres unvollendet bleibt, wohingegen im Kunstwerk alle Widersprüche und jegliche Rastlosigkeit aufgehoben sind. Deshalb strahlt dieses auch Ruhe und Größe aus, »selbst da, wo die höchste Spannung des Schmerzes oder der Freude ausgedrückt werden soll« (III, 620). Somit zeigt sich das Kunstwerk als reiner Selbstzweck; es ist nicht zum bloßen Sinnenvergnügen da, und ihm darf überhaupt kein Nutzen zugeschrieben werden. Es ist nach Schelling noch nicht einmal dem verwandt, was zur Moralität gehört, wie Kant annahm, der das Kunstwerk als Symbol des Sittlichen interpretierte.

Hinzu kommt, dass es eigentlich gar keine Mehrzahl von Kunstwerken gibt, sondern »nur Ein absolutes, welches zwar in ganz verschiedenen Exemplaren existieren kann, aber doch nur Eines ist« (III, 626). Außerdem ordnet Schelling wie später Hegel das Kunstschöne dem Naturschönen über und nennt wie die Mehrzahl der Romantiker Dichtung und Poesie die höchste Kunstform – ganz im Gegensatz zu Kant, der das Naturschöne höher bewertet als das Kunstschöne.

Damit ist aber noch nicht gesagt, was denn die Kunst über die theoretische und praktische Philosophie erhebt. Gegenstand der ersteren ist, wie ausgeführt, eine die Natur hervorbringende, unbewusste Kraft des Ich, Gegenstand der letzteren eine die sittliche Welt erzeugende, bewusste Tätigkeit des Ich. Beide stellen nach Schelling eine Einheit dar, haben trotz aller Unterschiede eine gemeinsame Ursache, sollen im Grunde dasselbe sein. Es bestehe eine »ursprüngliche Identität der im Produzieren der Welt geschäftigen Tätigkeit mit der, welche im Wollen sich äußert« (III, 348). Dort ist sie allerdings ohne Bewusstsein produktiv, hier mit Bewusstsein. In diesem einen Punkt, in dem unbewusste und bewusste Tätigkeit identisch sind, fällt beides zusammen, wie immer das auch gedacht werden kann. Aber genau da liegt das Problem, auf das die Kunst die Antwort sein soll.

Sie kann nicht gedacht, sondern nur geschaut werden. So stellt sich die Frage nach einer besonderen Anschauung, welche die gemeinsame Ursache beider Tätigkeiten, deren absolute Identität, wie Schelling auch sagt, zum Gegenstand der Betrachtung hat. Schellings frühere Antwort, die ihm nun nicht mehr genügte, hatte intellektuelle Anschauung geheißen. Der soll es jetzt nicht mehr gelingen, vor dem geistigen Auge den Punkt entstehen zu lassen, in dem beide Tätigkeiten des Ich »in Eins zusammenfallen« (III, 614). Tatsächlich kann das philosophische Ich die absolute Einheit von bewusster und unbewusster Tätigkeit weder im Inneren noch in der Außenwelt erkennen. Derartige Erfahrungen, meint Schelling, seien aber durch die Kunst möglich, welche die Einheit beider Tätigkeiten in ihren Werken erfolgreich darstelle. Sie bilde in ihren Schöpfungen nicht nur die Welt ab, sondern stelle gleichzeitig mit der Welt die sie hervorbringende Kraft des absoluten Ich dar. Die Kunst macht dadurch das Unfassbare fassbar, das Ungegenständliche also dingfest und damit zuletzt doch noch anschaubar.

Sie verhilft dem Einen, in dem Bewusstes und Bewusstloses absolut identisch sind, zu Objektivität im zweifachen Sinne des Wortes: Erstens stellt sie es in einem Objekt, dem Kunstwerk, dar, zweitens macht sie es dadurch für das geistige Auge sichtbar und zugänglich, das heißt objektiv überprüfbar: »Denn die ästhetische Anschauung eben ist die objektiv gewordene intellektuelle.« (III, 624) Sie erkennt im Kunstwerk, was die Philosophie nicht sichtbar darstellen kann, »nämlich das Bewusstlose im Handeln und Produzieren, und seine ursprüngliche Identität mit dem Bewußten« (III, 627). Das kennzeichnete bereits die Schöpferkraft des Künstlers, der in dem, was er bewusst hervorbringt, zugleich unbewusst etwas schafft, worüber er nach Vollendung seines Werkes selbst verwundert ist. Das Kunstwerk spiegelt in sich diese Identität von bewusster und bewusstloser Tätigkeit wider, die Schelling auch das Unendliche nennt. Im Gegensatz dazu ist das Kunstwerk in seiner äußeren Form ein endliches Gebilde. Erst aus der endlichen Darstellung des Unendlichen ergebe sich die jedes echte Kunstwerk kennzeichnende Schönheit. Diese entsteht also durch Versinnlichung des Geistigen, aus dem »sinnlichen Scheinen der Idee«, wie Hegel später sagen wird.

Man erkennt, Kunst gilt im *System des transzendentalen Idealismus* als Mittel oder Werkzeug, mit dem sich der Philosoph zur Erkenntnis des Höchsten erhebt, und eben darum darf Kunst auch »das wahre Organon der Philosophie« (III, 351) heißen. Da ihr gelingt, was der reinen Vernunfterkenntnis versagt bleibt, die Darstellung der absoluten Identität von bewusstloser und bewusster Tätigkeit des Ich, wird sie von Schelling sogar höher bewertet als die Philosophie. »Die Kunst ist eben deswegen dem Philosophen das Höchste, weil sie ihm das Allerheiligste gleichsam öffnet, wo in ewiger und ursprünglicher Vereinigung gleichsam in Einer Flamme brennt, was in der Natur und Geschichte gesondert ist, und was im Leben und Handeln ebensowie im Denken ewig sich fliehen muß.« (III, 627)

Mit dieser Bewertung befindet sich Schellings Auffassung in einem vollständigen Gegensatz zu der Platons.[61] Dieser deutete Kunst als Abbild vom Abbild der wahren Wirklichkeit und damit gerade nicht als deren Darstellung in höchster Gestalt. Die eigentliche Wirklichkeit bestehe aus ewigen Wesenheiten, Ideen oder Urbildern, deren Abbilder die vergänglichen Dinge seien. Alles, was die Kunst darstelle, sei im Grunde genommen nur Abdruck dieser Abbilder und deshalb von der wahren Wirklichkeit sehr weit entfernt. Schelling hingegen betrachtete die Kunst als das Höchste, da ihr allein die Darstellung des wahren Seins gelinge.

Im Rückblick auf sein *System des transzendentalen Idealismus* wird deutlich: Steht im Mittelpunkt der theoretischen Philosophie die Idee des unbewussten Schöpfungsprozesses, so steht im Zentrum der praktischen Philosophie das bewusste Verhalten der Menschen zur Welt; der Leitgedanke der ästhetischen Philosophie wiederum ist die absolute Identität beider Tätigkeiten. Diese sei deren gemeinsamer Quellgrund, den die Poesie am besten darstelle. Alles Wissen sei ihr entflossen und werde auch wieder in sie zurückfließen, meinte Schelling, mit solchen und ähnlichen Worten seine Ausführungen über die Transzendentalphilosophie beschließend.

Die in der Poesie sichtbar werdende absolute Identität von Bewusstem und Unbewusstem betrachtete er dabei nicht nur als systematischen Höhepunkt der Philosophie, sondern auch als deren geschichtliches Ende. Es stehe zu erwarten, »daß die Philosophie, so wie sie in der Kindheit der Wissenschaft von der Poesie geboren und genährt worden ist, und mit ihr alle diejenigen Wissenschaften, welche durch sie der Vollkommenheit entgegengeführt werden, nach ihrer Vollendung als ebenso viel einzelne Ströme in den allgemeinen Ozean der Poesie zurückfließen, von welchem sie ausgegangen waren« (III, 629). Dabei werde das »Mittelglied der Rückkehr der Wissenschaft zur Poesie [...] eine neue Mythologie« (III, 629) sein. Wenige Jahre später wiederholte er diese vorausschauende Vermutung: »Wie die Wissenschaft erst von der Poesie ausging, so ist es auch ihre schönste und letzte Bestimmung, in diesen Ozean zurückzufließen.« (V, 667) Ähnliches kann man auch schon 1795 bei ihm lesen, »daß nämlich aus allen verschiedenen Wissenschaften am Ende nur Eine werden müsse« (I, 158), ohne welche die Menschheit nie eins werden könne. »Denn alle Ideen müssen sich zuvor im Gebiete des Wissens realisiert haben, ehe sie sich in der Geschichte realisieren.« (I, 159)

Schellings Verbindung von Theorie und Praxis durch Ästhetik wurde bereits durch Kants *Kritik der Urteilskraft* nahegelegt, wie überhaupt auch Hölderlin, Schiller, Hegel, Schlegel oder Novalis in der Kunst eine besondere Form der Vernunft erblickten. Sie alle sind davon überzeugt, dass man nur mit ästhetischem Sinn ernsthaft philosophieren könne. Besonders nahe kommen Schellings Ausführungen zur Poesie an die Vereinigungsphilosophie Hölderlins. Auch darin strebt alles nach einer wiederherzustellenden Einheit, in welcher der Widerstreit zwischen Subjekt und Objekt, Freiheit und Natur, Bewusstsein und Bewusstlosigkeit gänzlich überwunden sein wird. Gleichfalls wird von Hölderlin wie von den meisten Romantikern der Dichtkunst höchste Bedeutung beigemessen. Nicht nur, dass diese, wie Schiller im *Künstler* und in der Schrift *Über die ästhetische Erziehung des Menschen,* Hölderlin im *Hyperion* und Hegel im *Ältesten Systemprogramm des deutschen Idealismus,* die Poesie für die wahre Lehrerin der Menschheit halten. Darüber hinaus sind sie alle davon überzeugt, dass die Dichtkunst die übrigen Künste und Wissenschaften überleben werde.

Außerdem war auch die Idee einer »neuen Mythologie« (III, 629) keineswegs neu; Schelling hatte sie sich nicht ausgedacht, sondern nur neu durchdacht. Bereits 1793 äußerte er sich über *Mythen, historische Sagen und Philosopheme.* Den Aufklärungsphilosophen ähnlich verwarf er damals aber die gesamte Mythologie noch als Erfindung eines »kindlich einfältigen Geistes« (I, 62), für welchen ein »Mangel an vollkommen entwickelten Begriffen« (I, 68) charakteristisch sei. Deshalb galt für ihn zu dieser Zeit wie zuvor für Vico oder Fontenelle und später Comte[62] die Überwindung des mythischen Denkens als großer Fortschritt: »Erwacht der Mensch zu höherer Tätigkeit, so verläßt er Bilder und Träume der Jugend, und sucht die Natur seinem Verstände begreiflich zu machen.« (I, 74) Ganz anders dagegen der Schluss des *Systems des transzendentalen Idealismus* mit der Forderung nach einer neuen Mythologie.

Diese den kalten Geist der Aufklärung und deren entzaubertes Weltbild ablehnende Sehnsucht nach den alten Göttern empfanden viele Romantiker, zu denen Schelling in Jena freundschaftliche Beziehungen unterhielt. Allerdings zeichnete sich schon damals eine Rückkehr der Götter nicht im Entferntesten ab. Dennoch gaben die Romantiker die hochgespannte Erwartung einer neuen Mythologie nicht auf. So heißt es im *Ältesten Systemprogramm.* »Wir müßten eine neue Mythologie haben«[63], dann in Friedrich Schlegels *Rede über die Mythologie,* dass eine »neue Mythologie«[64] dringend notwendig sei. Außerdem wird im Briefwechsel von Schiller und Goethe sowie in zahlreichen Manuskripten von Novalis immer wieder das Fehlen zeitgemäßer Mythen festgestellt und beklagt. In der Neuzeit war aber Herder der erste, der die Wichtigkeit einer neuen Mythologie erkannte.[65] Mit ihm und allen anderen stimmte Schelling in der Erwartung dieser neuen Mythologie überein, obgleich sie inhaltlich teilweise ganz Unterschiedliches darunter verstanden.

Auch in der Zeit nach Schelling verstummte der Ruf nach einer neuen Mythologie nicht. Von Nietzsche und Wagner über Landauer, Rilke, Schuler und George bis Heidegger wurde bevorzugt die Kunst weiterhin dazu ausersehen, einer Wiederkehr der Mythen den Weg zu bereiten. Jedoch war die Erfüllung dieser Erwartung von Anbeginn höchst unwahrscheinlich, wenn man bedenkt, dass sie weniger auf ein besonderes Ereignis in unserem Leben hofft als vielmehr auf eine völlige Veränderung der Wirklichkeit selbst.[66] Der Möglichkeit eines solchen Wandels ist mittlerweile der Boden entzogen; die Hoffnung darauf entbehrt heute jeder Grundlage. Denn wir leben nicht mehr in einer Welt, aus der sich die Götter nur zurückgezogen haben, so dass sie jederzeit wieder zurückkehren könnten. Mit den Wirklichkeiten, die uns umgeben, ist nicht einmal mehr die Idee der Götterferne zu vereinbaren, so weit ist der Prozess der Weltentzauberung unterdessen fortgeschritten. Die Götter sind in der wissenschaftlich-technischen Zivilisation nicht nur nicht anwesend, sie sind noch nicht einmal mehr abwesend.

5. Göttliches All und nichtige Dinge

Schelling beschloss das *System des transzendentalen Idealismus* mit Überlegungen zur Kunst, der, wie gezeigt, in der Geschichte des Selbstbewusstseins ein höherer Rang zuerkannt wurde als der Philosophie. Allerdings relativiert er anschließend wieder ihre Stellung und Bedeutung, indem er sie nun doch endgültig der Philosophie unterordnet. Dieser Wandel folgt zwangsläufig aus der Weiterentwicklung seines Systems im Jahre 1801.

In den vorherigen Ausführungen zu Kunst, Poesie und neuer Mythologie hatte Schelling die Transzendentalphilosophie zwar zu einem Abschluss gebracht, doch stand sie ohne Verbindung zur Naturphilosophie dieser gegenüber. Auch jetzt bilden beide Disziplinen zwei eigenständige Einheiten, die nicht miteinander vereinbar zu sein scheinen, obwohl sie gegenseitig aufeinander verweisen. Nach der Naturphilosophie existiert die Natur aus eigener Macht; für die Transzendentalphilosophie dagegen ist die Natur ein vom menschlichen Geist Gesetztes. Diesen Widerspruch vermochte auch die ästhetische Philosophie nicht zu überwinden, da sie als End- und Höhepunkt des *Systems des transzendentalen Idealismus* nie die Grenzen der Transzendentalphilosophie überschreiten konnte. Sie interpretierte nur die in dieser aufgebrochenen Gegensätze zwischen Freiheit und Notwendigkeit, bewusster und unbewusster Tätigkeit als im Kunstwerk miteinander verbunden.

Die Kunst aber vermag lediglich die Widersprüche aufzulösen, die innerhalb der Transzendentalphilosophie auftreten, nicht jedoch den Gegensatz zwischen ihr und der Naturphilosophie, das heißt zwischen subjektivem Subjekt-Objekt (Geist) und objektivem Subjekt-Objekt (Natur). Deshalb wurde ein neuer Anlauf nötig, ein weiteres System, das auch diese »entgegengesetzten Pole« (IV, 108) miteinander verbindet. Schelling war sich darüber nicht sofort im Klaren; beunruhigt notierte er 1801, was ein solches »mögliches Drittes aus beiden sei, ist eben das, was noch keineswegs im Reinen ist, sondern erst ausgemacht werden soll« (IV, 109).

Allerdings war dieses mögliche Dritte schon bald gefunden, und es sollte Identitätsphilosophie heißen. Diese bestimmte sein Denken seit 1801, dem Jahr, in dem Hegel mit seinem ersten Buch *Differenz des Fichte sehen und Schelling sehen Systems der Philosophie* an die Öffentlichkeit trat. Darin verteidigte er die Philosophie seines früheren Studienfreundes Schelling, so sehr er auch in einigen Punkten davon abwich. In dasselbe Jahr fällt Hegels Wechsel von Frankfurt nach Jena, wo Schelling bereits seit 1798 lehrte. Nun konnten die ehemaligen Kommilitonen aus dem Tübinger Stift wieder gemeinsam philosophieren. Das Ergebnis ihrer intensiven Zusammenarbeit war das *Kritische Journal der Philosophie*, das von 1802 bis 1803 erschien. In diesen eineinhalb Jahren geistiger und freundschaftlicher Verbundenheit standen beide einander so nahe wie später niemals mehr. Außer dem erwähnten *Journal* gab Schelling in jenen Jahren noch zwei Blätter heraus: seit Frühjahr 1800 die *Zeitschrift für spekulative Physik* und seit 1805 die *Jahrbücher der Medizin als Wissenschaft*.

In der identitätsphilosophischen Phase zwischen 1801 und 1806 entstanden eine Reihe wichtiger Schriften; dazu zählen die *Darstellung meines Systems der Philosophie* (1801), *Fernere Darstellungen aus dem System der Philosophie* (1802), *Bruno oder über das göttliche und natürliche Princip der Dinge* (1802), dann die *Vorlesungen über die Methode des akademischen Studiums* (1803). Erwähnenswert sind auch die in Jena und Würzburg gehaltenen Vorlesungen über *Philosophie der Kunst* (1802/03), über *Philosophie und Religion* (1804) sowie das *System der gesamten Philosophie und der Naturphilosophie insbesondere* (1804), Schellings identitätsphilosophisches Hauptwerk, das wie die *Philosophie der Kunst* zu seinen Lebzeiten allerdings unveröffentlicht blieb. Zuletzt seien aus der großen Anzahl der in diesen Jahren niedergeschriebenen Werke noch die *Aphorismen über die Naturphilosophie* (1806) genannt.

In allen betonte Schelling nicht nur die Verbundenheit der sichtbaren Dinge miteinander, sondern er hob nun, bestimmt von der romantischen Sehnsucht nach allumfassender Einheit, auch deren absolutes Eins-Sein in Gott hervor. Der spätmittelalterlichen und frühneuzeitlichen Philosophie von Nikolaus von Kues und Giordano Bruno ähnlich, ließ er jetzt alle Gegensätze der Welt in dem einen göttlichen Absoluten zusammenfallen, der Coincidentia oppositorum. Einerseits gelang es ihm dadurch, den Graben zwischen Transzendental- und Naturphilosophie zu überbrücken, andererseits ergaben sich aus dem neuen System sofort wieder Widersprüche und Ungereimtheiten. Diese zwangen Schelling 1806, die eingeschlagene Richtung ein weiteres Mal zu verlassen und es noch einmal auf neuen Wegen zu versuchen. Bereits im *Bruno* (1802) und in *Philosophie und Religion* (1804) sowie auf den Schlussseiten des *Systems der gesamten Philosophie* (1804) wandte er sich teilweise vom Identitätssystem ab, als ob er schon zu dieser Zeit dessen Schwachstellen, Lücken und Sprünge bemerkt hätte.

Verflüchtigung des Endlichen

Ausgangspunkt der Identitätsphilosophie ist die Unterscheidung zwischen Natur- und Transzendentalphilosophie, objektivem Subjekt-Objekt (Natur) und subjektivem Subjekt-Objekt (Geist). Diese gegensätzlichen Welten können nicht unverbunden nebeneinander stehenbleiben. Gesucht wird darum ein unbedingtes Absolutes, das dem Denken und dem ihm entspringenden Wissen ebenso vorhergeht wie der Weltseele und der ihr entwachsenen Natur. Nach und nach erkannte Schelling, dass Natur- und Transzendentalphilosophie, so selbstständig sie auch zu existieren scheinen, eine gleiche Wurzel haben und damit von einer ihnen noch einmal vor- und übergeordneten Wissenschaft abhängen. In Wirklichkeit seien sie zwei unselbstständige Prädikate, Attribute oder Darstellungsformen des einen göttlichen Absoluten, des sogenannten »absoluten Subjekt-Objekts« (IV, 360), das sich zugleich als Natur und Geist offenbare. Damit war die gesuchte Einheit von Natur- und Transzendentalphilosophie gefunden, der Zusammenhang zwischen beiden aufgedeckt.

Beide galten jetzt als unterschiedliche Erscheinungsweisen ein und desselben Absoluten, mit dem sie im Innersten identisch seien, woraus folgt, dass sie auch miteinander identisch sein müssen, so dass gilt: »Alles, was ist, ist die absolute Identität selbst [...]. Die absolute Identität ist das Einzige, was schlechthin, oder an sich ist, also ist alles nur insofern an sich, als es die absolute Identität selbst ist, und insofern es nicht die absolute Identität selbst ist, ist es überhaupt nicht an sich.« (IV, 119) Demnach besteht gar kein Unterschied zwischen dem Vielen und Einen, dem Endlichen und Unendlichen, sondern es liegt von Anfang an ein Verhältnis vor, »welches dem Prinzip der Identität A = A gemäß ist« (VI, 182). Dann aber existiert die Welt um uns herum gar nicht, sondern nur das eine Absolute: »Alles ist Eins.« (VI,

175) Offenbar ist der Preis für die gesuchte Einheit eine völlige Preisgabe der Vielheit, und die Folge ist ein Akosmismus, nach dem es nichts außer Gott gibt, die endlichen Dinge bloß wesenlose Schatten, nichtiger Schein sind.

Hierbei setzt Schelling die absolute Identität mal mit Vernunft gleich, mal wieder nicht. Beide Begriffe drücken das Gleiche aus, wenn zutrifft, dass »außer der Vernunft nichts, und in ihr alles« (IV, 115) ist. Dieselben Ausdrücke beinhalten dagegen Unterschiedliches, wenn mit Vernunft nur die Erkenntnis der absoluten Identität gemeint ist: »Die höchste Aufgabe der Vernunft überhaupt ist, das Sein des Besonderen im Absoluten, und umgekehrt das des Absoluten im Besonderen zu begreifen.« (VI, 481) Als Vermögen, die absolute Identität zu erkennen, ist die Vernunft diese nicht selbst, sondern bloß deren »unmittelbarstes Abbild« (IV, 390). Das ist uns Menschen in der sogenannten intellektuellen Anschauung gegeben, die Schelling jetzt auch »absolute Erkenntnisart« oder »Vernunftwissenschaft« nennt.

Aber so sehr wir Menschen auch das Absolute, Gott, schauen, eigentlich betrachtet es sich selbst in und durch uns. Denn »das Denken ist nicht mein Denken, und das Sein nicht mein Sein [...]. Ist nichts außer Gott, so ist auch die Erkenntnis von Gott nur die unendliche Erkenntnis, welche Gott von sich selbst hat in der ewigen Selbstbejahung [...], überhaupt gibt es nicht eine Vernunft, die wir hätten, sondern nur eine Vernunft, die uns hat.« (VII, 149) Menschliche Selbsterkenntnis, intellektuelle Anschauung und Betrachtung des Absoluten meinen also dasselbe. Dabei gilt: »Die Vernunft ist im All das All selbst, oder die Vernunft ist dasjenige im All, worin Gott sich selbst in All- und Einheit aller Folgen seiner Idee erkennt.« (VI, 207)

Es wird deutlich, Schelling gebraucht den Begriff der absoluten Identität in zweifachem Sinne. Einerseits versteht er darunter das schlechthin Eine, die völlige Indifferenz von Subjekt und Objekt, Geist und Natur, eine Einheit ohne alle weitere Bestimmung. Diese erinnert an spätantike Vorstellungen, wie vor allem an das »Eine« (Hen) des Neuplatonikers Plotin. Andererseits ist das Absolute Selbsterkenntnis und Selbstbejahung, in der es nicht nur sich selbst, sondern damit zusammen auch alle Dinge anschaut, die zu ihm gehören; in dieser Hinsicht gleicht das Absolute wiederum Plotins »Geist« (Nous)[67].

So oder so gesehen, die absolute Identität aller Dinge existiert niemals außer- oder oberhalb der Welt, sondern ist sie selbst. Immer wieder betont Schelling in diesem Zusammenhang die »Göttlichkeit des All« (VII, 140). Die Ausdrücke Gott und Universum bezeichnen hier also »völlig gleiche Ideen« (VII, 161); »das All [ist] nicht ein von Gott Verschiedenes, sondern selbst Gott« (VII, 161). Alles existiert in ihm, gehört in ihn hinein, was aber nicht so verstanden werden darf, als ob alle von unseren Sinnen erfassten Gegenstände zusammengenommen Gott wären. Genauso wenig wie jedes einzelne Ding Gott ist, darf dieser auch nicht mit allen gleichgesetzt werden. Er ist in überhaupt keiner Erfahrung der sichtbaren Welt gegeben, sondern nur in reiner Vernunfterkenntnis.

Im Gegensatz zu Kant vertritt Schelling die Auffassung, dass nicht empirische Erfahrung, sondern nur reine Vernunft zu echtem Wissen führt, und darin werden alle endlichen Dinge als Darstellungsformen Gottes erkannt, mit dem sie im Grunde identisch sind: »Alles, was ist, ist an sich Eines« (IV, 119), »die absolute Identität« (IV, 125), deshalb auch gleichbedeutend mit »absoluter Totalität« (IV, 125).

Wenn das stimmt, dann kann Gott nicht Schöpfer der Welt sein. Tatsächlich ist bei Schelling zu lesen: »Gott ist nicht die Ursache des All, sondern das All selbst.« (VI, 177) Dieses existiert nicht außerhalb von Gott und kann darum weder aus ihm hervorgegangen noch von ihm unterschieden sein. Den jüdisch-christlichen Schöpfungsgedanken hält Schelling für einen »Grundirrtum« (IV, 119) des abendländischen Denkens, da niemand das göttliche Universum erschaffen habe.

Im Gegenteil müsse dieses als »gleich ewig mit Gott« (IV, 177) existierend vorgestellt werden. Es sei ohne Anfang und Ende, nicht entstanden und unvergänglich: »Das Universum ist nicht erzeugt, denn alles Dasein ist nur sein Dasein; ebenso wenig kann es untergehen, denn es ist nichts, in das es übergehen könnte, weil es selbst alles Sein ist. Es kann nicht wachsen, noch abnehmen, denn das Unendliche kann nicht kleiner werden. Es erleidet keinen Wechsel, weder einen der von außen bewirkt würde, denn es ist nichts außer ihm, noch der aus ihm selbst entspränge, denn es ist alles, das es sein kann [...]. Nur das Ganze als das Ganze ist.« (VII, 243)

Dieses Ganze existiert aber mit absoluter Notwendigkeit, wie Schelling im Zusammenhang mit der Erörterung der letzten Warum-Frage betont, die im Laufe der Neuzeit verschiedentlich gestellt wurde. Für ihn steht fest, »daß das Nichtsein ewig unmöglich und niemals zu erkennen noch zu begreifen ist, und jene letzte Frage des am Abgrund der Unendlichkeit schwindelnden Verstandes, die Frage: warum ist nicht nichts, warum ist etwas überhaupt? – diese Frage ist auf ewig verdrungen durch die Erkenntnis, daß das Sein notwendig ist« (VI, 155). So zu lesen auch an anderer Stelle: »Auf die Frage, die der am Abgrund der Unendlichkeit schwindelnde Verstand aufwirft: Warum ist nicht nichts, warum ist überhaupt etwas? ist nicht das Etwas, sondern nur das All oder Gott die vollgültige Antwort. Das All ist dasjenige, dem es schlechthin unmöglich ist nicht zu sein, wie das Nichts, dem es schlechthin unmöglich ist zu sein.« (VII, 174) Deshalb existiert Gott oder das All mit absoluter Notwendigkeit – und zwar wegen fehlender Möglichkeit, nicht zu existieren.

Damit sei aber keineswegs die Möglichkeit bestritten, wie Kant noch weiter zu fragen, der in der *Kritik der reinen Vernunft* erschüttert notierte: »Man kann sich des Gedankens nicht erwehren, man kann ihn aber auch nicht ertragen: daß ein Wesen, welches wir uns auch als das höchste unter allen möglichen vorstellen, gleichsam zu sich selbst sage: Ich bin von Ewigkeit zu Ewigkeit, außer mir ist nichts, ohne das, was bloß durch meinen Willen etwas ist; aber woher bin ich denn? Hier sinkt alles unter uns, und die größte Vollkommenheit, wie die kleinste, schwebt ohne Haltung bloß vor der spekulativen Vernunft, die es nichts kostet, die eine wie die andere ohne das mindeste Hindernis verschwinden zu lassen.«[68] Sicherlich darf man so denken; doch wenn Gott oder das Weltall ohne Anfang und Ende sind und aus Mangel an Möglichkeit, nicht zu sein, absolut notwendig existieren, dann verliert diese abgründige Frage ihre Grundlage. Sie erweist sich damit als unberechtigt, weil es nun grundsätzlich keine weiterführende Antwort mehr auf sie geben kann. Jetzt wäre sie nur noch zulässig und sinnvoll, um das Wunder zu vergegenwärtigen, dass Gott, das Weltall oder das Ganze überhaupt da ist.

Aber nach Schelling existiert nicht bloß Gott oder das Weltall absolut notwendig, sondern auch alles darin. Nachdrücklich weist er darauf hin, dass es das Universum »nicht nur als das [gibt], außer welchem nichts ist, sondern auch als das, in welchem alle Möglichkeit Wirklichkeit ist« (VI, 175). Es sei als Inbegriff des überhaupt Möglichen ein System, in dem es keinen Spielraum unverwirklichten Seins gebe. Nach dieser Auffassung repräsentiert das Wirkliche das Mögliche; es schöpft gewissermaßen alle Möglichkeiten aus. Deshalb gibt es im All auch »nichts Zufälliges« (VI, 372), nichts, das sein wie auch nicht sein könnte. Interessanterweise stimmt Schelling in dieser Frage mit Spinoza und Nietzsche überein, nach denen die Welt gleichfalls ohne Anfang und Ende besteht und weder nicht noch anders sein kann, als sie tatsächlich ist.

In diesem Sinne schreibt Nietzsche mehr als ein halbes Jahrhundert später: »Es gibt Nichts außer dem Ganzen«[69]. Dieses ist »ein Ungeheuer von Kraft, ohne Anfang, ohne Ende, eine feste, eherne Größe von Kraft, welche nicht größer, nicht kleiner wird, die sich nicht verbraucht, sondern nur verwandelt, als Ganzes unveränderlich groß, ein Haushalt ohne Ausgaben und Einbußen, aber ebenso ohne Zuwachs, ohne Einnahmen«[70]. Allerdings ist für ihn das eine notwendige Ganze, außer dem es sonst nichts gibt, weder Gott noch Vernunft, geschweige denn absolute Identität, sondern vielmehr absolute Differenz im Sinne eines endlosen Geschehens sich wechselseitig überwältigender Willen-zur-Macht-Kräfte. Er sieht das eigentlich Wirkliche im Vielen, Endlichen, Vergänglichen, das in Schellings Identitätsphilosophie fast ganz vor dem göttlichen Einen verschwindet.

Jahrzehnte später kommt Schelling in den Berliner Vorlesungen über *Philosophie der Offenbarung* (1842/43) noch einmal auf das Problem des Seinsgrundes zu sprechen, auf jene »verzweiflungsvolle Frage: warum ist überhaupt etwas? warum ist nicht nichts?« (XIII, 7) Ihr folgte nun das erschütternde Bekenntnis: »Kann ich jene letzte Frage nicht beantworten, so sinkt alles andere für mich in den Abgrund eines bodenlosen Nichts.« (XIII, 8) War auch die Frage, äußerlich gesehen, die gleiche geblieben wie zur Zeit der Identitätsphilosophie, so hatte sich doch ihre Bedeutung inzwischen grundlegend gewandelt. Denn hier identifiziert Schelling nicht mehr die endlichen Dinge mit dem Absoluten, sondern lässt sie, wie in der Tradition des christlichen Abendlandes üblich, aus Gottes freiem Willen hervorgehen, so dass nun jene berühmt-berüchtigte Frage besagt: Warum gibt es überhaupt die Welt und nicht nur Gott? Darauf wird später zurückzukommen sein.

An dieser Stelle gilt es nur zu erkennen, dass in der Identitätsphilosophie so nicht gefragt werden konnte, weil in ihr alle endlichen Dinge mit dem Absoluten selbst zusammenfielen. Sicherlich betrachtete auch schon Schelling zu dieser Zeit als wichtigste Aufgabe der Philosophie die Ableitung der endlichen Dinge aus dem Absoluten. »Wichtiger kann wohl keine Untersuchung gedacht werden als die über das Verhältnis der endlichen Existenz zum Unendlichen oder zu Gott. Gibt es auf diese Frage keine durchaus klare und bestimmte Antwort in der Vernunft, so ist das Philosophieren eitel.« (VII, 189) Von der allgemeinen Erkenntnis ausgehend, dass es an sich weder Subjekt noch Objekt, weder eine ideale noch eine reale Welt wirklich gibt, sondern »nur Eines, Gott oder das All, und außerdem nichts« (VII, 148), war es unmöglich, dass die endlichen Dinge von Gott erschaffen wurden. Genaugenommen konnten sie überhaupt nicht entstanden sein und auch nicht vergehen. Unmissverständlich schrieb Schelling: »Nichts ist dem Sein an sich nach entstanden« (VI, 160), und: »Nichts, was ist, kann dem Sein nach vernichtet werden« (IV, 130), woraus folgt: »Es ist im All kein Tod.« (VII, 167) So sehr unsere alltäglichsten Erfahrungen dem auch widersprechen, so ist es, von Schelling aus gesehen, doch konsequent gedacht, wenn stimmt, dass alles, was es gibt, die absolute Identität ist, die »ohne alle Beziehung auf Zeit und außer aller Zeit« (IV, 119) existiert.

Dann aber sind die mit Gott notwendig gegebenen Dinge nicht nur nicht entstanden und unvergänglich; eigentlich existieren sie gar nicht. Tatsächlich kann man bei Schelling lesen: »Nichts ist an sich betrachtet endlich« (IV, 119), »alles [ist] dasselbe dem Wesen nach« (VII, 183), und »die Dinge oder Erscheinungen, welche uns als verschieden erscheinen, sind nicht wahrhaft verschieden, sondern realiter Eins« (IV, 127). Zum besseren Verständnis dieses kontraintuitiven Hauptgedankens der Identitätsphilosophie ein bildhafter Vergleich: Das Viele gehört zum Einen wie die Spektralfarben zum Licht, aus dem sie bei prismatischen Brechungen bunt hervortreten. Die endlichen Dinge sind also mit dem göttlichen Unendlichen eins und doch so verschieden davon wie die Spektralfarben und das Licht.

Der Realismus, der in Schellings Naturphilosophie mit so trotziger Schroffheit begann, hat in seiner von Einheitssehnsucht bestimmten Identitätsphilosophie seine Kraft eingebüßt und ist in bloße Begriffsspekulation versunken. Wie einstmals Fichte die Natur an sich in der unbewussten Produktion des absoluten Ich untergehen ließ, so lässt Schelling sie nun in der Vorstellung einer alle Gegensätze in sich begreifenden absoluten Identität verschwinden. Das ist äußerst verwirrend, wenn man bedenkt, dass er doch in seiner Jugend die Enge des Fichteschen Idealismus durchstoßen hatte, um in die Weite echter Wirklichkeit vorzustoßen. Nun scheint die wirkliche Wirklichkeit ein zweites Mal abhanden gekommen zu sein. Allerdings gibt es für den identitätsphilosophischen Weltverlust eine ebenso verständliche Erklärung wie für den absoluten Idealismus Fichtescher Prägung: Da Schelling trotz Naturphilosophie weiterhin an der Transzendentalphilosophie festhielt, war er zur Ausarbeitung eines Systems gezwungen, welches in der Lage ist, die Gegensätze zwischen diesen zu überbrücken und somit beide Denkansätze widerspruchsfrei miteinander zu verbinden. Das schien nur möglich zu sein durch Aufhebung des Unterschieds zwischen Natur und Geist in einem übergeordneten Göttlichen, dem absoluten Subjekt-Objekt, was aber einer Vernichtung alles Endlichen und Vergänglichen gleichkam, welches sich nun in Schein auflöste. Jedoch ist die Existenz der endlichen Welt zu offensichtlich, die Härte des realen Seins zu groß, als dass man es völlig aus dem Blick verlieren, einfach unterschlagen kann. Hier sind die Klippen, an denen die Identitätsphilosophie zerbrechen musste.

Bevor es dazu kam, ging Schelling jedoch noch einen anderen Weg, der in den Grundzügen auf das Gleiche hinauslief. Wie bereits Platon unterschied er zwischen einem Bereich des Sinnfälligen, in dem es Werden und Bewegung gibt, und einem von ewiger Wandellosigkeit bestimmten Bereich des nur Denkbaren. Dieser Dualismus zweier Welten beherrscht in gewisser Weise die gesamte abendländische Philosophie, wobei die Bezeichnungen Sinnenwelt und Verstandeswelt nicht – wie oft irrtümlich angenommen – von Platon, sondern von Philon von Alexandrien stammen.[71] Allerdings unterschied bereits Platon wie später auch Augustinus und viele andere zwei Seinssphären. Dieser Tradition folgend, stellt Schelling die sinnlich wahrnehmbare Welt als Abbild der Verstandeswelt ewiger Ideen dar. Dabei bewertet er wie fast alle Metaphysiker zuvor die Sphäre der Ideen höher als die Sinnenwelt. Eigentlich besäßen nur die ewigen Ideen echtes Sein, die endlichen Dinge dagegen nicht. »Ich behaupte nun, das wahrhaft Reale in allen Dingen ist nur die Idee« (VI, 183), und die endlichen Dinge, verglichen mit der Idee, sind beinahe ein Nichts. »Denn gleich ewig in der Idee des All ist das Sein und das Nichtsein der Dinge, das Sein der Dinge als Ideen, das Nichtsein als besonderer Dinge.« (VI, 188) Das endliche Sein ist also »seinem wahren Wesen nach ein bloßes Nichtsein [...], aber in eben diesem Nichtsein zugleich notwendig Widerschein oder Reflex des All« (VI, 197). Mit anderen Worten, das Endliche ist keine besondere Substanz, es ist die göttliche Substanz nur in besonderer Erscheinung.

Es müssen also getrennt werden: einmal die absolute Identität = Gott = All, dann die Ideen oder Wesensformen, denen wie Gott echtes Sein zukommt, und schließlich die konkreten Einzeldinge, denen genau dieses fehlt. Zwar sollen auch sie »von Ewigkeit mit und bei dem Unendlichen, nämlich mit den Wesenheiten des All« (VII, 190) existieren, aber nur »wie der Schatten mit dem Körper zugleich ist, ohne dabei etwas Wesentliches« (VII, 190) zu sein.

Nachdem Schelling so »das Besondere als Besonderes in der Entgegensetzung gegen das Allgemeine vernichtet« (IV, 393) hat, geht er im nächsten Schritt dazu über, auch die Wesensformen oder Ideen ihrem Sein nach zu vernichten. Eigentlich gebe es gar nicht die Idee des Tieres oder die Wesensform der Pflanze, sondern nur das Absolute in Gestalt der Idee des Tieres oder der Wesensform der Pflanze. Darin stellt sich Gott selbst dar, wie sich die Ideen ihrerseits wieder in den endlichen Dingen abbilden, ohne sie am wahren Sein teilhaben zu lassen.

Trotzdem hielt Schelling noch in der identitätsphilosophischen Phase an seiner früheren Konstruktion der Natur fest, überzeugt davon, dass in Gott »das reale All und das ideale begriffen ist« (VI, 211). Zuständig für die Darstellung dieser beiden Erscheinungswelten war jetzt die »Vernunftwissenschaft« (VI, 214), die einzig »wahre Metaphysik« (VI, 214), in der, wie erwähnt, Vernunft dasjenige bezeichnet, »worin Gott selbst sich in der All- und Einheit aller Folgen seiner Idee erkennt« (VI, 207). In diesem Zusammenhang bedeutet Naturphilosophie nichts anderes als Selbstdarstellung Gottes in Gestalt des realen Alls. Darin wiederholt Schelling die Ergebnisse seiner früheren Untersuchungen, denen zufolge das reale Sein eine große Stufenfolge bildet, beginnend mit der bestimmungslosen Materie, in welcher der Geist noch schläft, und endend beim Menschen, in dem er allmählich erwacht. (Vgl. VI, 215 ff.) Aufs Neue gilt der Organismus als herausragende Naturform, als »unmittelbares Abbild« (VI, 377) Gottes. Wie schon zuvor wird auch jetzt betont, dass es »keine unorganische Natur an sich gibt« (VI, 379), da die sogenannte tote Materie, »das Dunkelste aller Dinge, ja das Dunkel selbst« (II, 359), »eine schlafende, gleichsam vor Endlichkeit trunkene Tier- und Pflanzenwelt [ist], die ihre Auferstehung noch erwartet oder den Moment derselben versäumt hat« (VI, 390).

Zweitens sei die »sogenannte unorganische Natur« (VI, 380) schon deshalb organisch, weil sie zum Ganzen als »All-Organismus« (VI, 380) gehöre, in dem jeder Teil einen »Mikrokosmos« (VI, 385) darstelle. Näher betrachtet lebt in einer solchen Natur nicht nur alles »friedlich zusammen« (IV, 400), sondern darin ist auch »nichts, überall nichts [...] unvollkommen [...]. Das Kleinste ist heilig wie das Größte« (VII, 189), und darum haben alle Dinge das »gleiche Recht zu sein« (IV, 344). Anders gewendet: Das Universum, das Schelling bereits im *System des transzendentalen Idealismus* ein Gedicht nannte, ist »in Gott als ewige Schönheit und als absolutes Kunstwerk gebildet« (V, 386).

Damit ist aber nicht gesagt, dass der Natur nun doch echtes Sein zukommt. Identitätsphilosophisch gesehen ist und bleibt das reale All »Erscheinung« (VI, 494) des einen Absoluten und ist das ideale All, die geschichtliche Sphäre menschlichen Erkennens und Handelns, »nur eine andere Erscheinungsweise, nicht eine andere Welt« (VI, 494). Es existiert also an sich weder eine naturhafte noch eine geistige Welt, sondern nur das eine Absolute, das einmal in Form des realen Alls, mal in Gestalt des idealen Alls erscheint.

Aufrechter Gang des Menschen

Der frühe Schelling nannte den Menschen »das sichtbare, herumwandernde Problem aller Philosophie« (II, 54), zweifelte aber niemals auch nur im Geringsten an dessen Sonderstellung im Ganzen: Der Mensch war für ihn ein Geschöpf ersten Ranges. Selbst in der Identitätsphilosophie gilt er als Krone, Mitte und Endzweck der Welt. Demgemäß bezeichnet Schelling ihn auch als »Schluß der Natur« (VI, 488), »Vorbild alles Lebendigen« (VI, 491), dem »die Harmonie und der Einklang des Universums eingeboren« (VI, 491) seien.

Von christlichen Vorstellungen beeinflusst, sieht er im Menschen sogar ein Ebenbild, des Absoluten: »Er ist nicht nur in Centro, sondern ist zugleich das Centrum selbst [...]; alle Bewegungen der großen und der kleinen Natur sind in ihm konzentriert, alle Formen der Wirklichkeit, alle Qualitäten der Erde und des Himmels. Er ist mit einem Wort das Weltsystem, die Fülle der unendlichen Substanz im Kleinen = der zusammengezogene, der Mensch gewordene Gott.« (VI, 491) Auf die Idee, dass die Menschen mit dieser Bewertung zu hoch eingeschätzt seien, kam Schelling nicht, so unerträglich war für ihn die Vorstellung einer Natur ohne tiefere Bedeutung und ohne letzten Zweck. Alles sei des Menschen wegen da, der für Schelling dasjenige Lebewesen darstellt, auf das das reale All seit Anbeginn ausgerichtet war. Das beweist, dass selbst im identitätsphilosophischen System zahlreiche Vorstellungen der alten Metaphysik weiterleben.

Was auch immer dem Menschen die Illusion vermitteln mag, ein besonderes Wesen zu sein: Freiheit, Vernunft, Sprache – der aufrechte Gang gehört nach Schelling dazu. Schon in der Antike sahen Philosophen wie Xenophon, Aristoteles, Cicero, Ovid und Laktanz[72] eine Auszeichnung des Menschen in dessen Körperhaltung. So liest man beispielsweise bei Aristoteles, dass der Mensch »allein unter den lebenden Geschöpfen [...] aufrecht [gehe], seiner göttlichen Natur und seines göttlichen Wesens wegen«[73]. Seine Augen seien nicht wie die der Tiere zum Boden gerichtet, sondern hinauf zum Himmel, wie später auch die Philosophen der Renaissance betonten.[74] In dieser Tradition steht Schelling, wenn er »aufrechte Stellung bei gänzlicher Losgerissenheit von der Erde« (V, 604), »aufrechte Gestalt und Bildung des Menschen, die keinem Tier so eigentlich und entschieden zukommt« (VI, 488), als sichtbares Bild des göttlichen Weltalls oder der absoluten Identität beschreibt: »Die menschliche Gestalt ist schon an sich selbst ein Bild des Universums.« (V, 608)

Jedoch versteht sich eine solche Aufwertung in der abendländischen Philosophie nicht von selbst, zu oft war diese beherrscht von großer Leibfeindschaft. Viele vertraten die Auffassung, dass der menschliche Körper Grab und Kerker der Seele heißen müsse, die sich von Geburt an nichts sehnlicher wünsche, als daraus wieder befreit zu werden. Geschichtlich gesehen, ist diese Vorstellung pythagoreischer Herkunft, findet sich aber auch bei Platon, dann in der neuplatonischen und gnostischen Philosophie wie im christlichen Denken, etwa bei Papst Innozenz III. (1160–1216), der in seiner berühmten Abhandlung *Vom Elend des menschlichen Daseins* den Körper gleichfalls Kerker der Seele nannte.

Gegen diese Abwertung alles Körperlichen und Materiellen ist besonders in der späteren Geschichte des Abendlandes vehement Einspruch erhoben worden. So betonten die Philosophen der Renaissance für gewöhnlich die Vollkommenheit des menschlichen Körpers, der von Gott deswegen so wunderbar erschaffen worden sei, weil nur ein schöner Körper ein angemessenes Gefäß für den menschlichen Geist sein könne. Dieser Auffassung scheint auch Schelling zu sein, wenn er die menschliche Gestalt als vollkommen beschreibt. Jedoch sah er wie die meisten anderen zuvor auch das Wertvollste am Menschen in Bewusstsein und Geist: »Der Mensch ist ja nur Mensch, inwiefern er sich selbst als sich selbst erkennt; man nehme ihm dieses Vorrecht, sich selbst als sich selbst zu erkennen, und er ist nicht mehr Mensch, sondern Tier.« (VI, 490)

Das »Selbstbewußtsein« (VI, 499) ist aber nicht nur die höchste Stufe im realen All, es ist auch die »erste Dimension im Idealen« (VI, 499), die Grundlage der geschichtlich-geistigen Welt.

Allerdings beschreibt Schelling diese nun nicht mehr als Produkt menschlicher Freiheit, sondern im Gegenteil als Schöpfung einer für uns Menschen unverfügbaren Notwendigkeit.

Die Frage nach dem Verhältnis von Freiheit und Notwendigkeit beschäftigte Schelling ein Leben lang. In der Frühphilosophie verblasste die Vorstellung der Notwendigkeit hinter der Idee der Freiheit, die immer auch Wagnis und Ungewissheit bedeutet: »Alles am Menschen trägt den Charakter der Freiheit. Er ist durchaus ein Wesen, das die tote Natur ihrer Vormundschaft entlassen und der Gefahr seiner eigenen (unter sich streitenden) Kräfte überantwortet hat. Seine ganze Fortdauer ist eine immer wiederkehrende, immer neubestandene Gefahr, eine Gefahr, in die er sich durch eignen Impuls begibt, und aus der er sich selbst wieder rettet« (I, 389), notierte Schelling 1795.

Aber bereits im *System des transzendentalen Idealismus* ging er davon aus, dass alles freie Wollen und Tun von einer absoluten Macht abhängt, die normalerweise als Schicksal oder Vorsehung empfunden wird. Doch erst in der Identitätsphilosophie tritt die Idee der Freiheit völlig in den Hintergrund: »Der Mensch ist nicht für sich selbst frei, sondern für sich und dem eignen Leben nach betrachtet, fällt er der Notwendigkeit und dem Verhängnis« (VI, 542) anheim. Das bedeutet, »daß nicht wir handeln, sondern daß eine göttliche Notwendigkeit in uns handelt, von der wir zum Ziel getragen werden« (VI, 554). Eigentlich denken wir nach Schelling noch nicht einmal selbst, sondern vielmehr gilt: »Es denkt in mir, es wird in mir gedacht.« (X, 12) Das, und nicht Descartes' Grundsatz »Ich denke, also bin ich (cogito ergo sum)«, ist die höchste zweifelsfreie Erkenntnis, wie auch Franz von Baader betonte, bei dem man lesen kann: »Ich werde gedacht, also denke ich und bin ich (cogitor ergo cogito et sum).«

Nach Schelling drückt solche Einstellung »wahre Frömmigkeit [aus], welche allein zum ruhigen Leben führt« (VI, 568), das sich durch stoische Gottergebenheit auszeichnet: »Wozu also alle Sorgen und das unruhige Streben? Was geschehen soll, geschieht doch.« (VI, 569) Mit diesen und ähnlichen Äußerungen wollte Schelling uns Menschen keineswegs niederdrücken, sondern im Gegenteil trösten. Sicherlich beugt die klare Erkenntnis dessen, was uns versagt ist, jede Form von Stolz, andererseits richtet sie aber auch auf, denn aus dem Verzicht auf Unmögliches, der uns von verstiegenen Ansprüchen befreit, ergibt sich oftmals eine wahrhaft menschliche Milde im Urteil über sich selbst und andere. Deshalb kommt es im Leben darauf an, wie schon Seneca erkannte, »alles, was geschieht, mit Seelenruhe und ohne Klagen über das Geschick hinzunehmen«[75]. Das Schicksal führt nur denjenigen, »der willig mitgeht [...], wer widerwillig mitgeht, den schleift es mit Gewalt«[76]. Ähnlich Schiller, nach dem der Mensch lernen soll »zu ertragen, was er nicht ändern kann, und preiszugeben mit Würde, was er nicht retten kann«[77]. Das ist auch Schellings Standpunkt in der Identitätsphilosophie, in welcher er sich weniger als Ethiker verstand, der an politischen Revolutionen interessiert ist, denn als ein Metaphysiker, der an philosophischen Deduktionen arbeitet.

Das wahre Leben äußere sich nicht, wie Kant und der frühe Fichte annahmen, im »Sittengesetz [...], welches der größtmögliche Wahn sei, aus dem statt der Heiterkeit und Ruhe nur Unlust und vergebliche Mühe, wie bei unsern eingebildeten Welterziehern« (VI, 548) entstünden. Das »höchste Ziel für alle Vernunftwesen« (VI, 562), deren größte Seligkeit, liege vielmehr in der »Identität mit Gott« (VI, 562), der intellektuellen Anschauung des Absoluten. Interessanterweise vertrat Fichte 1806 einen ähnlichen Standpunkt in den *Anweisungen zum seligen Leben.*

In der Erkenntnis Gottes wird nach Schelling nicht nur offenbar, dass »das Universum an sich durchaus vollkommen, ohne Mangel und schön« (VI, 574) ist, sondern auch, dass es darin überhaupt nichts Hässliches, Schlechtes, Böses gibt, da eben alles, »wenngleich in verschiedenen Graden, [...] die unendliche Realität« (VI, 545) selbst darstellt. Damit sind außer den endlichen Dingen und der menschlichen Freiheit auch das Unvollkommene und das Böse aus der Welt verschwunden, bildlich formuliert, wesenlose Schatten geworden.

Aufs Ganze von Schellings Identitätsphilosophie gesehen, fällt eine merkwürdige Leblosigkeit auf; alles erscheint darin starr und statisch. Anstatt die Welt schwungvoll zu entfalten, lässt er sie kraftlos in sich zusammensinken. Schelling hat das Dynamische und Lebendige seines früheren Philosophierens ganz verloren. Deshalb verspottet Hegel 1807 in der *Phänomenologie des Geistes* die absolute Identität mit Recht als Nacht, in der alle Kühe schwarz sind. Allerdings besitzt Schellings Einheitsphilosophie, in der alles miteinander identisch ist wie Wasser, Welle und Meer, zugleich eine aufhellende Strahlkraft – aber nur, weil das Dunkle, Abgründige und Irrationale von Welt und Leben darin nicht vorkommt. Das Identitätssystem treibt den neuzeitlichen Rationalismus zu künstlichen Blüten, die von der Welt, wie sie tatsächlich ist, ablenken. Wenn auch alles gründlich durchdacht und übersichtlich geordnet ist, so ist doch fast keine Wirklichkeitsnähe zu spüren.

Philosophie der Kunst

Immer wieder aufs Neue arbeitete Schelling seinen identitätsphilosophischen Grundgedanken aus: »Gott und Universum sind eins oder nur verschiedene Ansichten eines und desselben.« (V, 366) Das reale und das ideale All, Wissenschaft und Religion sind nur unterschiedliche Erscheinungsweisen des einen göttlichen Absoluten, zu dem auch die Kunst gehört. Deshalb gibt es außer einer Philosophie der Natur oder der Geschichte auch eine »Philosophie der Kunst« (V, 367), in der Schelling mit eindringlichen Worten vor überzogenem Gebrauch des Begriffes Philosophie warnt. »Wir haben schon eine Philosophie, ja sogar eine Wissenschaftslehre der Landwirtschaft erhalten, es ist zu erwarten, dass man auch noch eine Philosophie des Fuhrwerks aufstelle, und dass es am Ende so viel Philosophien gibt, als es überhaupt Gegenstände gibt, und man vor lauter Philosophien die Philosophie selbst gänzlich verlieren wird.« (V, 365) Eigentlich gebe es nur eine Philosophie, und was man verschiedene philosophische Wissenschaften nenne, seien nur unterschiedliche Darstellungen »des Einen und ungeteilten Ganzen der Philosophie« (V, 365). Eine dieser Darstellungen ist die Philosophie der Kunst, worunter Schelling eine »Konstruktion des Universums in der Form der Kunst« (V, 487) oder eine »Darstellung der absoluten Welt in der Form der Kunst« (V, 350) versteht. Eine solche »wissenschaftliche und philosophische Kunstlehre« (V, 361) hat es bis dahin noch nicht gegeben.

Im Unterschied zu den Ausführungen im *System des transzendentalen Idealismus,* in dem die Kunst als Abschluss der Transzendentalphilosophie noch über der Philosophie stand, wird sie hier der Philosophie untergeordnet. Daher muss der Eindruck entstehen, als ob Philosophie und Kunst die Plätze getauscht hätten. Aber der Schein trügt, denn die Identitätsphilosophie tritt nicht an die Stelle der Transzendentalphilosophie, sondern vereint diese mit der Naturphilosophie in sich. Aus rein transzendentalphilosophischer Sicht bleibt die Kunst weiterhin die höchste Stufe des Wissens. Theoretische und praktische Philosophie, Wahrheit und Güte, Notwendigkeit und Freiheit sind auch in der Identitätsphilosophie der schönen Kunst untergeordnet. (Vgl. V, 382) Allerdings steht die Transzendentalphilosophie selbst nicht mehr an der höchsten Stelle; darüber ist jetzt das

Identitätssystem angesiedelt, dem alles, die schönen Künste eingeschlossen, unterworfen sei. Identitätsphilosophie ist nämlich »unmittelbare Darstellung des Göttlichen« (V, 381), die Kunst dagegen nur dessen indirekte Nachbildung, die nur der Philosoph angemessen zu erkennen vermag. Dieser ist in der Lage, »das Wesen der Kunst zu durchdringen und mit Wahrheit darzustellen« (V, 347). Er ist nicht nur davon überzeugt, »daß in der Philosophie die Kunst Gegenstand eines Wissens werden kann« (V, 348), er glaubt sogar, »daß außer der Philosophie und anders als durch Philosophie von der Kunst nichts auf absolute Art gewußt werden kann« (V, 348).

Mit dieser Feststellung nimmt er im Jahre 1802 eine berühmte These Hegels vorweg, die dieser erst 1818 in seinen Heidelberger Vorlesungen über Ästhetik vortrug.[78] Darin vertritt Hegel die Auffassung, dass die Kunst nicht mehr die höchste Form ist, in welcher sich die Wahrheit mitteilt. Das könne die Religion besser, und noch besser die Philosophie. Zwar seien alle drei Disziplinen Formen des einen absoluten Geistes und stünden deshalb auch auf gemeinsamem Boden, allerdings trete das Absolute in ihnen ganz unterschiedlich auf. Wird in der Kunst geschaut, in der Religion geahnt, so wird erst durch die Philosophie angemessen begriffen. Allerdings sei die Philosophie der Kunst wie auch der Religion nicht nur dadurch überlegen, dass sie das Absolute durch Begriffe und Urteile klar erfasse; darüber hinaus vermöge sie die Inhalte von Kunst und Religion gedanklich zu durchdringen. Jedoch gab es nach Hegel ebenso Zeiten, in denen die Kunst die Wahrheit vollkommen ausdrückte, weil Religion und Philosophie noch nicht genügend entwickelt waren. Im antiken Griechentum war das der Fall. Dagegen wurde im christlichen Mittelalter die Religion Träger der Wahrheit, und erst in der Neuzeit übernahm die Philosophie, die höher als die Kunst stehe, weil sie das Absolute nicht mehr sinnlich schaue, sondern durch Begriffe erkenne, diese Funktion. Daraus ergibt sich nach Hegel, dass die Kunst bezüglich ihrer höchsten Bestimmung, das Absolute darzustellen, mittlerweile überholt ist, da sie von der Philosophie in der Neuzeit abgelöst wurde.

Bemerkenswerterweise formuliert Schelling Ähnliches im Identitätssystem, also schon knapp zwanzig Jahre vor Hegel, wenn er betont, dass die Philosophie das Absolute im »Urbild« (V, 369) darstellt, die Kunst hingegen nur im »Gegenbild« (V, 369). Die Philosophie sei Vorbild der Kunst; sie sei bloßes Abbild dessen, was jene urbildlich vorgebe. Dabei entspreche der Wahrheit in der Philosophie die Schönheit in der Kunst. Beide seien »nur unterschiedliche Betrachtungsweisen des Einen Absoluten« (V, 370), wie überhaupt »ein und dasselbe Göttliche [...] in Wissenschaft, Religion und Kunst lebe« (VI, 575).

Allerdings ist der geistige Stoff, aus dem Kunstwerke entwachsen, verschieden vom philosophischen, in dem die eine absolute Identität die Gestalt unterschiedlicher Ideen annimmt, die, als reale Lebewesen vorgestellt, den alten Göttern gleichen. Demzufolge sind »die Götter der Mythologie nichts anderes als die Ideen der Philosophie, nur objektiv oder real angeschaut« (V, 370). Die Götter – und nicht die philosophischen Ideen – seien »die Welt und gleichsam der Boden, worin allein die Gewächse der Kunst aufblühen und bestehen können« (V, 406). Anders formuliert: »Mythologie ist die notwendige Bedingung und der erste Stoff aller Kunst.« (V, 405) Aus ihr sind nach Schelling nicht nur alle Wissenschaften entstanden, die irgendwann wieder in sie zurückfließen werden, wie es im *System des transzendentalen Idealismus* heißt, sondern an sie bleibt auch die Kunst für alle Zeit gebunden.

In diesem Zusammenhang beschreibt er das Kunstwerk aufs Neue als Ergebnis bewusster und bewusstloser, freier und notwendiger Tätigkeit, als Werk eines Genies, in dem Göttliches lebe und wirke. Daran anschließend behandelt er, von Kant, Schiller und Friedrich Schlegel beeinflusst, das Schöne und Erhabene, Naive und Sentimentale, Stil und Manier, um in allem wieder die eine absolute Identität zu entdecken.

Näher betrachtet gehöre die Kunst zur ideal-geistigen Welt, deren Gegenstück die Natur bilde, in welcher die Organismen noch am ehesten Kunstwerken gleichen. Innerhalb dieser sich von der realen Natur abhebenden idealen Sphäre der Kunst unterscheidet Schelling einzelne Formen, die er wiederum in zwei Gruppen einteilt: in eine reale und eine ideale Reihe. Erstere umfasse die bildenden Künste, Musik, Malerei und die Plastik, mit denen er sich sehr ausführlich befasst. Hier kommt er auf Goethes Farbenlehre und auf seine Auseinandersetzung mit Newton zu sprechen, nach dessen Ansicht alle Farben im Licht enthalten sind, während nach Goethe das Licht sie erst hervorbringt. In diesem Streit um die richtige Erklärung der Farben stellte sich Schelling wie später auch Hegel und Schopenhauer auf Goethes Seite, was seinerzeit nicht ungewöhnlich war.[79]

Die ideale Reihe der Kunstformen besteht aus den redenden Künsten, deren Grundarten lyrisches Gedicht, Epos und Drama seien. Besonders bemerkenswert sind Schellings Ausführungen zur Tragödie, die »höchste Erscheinung der Kunst« (V, 690), in der wie in keiner anderen Kunstgattung die »Notwendigkeit siegt, ohne dass die Freiheit unterliegt, und hinwiederum die Freiheit obsiegt, ohne dass die Notwendigkeit besiegt wird« (V, 690). Für den Ablauf einer Tragödie sei charakteristisch, dass der Held, wie beispielsweise Ödipus, überwältigt von der Übermacht des Schicksals, schuldlos schuldig werde und dass er anschließend, um vor sich selbst als freies Wesen bestehen zu können, die vom Schicksal verhängte Schuld und alles unabwendbare Leid bewusst auf sich nehme. Ohne Vorbehalt nimmt der Held hin, was das Leben ihm zuträgt, auch den Tod. Wohl kämpft er hart und bitter und leidet schwer, aber er sträubt sich nicht gegen die Notwendigkeit. Er willigt ein in das, was ihm beschieden ist, auch in das unausweichliche Vergehen, aber nicht unter dem Druck dumpfer Ergebenheit oder im Rausch wilder Sinnlichkeit, sondern in selbstbewusster Freiheit. Das ist für Schelling »der größte Gedanke und der höchste Sieg der Freiheit, willig auch die Strafe für ein unvermeidliches Verbrechen zu tragen, um so im Verlust seiner Freiheit selbst eben diese Freiheit zu beweisen« (V, 697).

Nun ist eines die Einteilung der Kunst nach systematischen Gesichtspunkten, ein anderes ihre »historische Seite« (V, 372). Schelling geht wie viele seiner Zeitgenossen vom Gegensatz zwischen »antiker und moderner Kunst« (V, 372) aus, dem der Unterschied zwischen griechischer und christlicher Mythologie zugrunde liege. »Der Stoff der griechischen Mythologie war die Natur, die allgemeine Anschauung des Universums als Natur, der Stoff der christlichen die allgemeine Anschauung des Universums als Geschichte, einer Welt der Vorsehung.« (V, 427) So verstanden gibt es »im Christentum keine wahre Kosmogonie« (V, 436); das eigentliche All, in dem wir leben, bildet die moralische Welt, und das wirkliche Weltall spielt darin kaum eine Rolle, wie später auch Feuerbach oder Stirner und im 20. Jahrhundert Löwith und Blumenberg richtig vermerkten. Tatsächlich verengt bereits die christliche Schöpfungs- und Erlösungsgeschichte, die dem Menschen unter allen Kreaturen eine Sonderstellung zuerkennt, die Welt auf die Geschichte, in welcher die Natur entweder kaum vorkommt oder ausschließlich vom Menschen her verstanden wird.

Schelling möchte aber nicht wie Feuerbach oder Löwith zeigen, dss dieses Absehen von der ganzen natürlichen Welt, dem physischen Kosmos, unhaltbar ist; wenn er das wollte, dann hätte ihm der Naturverlust in seiner Identitätsphilosophie bewusst werden müssen. So war ihm aber an der Unterscheidung beider Mythologien nur als Voraussetzung des Gegensatzes zwischen antiker und moderner Kunst gelegen, wobei er wie viele seiner Zeitgenossen die Moderne mit der Entstehung des Christentums beginnen ließ. Sie habe angefangen in dem Augenblick, als »sich der Mensch von der Natur losriss, aber da er noch keine andere Heimat kannte, so fühlte er sich verlassen. Wo ein solches Gefühl sich über ein ganzes Geschlecht ausbreitet, wendet es sich freiwillig oder durch inneren Trieb gezwungen der ideellen Welt zu, um sich dort einheimisch zu machen. Ein solches Gefühl war über die Welt verbreitet, als das Christentum entstand. Griechenlands Schönheit war dahin.« (V, 427)

Beide, die redenden und die bildenden Künste, kommen in der griechisch-antiken und christlich-modernen Welt, will man Schelling glauben, gleichermaßen vor. Jedoch seien sie in der griechischen Antike, in welcher Kosmos und Natur als unvergänglich erlebt wurden, vollkommener ausgeprägt als in der christlichen Welt, in der Geschichte, Wechsel und Wandel herrschten. Seinem ehemaligen Studienfreund Hegel ähnlich, bewertet er die Schöpfungen der alten Welt sogar als absolut vollkommen.

Hegel unterteilte die Entwicklung der Kunst in eine orientalisch-symbolische Phase, das Zeitalter der Architektur, in eine griechisch-klassische Epoche, in der die Skulptur die höchste Kunstform darstellte, und in den christlich-romantischen Äon der Malerei, Musik und Poesie. Solch eine Einteilung sucht man bei Schelling vergebens; er ordnet nicht wie später Hegel besondere Kunstgattungen bestimmten Zeitaltern zu. Im Gegenteil, Schelling hielt weiter an seinem identitätsphilosophischen Grundgedanken fest, nach dem nicht nur die unterschiedlichen Kunstarten und Kunstwerke, sondern auch die Gegensätze der alten und neuen Welt bloß verschiedene Erscheinungsweisen des einen absoluten Alls oder Gottes sind.

Ohnmacht und Übermacht des Vergänglichen

Selbstverständlich gibt es viele Antworten auf die Frage, was Welt und Leben sind; eine davon ist Schellings Identitätsphilosophie. Aber mag sie auch heute noch bedenkenswert erscheinen, besonders realistisch und lebensnah ist sie nicht. Die Wirklichkeit sieht vermutlich ganz anders aus, als Schelling sie beschrieb. Er verwandelt Natur, Geschichte und Kunst in bloße Erscheinungsformen des Absoluten. Unbeugsam und anmaßend wie er war, erkannte er dabei der realen und idealen Welt jedes echte Sein ab, das er ausschließlich dem »Universum an sich = Gott« (V, 378) zubilligte. Alles sei mit dem einen göttlichen Absoluten identisch und bedeute für sich nichts.

Diese Verflüchtigung des Endlichen und Vergänglichen war der von Schelling gezahlte Preis für die Verknüpfung der Natur- mit der Transzendentalphilosophie durch die Identitätsphilosophie. Nun konnten sich beide Ansätze nicht mehr widersprechen, da sie als verschiedene Attribute des Absoluten nur noch verschiedene Prädikate ein und desselben Subjekts waren. Damit setzte Schelling aber die in der Auseinandersetzung mit Fichtes *Wissenschaftslehre* mühsam errungene Vorstellung von der Eigenständigkeit der Natur wieder aufs Spiel. Durch erstaunlichen Glauben an das Unsichtbare und einen befremdlichen Nichtglauben an das Sichtbare entfernte er sich nach und nach von der Wirklichkeit, wie sie uns vor Augen steht. Schelling wäre jedoch nicht der Philosoph, für den man ihn zu Recht hält, wenn er das nicht selbst bemerkt hätte. Seltsamerweise trat bereits während der Abfassung der Identitätslehre sein ausgeprägter Sinn für Realität immer deutlicher hervor, und das umso stärker, je mehr er diese aus dem Blick verlor. In den hellen Räumen seiner Identitätsphilosophie verschwand zwar alles Endliche, und doch war gerade sie es, die ihn auf diesen Verlust aufmerksam werden ließ. Schließlich wurde er gezwungen, den identitätsphilosophischen Ansatz aufzugeben, der heute nur noch Achselzucken und Kopfschütteln hervorruft.

Schon in dem 1802 veröffentlichten Dialog *Bruno oder über das göttliche und natürliche Prinzip der Dinge*, aber auch auf den letzten Seiten des *Systems der gesamten Philosophie und der Naturphilosophie insbesondere* sowie in *Philosophie und Religion*, beide stammen aus dem Jahre 1804, befielen Schelling Zweifel an der angenommenen Scheinhaftigkeit der endlichen Dinge. Deren Existenz schien ihm selbst zu offensichtlich, ihr Gewicht zu groß, als dass sie sich verleugnen ließen. Auch die Vergänglichkeit aller Dinge und das Böse, Abgründige, Dunkle in der Welt sind zu mächtig und angsterregend, um nur als bloßer Schein gelten zu können. Das bemerkte Schelling mitten in der Arbeit an der Identitätsphilosophie, in der er dem Endlichen doch sonst die Existenz eher absprach. Völlig unvermittelt fragte er nun nach der Herkunft alles Vergänglichen und Bösen sowie nach dem »Ursprung der Materie« (VI, 47), die »zu den höchsten Geheimnissen der Philosophie« (VI, 47) gehöre. Hierbei setzte er die Materie nicht mit dem Bösen gleich, wie es in der abendländischen Tradition üblich war.

In seiner Schrift *Bruno oder über das göttliche und natürliche Prinzip der Dinge* ging Schelling ernsthaft auch auf das von ihm sonst eher übergangene Problem der Endlichkeit ein. Allgemein stellt diese Abhandlung einen Dialog im platonischen Stil dar, dessen Hauptfigur Giordano Bruno ist, ein Pantheist des 16. Jahrhunderts, hinter dem sich Schelling selbst verbirgt. Am Übergang vom Mittelalter zur Neuzeit vertrat Bruno eine platonische All-Einheitslehre, nach der das unendliche Weltall einem göttlichen Lebewesen gleicht, das von einer alles durchdringenden Weltseele, welche in das All hineingehört, gestaltet, gelenkt und regiert wird. Schelling ging es in seinem Dialog nicht um diese pantheistische Sichtweise, noch weniger um Bruno selbst, sondern ausschließlich um das eigene Identitätssystem.

Umso bemerkenswerter ist deshalb, dass er im *Bruno* die Identitätsphilosophie überschritt, indem er endlich das Endliche in seiner Eigenbedeutung sah und würdigte. Einerseits rückt Schelling es zwar nach wie vor in das ewige Leben des Göttlichen hinein, wodurch es seine Vergänglichkeit verliert, andererseits lässt er es aber als mächtig genug erscheinen, sich selbst vom Absoluten loszusagen, um auf diesem Wege ins zeitliche Dasein zu gelangen. Die endlichen Dinge seien in der höchsten Einheit »so enthalten, daß für sich selbst jedes aus ihr sich ein eigenes Leben nehmen, und [...] in ein unterschiedenes Dasein übergehen« (IV, 258) könne. Vermenschlicht gesprochen, sollen die endlichen Dinge sich aus eigenem Antrieb vom Ewigen absondern und abfallen können, wenn sie nur wollen.

Das damit erst Angedeutete spricht Schelling dann in *Philosophie und Religion* mit größerer Bestimmtheit und Deutlichkeit aus. Wieder und wieder nach der »Abkunft der endlichen Dinge aus dem Absoluten« (VI, 28) fragend, lehnt er auch jetzt alle überlieferten Emanations- und Schöpfungslehren als Antwort ab. Die Welt fließe weder aus dem Göttlichen wie aus einer Urquelle hervor, noch werde sie von einem Gott in Freiheit erschaffen. Das Absolute bewirke überhaupt nichts, es ruhe selig in sich, ohne aus sich herauszugehen. Keine Brücke führe von ihm zu den endlichen Dingen. »Mit einem Wort, vom Absoluten zum Wirklichen gibt es keinen stetigen Übergang, der Ursprung der Sinnenwelt ist nur als ein vollkommenes Abbrechen von der Absolutheit, durch einen Sprung, denkbar.« (VI, 38) Dieser – und nicht Gott – sei die Ursache der endlichen Dinge, die in einem »Abfall von dem Absoluten liege« (VI, 38).

Der wahre Grund der endlichen Welt ist also »einzig im Abgefallenen« (VI, 40) zu suchen, nicht aber in Gott, aus dem nach

Schelling nichts Endliches hervorgehen kann. Mit dieser Annahme geht er einen mittleren Weg zwischen Monismus und Dualismus: Einerseits soll es außer Gott nichts geben, andererseits sollen die vergänglichen Dinge weder wesenlose Schattengestalten noch Gott selbst sein, so dass sie neben ihm eine eigene Welt bilden. Wie aber konnte eine solche jemals entstehen, wenn es außer Gott nichts gibt und er nicht als ihr Schöpfer in Frage kommt? Schellings neue Antwort heißt: In Gott sondert sich etwas von ihm ab, um anschließend endliche Dinge hervorzubringen. So merkwürdig dieser Gedanke auch klingen mag, ein Blick auf die abendländische Geistesgeschichte beweist, dass er gar nicht so außergewöhnlich ist. Ähnliches findet sich bereits in neuplatonischen Werken und gnostischen Mythen, aber auch in den Schriften mancher Kirchenväter wie in den *Vier Büchern über die Prinzipien* von Origenes. Offenbar muss Schelling auf mythologische Vorstellungen zurückgreifen, um die unleugbare Existenz des Endlichen und Vergänglichen erklären zu können, die er nun als Folge eines prähistorischen »Sündenfalls« beschreibt.

Im Einzelnen schildert er den Abfall der Welt von Gott so: Seit Ewigkeit setzt das Absolute sich selbst ein Bild entgegen, in dem es sich anschaut. Dieses Gegenüber muss das Absolute setzen, wenn es sich selbst erkennen will; dass es das möchte, steht für Schelling außer Frage. Nun bildet aber das Gegenbild, in dem sich das Absolute spiegelt, dieses nur dann wirklich ab, wenn es auch über die Selbstständigkeit und Freiheit verfügt, die das Absolute besitzt. So stehen sich also zwei Absolute gegenüber, von denen das letztere allerdings seine Freiheit und Selbstständigkeit dazu missbraucht, sich vom wahren Gott abzuwenden. Die durch diese Ursünde eingeleitete Bewegung, den »Fall« nach allgemeiner Benennung, beschreibt Schelling als Abgleiten, Sich-Entfernen und Absondern von Gott.

Jedoch drängt sich die Frage auf, woher diese gegengöttliche Freiheit überhaupt kommt und warum das Gegenbild des Absoluten sie tatsächlich ausnutzt. Diese Probleme bleiben in *Philosophie und Religion* weitgehend ungelöst. Schelling vermerkt nur, dass es unergründlich ist, warum sich das Gegenbild Gottes von diesem abwendet, weil es sich dabei um einen unableitbaren Akt der Freiheit handelt; aus diesem Grund kann der Abfall grundsätzlich »nicht erklärt werden« (VI, 42).

Erklärungsbedürftig aber bleibt, warum das von Gott abgefallene Gegen- oder Spiegelbild »Nicht-Absolutes und Zeitliches« (VI, 52), die Welt der endlichen Dinge, erschafft und darauf die eigene Ichbezogenheit überträgt. Alle Versuche Schellings in *Philosophie und Religion,* diesen Übergang verständlich zu machen, sind als gescheitert anzusehen, selbst wenn zutreffen sollte, dass Egoismus, »in-sich-selbst-Sein« (VI, 42) oder »Selbstheit« (VI, 52), »das allgemeine Prinzip der Endlichkeit« (VI, 42) ist. Schelling beschreibt sogar alle Dinge als böse, weil sie ichsüchtig nur für sich und aus sich selbst existierten, wie bereits anorganische Körper, beispielsweise Steine, in ihrer Starrheit bewiesen.

Allerdings sei es für Menschen möglich, die Ichsucht zu brechen, um sich dann zum wahren Gott zu erheben. Mit an neuplatonischen Denkfiguren geschultem Blick spricht Schelling von Läuterung und Rückkehr der Seele in ihren Ursprung. Dabei umschreibt er den menschlichen Körper nicht wie sonst in der Identitätsphilosophie als schönes Gewand, sondern wieder als Gefängnis der Seele. Pythagoras, Platon und den Gnostikern ähnlich glaubt er, dass die Menschen zur Strafe für ihre Selbstsucht »an den Leib wie an einen Kerker« (VI, 47) gefesselt seien. Jedoch könne und solle sich jeder Einzelne aus diesem Verlies durch Hinwendung zu Gott wieder befreien.

Entsprechend untergliedert er auch den Prozess der Menschheitsgeschichte in eine Phase des Abfalls und eine des Aufstiegs.

Aufs Ganze gesehen gleiche sie »einem Epos, im Geiste Gottes gedichtet; seine zwei Hauptpartien sind: die, welche den Ausgang der Menschheit von ihrem Centro bis zur höchsten Entfernung von ihm darstellt, die andere, welche die Rückkehr« (VI, 57).

Diese Spekulationen aus der identitätsphilosophischen Phase lassen vieles im Unklaren, die Ableitungen wirken künstlich, gezwungen, nicht wie begründete Auslegungen, sondern vielmehr wie willkürliche Zurechtlegungen. Dennoch sind sie beachtenswert, weil darin das Endliche, das Vergängliche und das Böse ernst genommen werden. Dadurch war der erste Schritt über das Identitätssystem hinaus getan. Allerdings blieb die Frage weitgehend ungeklärt, woher das Endliche, das Vergängliche und das Böse kommen, denen Schelling nach 1806 zunehmende Beachtung schenkte. Da es für ihn unvorstellbar war, dass es von Gott stammt, musste es eine von ihm unabhängige Wurzel haben; da aber für ihn nichts außer Gott existierte, konnte es eine solche wiederum nicht geben. Wie kommt man aus diesem Dilemma heraus? Die Vorstellung eines schöpferischen Gegenbildes als Antwort wirkt jedenfalls konstruiert, weit hergeholt wie eine Verlegenheitslösung, die noch dazu wichtige Fragen offenlässt. Darum scheint Schelling sie bald verworfen zu haben; auf alle Fälle verfolgte er sie nicht mehr weiter. Allerdings darf das nicht darüber hinwegtäuschen, dass der in diesem Abschnitt skizzierte Weg bereits in eine Richtung verläuft, die Schelling seit 1806 tatsächlich einschlug.

6. Melancholie der Natur

In der Geschichte der abendländischen Metaphysik wurde das Vergängliche immer wieder als Nichtsein entwertet und das Böse als Mangel an Sein verharmlost. In Wirklichkeit jedoch sind beide unübersehbare Realitäten von erdrückend-bedrückendem Gewicht. Woher aber kommen sie, wenn es außer Gott, der doch absolut vollkommen ist, nichts gibt? Diese Frage beschäftigte und quälte Schelling seit 1806 zusehends stärker.

In diesem Jahr siedelte er, durch die napoleonischen Kriege gezwungen, seine erst 1803 angetretene Würzburger Professur aufzugeben, nach München über, wo er bis 1820 blieb. Dort vollzog sich die größte Wende seines von Beginn an ruhelosen philosophischen Lebens. Was seine äußeren Verhältnisse anbelangt, bedeutete der Wechsel nach München eine erhebliche Verbesserung. Er war zwar nicht mehr im Hochschuldienst tätig, als Mitglied der Bayerischen Akademie der Wissenschaften und Generalsekretär der Akademie der bildenden Künste verfügte er aber über ein höheres Einkommen als jemals zuvor; dazu genoss er in der Stadt großes Ansehen. Dennoch erlebte er in München keine glückliche Zeit, wenn Glück mehr bedeutet, als einen Tag ohne Tränen verbracht zu haben. Als er 1820 erkrankte, ließ er sich sogar von seinen Dienstpflichten entbinden, um München wieder verlassen zu können. Er zog nach Erlangen, wo er bis 1826 blieb. Ging er auch nicht der Universität wegen nach Erlangen, so hielt er doch mit Genehmigung der Regierung an ihr die ersten Vorlesungen seit der Würzburger Zeit. Seine Vorlesungstätigkeit nahm er Anfang 1821 auf; 1823 brach er sie aber bereits wieder ab. Verglichen mit den Münchener Jahren war die Erlanger Zeit, was das Schreiben betrifft, wenig fruchtbar. Zwar brachte Schelling auch in München kaum etwas zu Ende, aber dafür schrieb er zahlreiche Entwürfe.

Schelling, der vordem ein Buch nach dem anderen verfasst hatte, gab 1809 zum letzten Mal ein geschlossenes Werk heraus: *Philosophische Untersuchungen über das Wesen der menschlichen Freiheit.* Nach 1812 verstummte er bis zu seinem Tode im Jahre 1854 fast ganz. In dieser Zeit publizierte er nichts Wesentliches mehr, abgesehen von kleineren Arbeiten wie 1815 eine Abhandlung über das früheste Göttersystem der Griechen, *Die Gottheiten von Samothrake*, 1834 und 1844 zwei Vorreden zu Schriften anderer Autoren sowie 1841 die erste Berliner Vorlesung.

Die 1812 erschienene Abhandlung *Denkmal der Schrift von den göttlichen Dingen des Friedrich A. Jacobi*[80] war nur eine Streitschrift, in der er sich gegen Angriffe des offenbarungsgläubigen Jacobi zur Wehr setzte. Dieser hatte 1785 mit seiner Arbeit *Über die Lehre des Spinoza in Briefen an den Herren Moses Mendelssohn* den sogenannten Pantheismusstreit ausgelöst, in dem er Spinoza wie Schelling des Naturalismus bezichtigte, Fichte sogar Nihilismus vorwarf und die Genannten des Atheismus beschuldigte. Den absoluten Idealismus Fichtes nannte er atheistischen Nihilismus, weil in der moralischen Weltordnung des sich selbst setzenden Ich beide, Welt und Gott, völlig vernichtet seien. Spinozas und Schellings Naturphilosophie setzte er dagegen mit atheistischem Naturalismus gleich, weil es darin keinen außerweltlichen Gott gebe und alles, was existiere, auf Natur reduziert werde.

Schelling erkannte seine Philosophie in dieser Deutung nicht wieder, weshalb er in der genannten Schrift gegen Jacobi unmissverständlich Stellung bezog, insbesondere gegen dessen Buch

Von den göttlichen Dingen und ihrer Offenbarung von 1811, in dem sich dieser am gründlichsten mit Schellings Philosophie auseinandergesetzt hatte. Jacobis Vorwürfe mussten Schelling schon allein deshalb befremden, weil er doch seit 1806 selbst auf dem Wege zu einer vom Christentum inspirierten Religionsphilosophie war.

Allerdings kam er mit seinem neuen Projekt, dessen vielversprechenden Anfang die erwähnte *Freiheitsschrift* bildete, nur langsam, geradezu schleppend voran. In ihrem Erscheinungsjahr, 1809, starb seine Frau Caroline, mit der er erst seit 1803 verheiratet war – ein kaum zu verschmerzender Verlust für Schelling. Sicherlich trug Carolines Tod mit dazu bei, dass er zwischen 1809 und 1812 einen zu Lebzeiten unveröffentlicht gebliebenen Dialog verfasste, dem er den aufschlussreichen Titel *Clara oder Über den Zusammenhang der Natur mit der Geisterwelt* gab. In das Umfeld dieser schönen Abhandlung gehören auch die 1810 vor Freunden gehaltenen *Stuttgarter Privatvorlesungen*. Sie sind reicher und voller als andere Werke Schellings, ihre Gliederung ist klarer und der Fortschritt ihrer Gedanken rascher und fester als in den übrigen Schriften.

So tief Carolines Tod Schelling traf, eine Schaffenskrise zog er nicht nach sich. Im Gegenteil begann Schelling 1810/11 mit der Abfassung eines Buches, das sein Hauptwerk werden sollte: *Die Weltalter*. Darin geht es um die höchsten Menschheitsfragen, die ersten und letzten Dinge. Jedoch ist dieses groß angelegte Werk, das mit dem absoluten Anfang beginnt und bis ans äußerste Ende zu gehen versucht, nie abgeschlossen worden. Schelling hat bis 1820 unentwegt daran gearbeitet, ohne jedoch sein angestrebtes Ziel zu erreichen; 1820 legte er die *Weltalter* beiseite, um sich noch einmal neuen Aufgaben zuzuwenden. Entwürfe des ersten Teils gingen 1811 und 1813 in Druck, wurden aber von ihm bald darauf wieder zurückgezogen. In immer wieder neuen Anläufen bemühte sich Schelling, die selbstgestellte Aufgabe der Erklärung der Welt zu bewältigen. Auf diese Weise entstanden zwischen 1810 und 1820 mehr als zwanzig Entwürfe der *Weltalter*, in denen das in der *Freiheitsschrift* und den *Stuttgarter Privatvorlesungen* Begonnene und Gedachte weiterentwickelt wurde.

Schelling musste seine Unfähigkeit, die begonnene Arbeit über die *Weltalter* abzuschließen, als bedrückend empfinden, zumal auch andere Werke nicht fertig wurden und unveröffentlicht blieben. Am deutlichsten zeigt sich dies in den erhalten gebliebenen Briefen Schellings an seinen Verleger Cotta, in denen er ständig zwischen Zuversicht und Verdruss, Hoffnung und Verzweiflung schwankte.

Alle zwischen 1810 und 1820 entstandenen *Weltalter-Entwürfe* sind im Juli 1944 durch die Luftangriffe auf München vernichtet worden; glücklicherweise hatte Manfred Schröter in den Jahren zuvor Abschriften angefertigt, so dass einige Fragmente erhalten blieben, die 1946 zum ersten Mal erschienen.

Frühromantik, Spätromantik und Nachtseite der Natur

Schellings Wende im Jahre 1806 ist wie ein Bruch, ein Wechsel von der hellen, statischen Welt der Identitätsphilosophie in eine Welt voll finsterer, steil abstürzender Schluchten. Es ist, als ob sich gestaute Kräfte hier mit elementarer Gewalt entladen wollten. Trotz dieses Wandels hält Schelling aber an bestimmten Ideen der Identitätsphilosophie fest, wozu die Vorstellung Gottes als Einheit des Realen und Idealen, eines aus Natur und Geist zusammengesetzten Wesens gehört. Auch in der Spätphilosophie entwickelt Schelling also seinen ursprünglichen, von Fichte beeinflussten Ansatz weiter, nach dem alles aus zwei gegensätzlichen Kräften aufgebaut ist; nur dass diese jetzt nicht mehr wie in der Identitätsphilosophie miteinander eins sind, sondern im Gegenteil völlig auseinandertreten und dadurch in ein gespanntes Verhältnis zueinander geraten. Jedoch bedeutet das keinen Rückfall in die Unterscheidung von Natur- und Transzendentalphilosophie, wenn es auch auf den ersten Blick so aussehen mag. Zwar rücken die Grundbegriffe Natur und Geist, Reales und Ideales wieder in den Mittelpunkt seines Interesses, aber ihre Bedeutung hat sich grundlegend gewandelt. Nun gelten sie als zwei sich gegenseitig bekämpfende Mächte in Gott, wobei im Unterschied zu früher die Natur als dunkel, triebhaft, verstandlos, der Geist dagegen als vernünftig, liebevoll, hell dargestellt wird.

Es gibt verschiedene Erklärungen für diese Wende von der Vorstellung einer hellen, vernünftigen Welt in eine voll dunkler Abgründe. Zu nennen wäre das in der Identitätsphilosophie verdrängte Problem der Endlichkeit und des Bösen, das Schelling umso bewusster wurde, je mehr er es verleugnete. Hinzu kam Carolines Tod 1809, der ihn die Hinfälligkeit und Vergänglichkeit alles Irdischen auf besonders schmerzvolle Weise spüren ließ. Jetzt konnte er über die Endlichkeit des Seins nicht länger hinwegsehen, im Gegenteil, er erkannte fortan selbst die identitätsphilosophische Verharmlosung des Todes als wirklichkeitsfremde Illusion. Durch Carolines Tod in eine tiefe, als ausweglos empfundene Existenzkrise getrieben, ließ er sich von unechtem Glanz nicht mehr blenden. Alles erschien ihm nun düster, dunkel, grausam. Aber nicht allein durch dieses traurige Ereignis lernte er die finsteren Mächte der Natur und die schwere Last des Lebens kennen; auf solche Gedanken wurde er vor allem durch die Münchener Spätromantiker gebracht, mit denen er jahrelang auf freundschaftlichem Fuße stand.

Charakteristisch für die Frühromantiker, welche die ernüchternde Kälte der neuzeitlichen Aufklärung und ihr entzaubertes, mechanistisches Weltbild mit allen Mitteln bekämpften, war die Vorstellung eines göttlichen Alls, das sie hingebungsvoll, geradezu religiös verehrten. In allem Wunderbares und Geheimnisvolles entdeckend, empfanden Tieck, Novalis, Brentano, Wackenroder, Friedrich Schlegel und der junge Schelling, um nur einige Namen zu nennen, die Natur als lebendige, alles beseelende Macht. Sie sei den Menschen nicht fremd oder stehe ihnen gar feindlich gegenüber, sondern umfange und trage uns alle fürsorglich. Die Frühromantiker, mit denen Schelling einst in Jena viel verkehrte, betrachteten die Welt als große Harmonie, in der alle Gegensätze miteinander versöhnt seien. Ähnlich wurde die Natur auch von Goethe und Hölderlin gesehen, deren Vorbild das Weltverständnis der antiken Griechen war, das allerdings für die Romantiker keine so große Rolle spielte. Sie suchten das Magische und Zauberhafte, wie es in alten Sagen und Märchen lebt, und fühlten sich dabei, im Unterschied zu Goethe, vom Christentum angezogen. Das beweisen Wackenroders *Herzensergießungen* ebenso wie Tiecks *Sternbald* oder Novalis' *Die Christenheit oder Europa* und nicht zuletzt Friedrich Schlegels Konversion zum katholischen Glauben im Jahre 1808. Bei alldem waren die Frühromantiker hauptsächlich der Tagseite der Natur zugewandt.

Die Entdeckung ihrer Nachtseite blieb den Spätromantikern vorbehalten, wobei diese Entdeckung das eigentliche Wesen der Spätromantik ausmacht. In dieser trat an die Stelle der bis dahin als hell und vollkommen erlebten Natur die Erfahrung dunkler, undurchdringlicher Gestalten und Gewalten. Die Welt galt fortan nicht mehr nur als zauberhaft, geheimnisvoll, unergründlich, sondern darüber hinaus als abgründig, schrecklich und bedrohlich. Die romantische Christlichkeit erhielt eine theosophische Färbung, was impliziert, dass man Gott mystisch schauen und die Abgründe der göttlichen Schöpfung unmittelbar erkennen zu können glaubte.

Schelling begegnete derartigen Vorstellungen zum ersten Mal in München, wo er mit Franz von Baader und Johann Wilhelm Ritter, einem früheren Kollegen aus Jena, freundschaftlich verkehrte. Außerdem sei Gotthilf Heinrich von Schubert erwähnt, dessen Arbeiten über die *Nachtseite der Natur* Schelling sehr schätzte. Sie alle entwickelten eine das Abgründig-Irrationale berücksichtigende Naturphilosophie, deren Vordenker der Mystiker Jakob Böhme (1575–1624) war; wie Spinoza die Frühromantik prägte er die Spätromantik. Ohne seine Theosophie sind die Naturspekulationen Friedrich Schlegels, Baaders und Görres' wie auch Schellings *Weltalter* kaum denkbar.

Alle theosophisch orientierten Denker, auch Schelling, glaubten, das innere Leben Gottes und seine Absichten ergründen zu können. Als Gottes Ebenbild könne der Mensch sich mit ihm vereinigen, dachten sie, und durch Einblick in die eigene Seele sei es jedem Menschen möglich, hinter das Geheimnis der Welt zu kommen. Auch Schelling vertrat die Meinung, dass auf dem Wege bloßer Selbsterkenntnis das Absolute erfassbar sei. Das brachte ihm den Vorwurf der Vermessenheit und des Größenwahns ein, eine Beschuldigung, die er mit den Worten von sich wies, dass der Philosoph »die Absichten Gottes, auch die verborgensten, erkennen [...] und einheimisch werden [kann] im Reiche des Vaters, als der Sohn, den er zum Vertrauten seiner Geheimnisse bestimmt hat und immerfort erzieht« (VIII, 183).

Von christlichen Vorstellungen beeinflusst, adelte er den Menschen als Mitwisser Gottes und bezeichnete in Übereinstimmung damit die Philosophie als »Mitwissenschaft der Schöpfung« (WA I, 4). Da Gott »alles mit dem Menschen gemein« (VII, 432) habe, sein Leben »die größte Analogie mit dem menschlichen« (VII, 432) aufzeige, müsse die letzte Antwort auf die Frage nach Gott, Welt und Mensch in letzterem gesucht werden, nicht aber in der äußeren Welt, weder in der Geschichte noch in der Natur. Bereits in seinem Frühwerk betonte Schelling, mit der abendländischen Philosophie der Innerlichkeit von Augustinus bis Husserl übereinstimmend, dass allein das eigene Innere über die Wirklichkeit im Ganzen Auskunft geben könne, dass im Menschen der Schlüssel zur Wahrheit liege: »Suchet die Merkmale, an denen alle die ewige Wahrheit erkennen müssen, zuerst im Menschen.« (I, 112)

Ähnlich heißt es in den *Weltaltern*, dass die eigene Innerlichkeit dem Menschen den Weg in die tiefsten Abgründe Gottes zeige und sogar dessen Leben noch vor Erschaffung der Welt – den »Äon der Vergangenheit« – enthülle. Daraus sei die Welt des Augenscheins, die gesamte Schöpfung, auch »Äon der Gegenwart« genannt, hervorgegangen, der einen Entwicklungszusammenhang darstelle, zu dem auch Sündenfall, Erlösung und Rückkehr zu Gott – der »Äon der Zukunft« – gehörten.

In immer neuen Anläufen versuchte Schelling den »Äon der Vergangenheit«, über den er nie wesentlich hinauskam, zu erfassen und darzustellen. Über den »Äon der Gegenwart« gibt es dagegen keinen abgeschlossenen Text, dafür aber zahlreiche Hinweise, die sich durchaus zu einem geschlossenen Weltbild zusammenfügen. Sie finden sich in den *Weltaltern*, in *Clara*, den *Stuttgarter Privatvorlesungen* oder in der *Freiheitsschrift*. In ihnen geht Schelling der Frage nach, ob Gott in die Welt gehen musste, um seiner selbst bewusst zu werden, oder ob er vor Erschaffung der Welt bereits Selbstbewusstsein besaß. Es gibt Anhaltspunkte für beide Sichtweisen, wobei jedoch letztere vorherrscht und stärker ausgearbeitet ist.

Unmissverständlich heißt es 1810 in den *Stuttgarter Privatvorlesungen*: »Gott macht sich selbst, und so gewiß er sich selbst macht, so gewiß ist er nicht ein gleich von Anfang an Fertiges und Vorhandenes; denn sonst brauchte er sich nicht zu machen [...]; der ganze Prozeß der Weltschöpfung [ist] nichts anderes als der Prozeß der vollendeten Bewußtwerdung, der vollendeten Personalisierung Gottes.« (VII, 433) Demnach erschuf Gott die Welt, um durch sie zu sich selbst zu finden. Im selben Text heißt es aber auch, dass Gott die Schöpfung aus freiem Entschluss hervorbrachte, dass es »also keinen Erklärungsgrund der Welt als die Freiheit Gottes« (VII, 429) gibt. Demzufolge benötigt Gott auch nicht die Welt, um ein freies, selbstbewusstes, personales Wesen zu werden; ein solches ist er schon ohne sie.

So oder so gesehen, der Gott der *Weltalter* ist lebendiger als der des Identitätssystems, in dem sich das Philosophieren im Abstrakten und Formelhaften verlor; Gott und Welt wurden darin reglos, starr, geradezu tot dargestellt. Gott ist aber realer, lebhafter, beweglicher als jene schwer fassbare absolute Identität und mehr als eine moralische Weltordnung, mit welcher ihn der Jenaer Fichte gleichsetzte. Schelling distanzierte sich in der *Freiheitsschrift*, den *Stuttgarter Privatvorlesungen* und den *Weltaltern* von beiden Auffassungen, fest davon überzeugt, dass das Absolute »ein wirkliches, persönliches, im eigentlichen Sinn, wie wir, lebendes Wesen« (VII, 432) sei, welches er auch »das Urlebendige« (WA I, 3) nannte. Dieses habe »ganz andere und lebendigere Bewegungskräfte in sich [...], als ihm die dürftige Subtilität abstrakter Idealisten zuschreibe« (VII, 356).

Ähnlich erscheint nun auch die sichtbare Welt viel bewegter, unruhiger, bunter als in der Identitätsphilosophie und fast allen philosophischen Systemen des Abendlandes. Zum wiederholten Male bezichtigt Schelling in diesem Zusammenhang die gesamte Philosophie von Descartes bis Fichte der Naturverachtung: »Die ganze neueuropäische Philosophie seit ihrem Beginn (durch Descartes) hat diesen gemeinschaftlichen Mangel, dass die Natur für sie nicht vorhanden ist.« (VII, 356) Diesen Vorwurf haben in unserem Jahrhundert Denker wie Löwith, Jonas, Schulz oder Blumenberg verschiedentlich aufgegriffen und darin die Existenzphilosophie, Phänomenologie und Hermeneutik mit einbezogen.

Im Gegensatz zu früheren Arbeiten stellt Schelling die Natur nun nicht mehr als vollkommen dar. In ihr sei zwar überall »Regel, Ordnung und Form [zu erkennen]; aber immer liege [...] im Grunde das Regellose, als könnte es einmal [...] durchbrechen, und nirgends scheint es, als wären Ordnung und Form das Ursprüngliche, sondern als wäre ein anfänglich Regelloses zur Ordnung gebracht worden« (VII, 359). Nichts spreche dagegen, eher alles dafür, »daß dem gegenwärtigen Zustand der Ordnung das Chaos, dem Licht die Finsternis, dem Verstände das Verstandlose vorausgegangen« (VIII, 171) sei. Woher aber das verstandlose Dunkel, die Materie und alles Triebhafte kommen, wenn Gott reiner Geist ist, das blieb ein noch immer ungelöstes Rätsel.

Der wilde Gott

Eine Frage ist, ob Gott erst in der Welt zu sich selbst findet, eine andere, woher er die Welt nimmt, die er erschafft. Den antiken Griechen war diese Frage fremd, weil sie sich das Weltall als selbstgenügsam, unentstanden und unvergänglich vorstellten. Sie vertraten die Auffassung, dass nichts aus nichts entstehen könne – »ex nihilo nihil fit« – und dass folglich die allen Dingen zugrundeliegende Materie schon immer da gewesen sein muss. Im Unterschied dazu hat nach der christlichen Schöpfungslehre Gott das gesamte Universum, einschließlich der Materie, aus dem Nichts – »creatio ex nihilo« – erschaffen.

Schelling geht in seiner 1809 beginnenden Spätphilosophie einen mittleren Weg zwischen diesen beiden Positionen. Einerseits ist er vom absoluten Anfang der Welt und ihrem Erschaffensein überzeugt, andererseits lehnt er wie schon in der Identitätsphilosophie die alte Vorstellung der Schöpfung aus dem Nichts ab. So heißt es etwa 1810 in den *Stuttgarter Privatvorlesungen* oder 1820/21 in den *Erlanger Vorlesungen*, dass »aus Mißverstand [...] die Vorstellung einer Schöpfung aus nichts entstanden« (VII, 436) sei. Im Gegensatz zu allen christlichen Denkern ist Schelling davon überzeugt, dass Gott die Materialien, die er zur Erschaffung der Welt benötigte, immer schon in sich enthielt. Diese ungewöhnliche Vorstellung stimmt einerseits mit der antiken Auffassung überein, dass der Urstoff aller Dinge unentstanden ist; andererseits unterscheidet sie sich aber von dieser wieder durch die Annahme, dass der Aufenthaltsort des Stoffes, aus dem Gott die Welt formte, ein Teil von ihm selbst ist. So verwandelt sich die »creatio ex nihilo« in eine »creatio ex Deo«!

Gott ist für Schelling nicht ein vom Triebhaften und Materiellen befreiter Geist, sondern wie wir Menschen ein Lebewesen mit dunkler Triebschicht. Er ist eine Macht, die nicht nur von Vernunft, sondern auch von Leidenschaften bewegt wird: ein »animal rationale et irrationale«.

Wie Franz von Baader, Friedrich Schlegel und Joseph Görres übernimmt Schelling diesen Gedanken von Jakob Böhme, der in seiner mythisch-religiösen Naturphilosophie Gott zum ersten Mal als ein Wesen darstellt, das nicht nur von rationalen, sondern auch von starken irrationalen Momenten bestimmt ist; Jakob Böhme schrieb Gott ebenso dunkle wie helle Kräfte zu, eine bewusstlose Natur genauso wie einen wachen Geist.

Einige Jahre vor Schelling hatte bereits Schlegel darauf hingewiesen, dass eine reine Geistphilosophie niemals die Herkunft des Materiellen und Triebhaften erklären könne, da ein vollkommener Geist derartiges nicht erschaffen würde. Ein vollkommener Verstand sei sogar unfähig, verstandlose Stoffe und blinde Triebe hervorzubringen; als Geist könne er nur wieder Geistiges erzeugen. Wie im zweiten Kapitel ausgeführt, hatte Berkeley daraus geschlossen, dass alles geistig sein müsse, weshalb auch die reale Welt nur aus Vorstellungsbildern bestehe, die Gott uns eingeprägt habe. Dieser Schluss ist allerdings nicht zwingend, wie Friedrich Schlegel beweist; er argumentiert so: Wenn Geist nur wieder Geistiges hervorbringen kann – und daran zu zweifeln bestand für ihn ebenso wenig Grund wie für Baader und Schelling -, dann kann die materielle Welt nur unter der Bedingung von Gott stammen, dass in diesem außer einem hellen, wachen Geist zugleich noch eine dunkle, triebhafte Natur existiert. Nur unter dieser Voraussetzung sei es möglich zu denken, dass Gott die Welt erschaffen habe, die aus mehr als aus bloßen Vorstellungsbildern bestehe. Sicherlich sei Gott seinem eigentlichen Sein nach Geist; dieser fuße aber auf einem dunklen, wilden Grund, einer Triebschicht, die Schelling wie Jakob Böhme »Natur in Gott« nannte. Es ist leicht zu erkennen, dass bei der Ausarbeitung dieses von den Spätromantikern beeinflussten Gottesverständnisses der Mensch als Vorlage diente, der nach traditioneller Auffassung sowohl von einer bewusstlos-triebhaften als auch bewusst-lenkenden Kraft bestimmt wird. Jene bezeichnet die naturhafte, reale Seite seiner Existenz, diese deren geistigen, idealen Teil. Halb verstrickt in seine Triebnatur, halb freigelassen, gilt der Mensch als ein Lebewesen, das seine Leidenschaften zügeln und der Vernunft unterordnen muss, wenn es nicht in absolutem Chaos enden will.

Bereits Platon und Aristoteles stellten den Menschen als Trieb- und Vernunftwesen dar, überzeugt davon, dass jedem von uns außer einer weise überlegenden Seele auch wilde gesetzlose Begierden innewohnen.[81] Diese Vorstellung durchzieht von da in abgewandelter Form das gesamte abendländische Denken bis zum heutigen Tage. Von der modernen Psychologie kann man lernen, dass menschliches Leben, welches Verstand und Bewusstsein als Anlage enthält, bewusstlos anfängt, um dann nach und nach seine geistigen Fähigkeiten zu entwickeln und auszubilden. In der Sprache der Psychoanalyse, deren Ursprünge in der Philosophie des Deutschen Idealismus liegen[82], bedeutet dies: Das »Ich« ringt sich Stufe um Stufe aus dem »Es« empor. Wie Schelling sagt, scheiden wir uns hierbei »in uns selbst« (VII, 433), setzen »uns uns selbst entgegen« (VII, 433). Erst nachdem man sich über das Bewusstlose, Dunkle, Trieb- und Dranghafte in sich erhoben hat, ist man ein selbstbewusstes Ich.

Nach Schelling sind wir immer beides, »Ich« und »Es«, »Rationales und Irrationales« (VII, 170), das als »das Verstandlose dem Verstand« (VIII, 170) voraus- und zugrunde liegt wie der Körper dem Geist. Aufgabe des Menschen sei aber nicht, das »bewusstlos Vorhandene« (VIII, 435), die Triebnatur, zu verdrängen, sondern im Gegenteil soll »das angeborene Dunkel in uns ans Licht« (VIII, 435), das heißt »zum Bewusstsein« (VII, 435) kommen. Denn der Mensch sei nicht dazu bestimmt, seine Triebe zu eliminieren, sondern sie vielmehr zu kontrollieren, einzuschränken und in den Dienst des Geistes zu nehmen. Psychoanalytisch gesprochen: Das »Ich«, das als ohnmächtiger Diener des »Es« beginnt, soll mit der Zeit dessen Herr werden.

Bei alldem bewertet Schelling wie fast jeder abendländische Philosoph Bewusstsein und Geist als das »eigentliche Selbst« (IX, 74) des Menschen, das Dunkle und Dranghafte dagegen als dessen »uneigentliches Selbst« (IX, 74). In der Tradition wurde häufig sogar noch einen Schritt weitergegangen und betont, der Mensch – dessen Körper und Triebleben keineswegs geleugnet werden – sei seinem wahren Wesen nach nur Vernunft, Seele oder Geist. So zu lesen in den Platonischen Dialogen, dann bei Descartes und Marsilio Ficino, einem Philosophen der italienischen Renaissance[83], und schließlich bei Schelling, der verschiedentlich darauf hinweist, dass »nur das Geistige des Menschen der Mensch selbst« (WA I, 100) sei.

In der *Freiheitsschrift*, den *Stuttgarter Privatvorlesungen* und den *Weltaltern* überträgt Schelling das skizzierte Entwicklungsmodell auf Gott, dessen inneres Leben sich vor diesem Hintergrund entfaltet. Die daraus hervorgegangenen Darstellungen des Absoluten stimmen jedoch nur teilweise miteinander überein; die wohl bekannteste steht in der *Freiheitsschrift*, die klarste in den *Stuttgarter Privatvorlesungen* und die bei weitem schwierigste in den *Weltaltern*. Trotz aller Unterschiede gibt es in den genannten Abhandlungen aber eine Reihe von Entsprechungen: Erstens folgt in allen auf die langsame, allmähliche Trennung der beiden Urkräfte in Gott die völlige Durchdringung und Beherrschung der niederen Urkraft durch die höhere. Zweitens werden die ersten Prozesse stets als vorweltliches, innergöttliches Geschehen dargestellt, als »Äon der Vergangenheit«, die folgenden dagegen als Erschaffung und Entwicklung der Welt und Menschheitsgeschichte, als »Äon der Gegenwart«. In allen Phasen verfügt das Absolute über genügend bindende Kraft, die gegeneinander kämpfenden Urgewalten in sich zusammenzuhalten, welche zwar stets vereint, sich aber niemals einig sind. Im Einzelnen bietet sich ein äußerst vielschichtiges Bild.

Philosophie der Freiheit

Den Ausgangspunkt der *Freiheitsschrift* bildet das menschliche Gefühl der Freiheit, das zwar unbestreitbar, die selbst aber womöglich eine Illusion darstellt, wenn man bedenkt, dass die Weltordnung ein geschlossenes System ist, in dem eines aus dem anderen folgt und alles sich gegenseitig bedingt. Mit einem solchen System ist die menschliche Freiheit unvereinbar. Darin lässt sie sich nicht unterbringen, es sei denn, sie hat Anteil an jener Macht, die das ganze System aus freien Stücken hervorbringt, trägt und erhält. Das ist Gott. Hiernach lässt sich die Freiheit nur dadurch retten, dass der Mensch nicht außer Gott, sondern in Gott existiert, also sein tätiges Leben zum göttlichen Dasein gehört.

Erst durch dieses In-Gott-Sein ist nach Schelling der Mensch der Freiheit fähig. Diese definiert er als Fähigkeit zum Guten und Bösen, das es seines Erachtens übergenug in der Welt gibt. Aber wie die Freiheit angeblich nicht zu einem geschlossenen System so passt das Böse nicht zu einem vollkommenen Gott. Denn Gott ist doch das Gute, also kann das Böse nicht in Gott und dieser nicht hierfür verantwortlich sein. Da nun aber der Mensch dem Göttlichen innewohnen muss, wenn er als frei gelten soll, und das Böse unübersehbar existiert, muss es in Gott, dessen Güte ja dem Bösen widerspricht, trotzdem etwas geben, wodurch das Böse zumindest möglich wird.

Im Gegensatz zu zahlreichen früheren Philosophen ist für Schelling das Böse nicht mehr bloß ein Mangel an Gutem, sondern eine echte Realität, deren Auftreten ganz allein dem Menschen zur Last gelegt wird. Im Kern ergibt sich nach Schelling das Böse aus der Umkehrung einer ursprünglichen Rangordnung, wenn sich nämlich die Selbstliebe über das Sittengesetz, der Partikularwille über den Universalwillen, die Begierde über die Vernunft, der Körper über den Geist, der Egoismus über die Liebe, die Finsternis über das Licht erhebt. Das Böse entsteht also, wenn das, was eigentlich herrschen soll, zum Beherrschten wird, und umgekehrt das, was regiert, gebändigt und gezähmt werden soll, sich zum Herrscher erklärt. So gesehen sind nicht der triebhafte Eigenwille und die dunkle Materie an sich böse. Zum Bösen werden sie erst dann, wenn der Mensch die dunklen Seiten seines Lebens, anstatt sie bloß dessen Grundlage sein zu lassen, vielmehr zum herrschenden Regenten erhöht.

Wenn die menschliche Freiheit also nur als Teil der göttlichen Freiheit gerettet werden kann und der Mensch seine Freiheit zum Bösem zu missbrauchen vermag, das auf der Verkehrung einer Hierarchie beruht, die außer einem hellen maßvollen Licht ein dunkel triebhaftes Begehren voraussetzt, dann muss Gott selbst auch aus zweierlei Kräften bestehen: nämlich aus blindem Willen und liebevollem Licht, regellosem Chaos und maßvoller Ordnung, irrationaler Materie und rationalem Geist.

Nun gehört der Mensch aber nicht bloß zum unsichtbaren göttlichen Leben, sondern auch in den sichtbaren Naturzusammenhang hinein. Als hoch entwickeltes Lebewesen existiert er zugleich unter weniger entwickelten Organismen, mit denen er innerlich und äußerlich verwandt ist. Folglich muss auch die gesamte Biosphäre dem Göttlichen immanent sein. Tatsächlich stoßen wir überall in der Natur auf jene beiden Kräfte, die für den Menschen kennzeichnend sind und für Gott charakteristisch sein sollen. Denn unterhalb aller klaren Formen, Regeln und Ordnungen der Natur gärt ein dunkles regelloses Chaos, das in dem Augenblick durchbrechen würde, zu dem die besänftigenden, maßgebenden Kräfte nachließen.

Sind aber alles Anorganische und Organische, also die gesamte Natur dem Göttlichen immanent, so darf das Ganze auch Pantheismus heißen. Allerdings darf hier Gott nicht einfach mit allen Dingen gleichgesetzt werden, selbst wenn das gesamte Weltgeschehen ein innergöttliches Ereignis darstellt. Im engeren Sinne steht Gott für jene Kräfte, die den Naturprozess auslösen, hervorbringen und tragen. Gott enthält gewissermaßen die Stoffe und Mittel, die er zur Erschaffung der Welt braucht, immer schon in sich. Die Idee der Schöpfung aus dem Nichts bleibt obsolet. In der Frage, ob Gott in die Welt gehen musste, um seiner selbst bewusst zu werden, oder ob er vor Erschaffung der Welt bereits Selbstbewusstsein besaß, bleibt Schelling in der *Freiheitsschrift* unsicher, schwankend. Es gibt hier Spuren beider Sichtweisen.

Den antagonistischen Urkräften gibt Schelling in der *Freiheitsschrift* seltsame Bezeichnungen: Die dunkle wilde Triebschicht nennt er »Natur in Gott«, »Sein«, »Reales« »Egoismus« und »Eigenwille« »Wille des Grundes«, »Grund von Existenz«, wobei Grund hier soviel wie Grundlage, Basis, Fundament, nicht aber Ursache oder Urheber bedeutet. Die helle verständige Macht wird hingegen »Seiendes«, »Ideales«, »Universalwille«, »Wille der Liebe« »Existierendes« genannt. Am Anfang von allem gibt es nur den sogenannten »Ungrund« (VII, 406), wie Schelling an Jakob Böhme anknüpfend schreibt: die »absolute Indifferenz«, in der die beiden Urkräfte noch ungetrennt, ja ohne jede Bestimmtheit schlummern. Dann geschieht mit einem Male deren allmähliche Entstehung mit ihrer anschließenden Erweckung und Trennung. Das offene Helle steigt aus dem verschlossenen Dunkel, das sich langsam regt, allmählich empor, dieses mit aller Wucht von sich wegstoßend. Jedoch erhebt sich die helle Liebe in diesem von diffusen Sehnsüchten geprägten Prozess nicht nur stufenweise über die finstre Triebschicht, sie wird sich währenddessen auch schrittweise ihrer selbst bewusst; der anfangs schlafende, bewusstlose Geist Gottes verwandelt sich also nach und nach in volles Selbstbewusstsein. In der Sprache der Psychoanalyse, deren Ursprünge, wie betont, hier liegen: Das »Ich« kämpft sich schrittweise aus dem »Es« heraus.

Nach der Trennung beider Urgewalten geht der über seiner dunklen Natur schwebende Geist Gottes dazu über, jene mit seiner Liebe zu durchdringen. Nichts zwingt den Herrn hierzu, und doch geschieht es zwanglos zwangsläufig, weil Gott gar nicht anders kann und möchte, als seine Liebe mitzuteilen. Mit der Überwindung des göttlichen Egoismus durch die göttliche Liebe beginnt die Schöpfung. Der ganze Prozess der Welterschaffung ist nichts weiter als Bändigung und Vergeistigung der innergöttlichen dunklen Ichsucht durch die zu sich selbst gekommene göttliche Liebe. Bei alledem werden die Triebschichten in Gott auch mit der Materie gleichgesetzt, die ebenfalls zum bewusstlosen Teil Gottes gehört. Die dunkle Materie zu vergeistigen und den blinden Willen zu zügeln bedeutet, die gesamte Welt von der untersten bis zur höchsten Stufe hervorzubringen, bis zuletzt das Ebenbild Gottes, der freie Mensch zur Bewusstheit erwacht.

Aber mögen in diesem innergöttlichen Kampf zwischen geistiger Liebe und blinder Ichsucht noch so edle Dinge entstehen, die dunkle Materie, aus der sie aufsteigen, werden sie niemals los. Sie lebt in allem weiter; sie bleibt die dunkle Unterlage von allem, die, momentan bezwungen, jederzeit wieder hervortreten kann, um die mühsam errichtete Ordnung zu zerstören. Keine Lebensform kann sich von diesem dunklen Grund jemals gänzlich befreien, so sehr ist alles in ihm verwurzelt.

Im Bild gesprochen: Alle Lebewesen verhalten sich zur göttlichen Liebe »wie die Blume zur Sonne« (VII, 458), wobei gilt: »Wie die Blume zwar nur durch Wirkung der Sonne sich aus der finsteren Erde erhebt und sich selbst in Licht verklärt, dabei aber doch immer ein ihr von seiner Wurzel nach Unabhängiges bleibt« (VII, 458), existieren die sichtbaren Naturdinge zwar nur durch die göttliche Liebe, bleiben aber stets an die dunkle, triebhafte Materie gebunden.

Solange der Mensch seine ureigenen Anlagen und Möglichkeiten entfaltet und seinem inneren Wesen folgt, deckt sich sein freies Wollen mit einer höheren, göttlichen Notwendigkeit. Diese lässt seine Freiheit nicht in zufälligen Veranlassungen oder einem determinierten Kausalzusammenhang verschwinden, sondern bildet lediglich die Rückseite der Freiheit. Aber statt sich aus freiem Antrieb mit Gott zu verbinden, missbraucht der Mensch seine Freiheit zum Bösen und verdirbt auf diese Weise die gesamte Schöpfung. Anders als Kant genügen Schelling moralische Vernunft und wirtschaftlicher Wohlstand nicht zur Überwindung des Bösen. Der Sieg hierüber erfordert die Menschwerdung Gottes und Auferstehung Christi. Am Ende wird alles gut.

Philosophie der Weltalter

Die in der *Freiheitsschrift* und den *Stuttgarter Privatvorlesungen* dargelegten Ideen entwickelt Schelling in den *Weltaltern* weiter. Darin zeichnet er zwar ein schwerer zu verstehendes Bild vom inneren Leben Gottes als in den genannten Abhandlungen, jedoch stimmt es mit diesem in den Grundzügen überein.

(1) Aufs Neue mit dem Urzustand beginnend, umschreibt Schelling den vorweltlichen Anfang des göttlichen Lebens wieder als »absolute Indifferenz« – einen Zustand, in dem es noch keinerlei Bestimmungen gibt. Gott ist also nicht von Anbeginn fertig, sondern entwickelt sich erst allmählich vor Erschaffung der Welt zur Person. Am Anfang herrscht selige Stille, die totale Unbestimmtheit, eine ruhige Gelassenheit ohne jede Regung. Gott gleicht in diesem bewusstlosen Zustand vor aller Bewegung einem Willen, der noch nichts will. Er ist also »Ungrund«, Dieser hat weder eine Ursache noch ist er Urheber von etwas. Allerdings ruhen im »Ungrund« seit Ewigkeit zwei gegensätzliche Lebensmächte, die zunächst ungetrennt beisammen sind, bis auf einmal eine tiefe Sehnsucht die beiden Urkräfte ergreift. Bei den zwei Kräften handelt es sich zum einen um eine dunkle, wilde, verstand- und regellose Macht, ein chaotisch triebhaftes, egoistisches Wollen, zum anderen um eine helle, verständige, maßvolle Macht, ein rationales, liebevolles Wollen.

Verwirrenderweise werden in den *Stuttgarter Privatvorlesungen* und den *Weltalter-Fragmenten* diese in Gott aufbrechenden Urgewalten ohne weitere Erklärung genau umgekehrt beschrieben als in der *Freiheitsschrift*. In dieser gilt der dunkle Wille als nach außen drängende, sich im Maßlosen verlierende, expansive Kraft; in den *Stuttgarter Privatvorlesungen* und den *Weltaltern* dagegen als verschlossene, alles in sich hineinziehende, kontraktive Macht. Entsprechend wird in der *Freiheitsschrift* die helle Macht der Liebe als hemmende, bändigende Kraft dargestellt, in allen anderen Werken aus dieser Zeit hingegen als sich verströmende, zerfließende Macht. Außerdem nennt Schelling in den *Stuttgarter Privatvorlesungen* den dunklen göttlichen Willen auch Gottes »Egoismus« (VII, 435) und »Sein« (VII, 435), seine schenkende, quellende Liebe dagegen »Seiendes« (VII, 436).

Sofort nachdem beide Kräfte in Gott aufgebrochen sind, geraten sie auch schon aneinander. In feindlichem Kampf versuchen sie sich gegenseitig zu unterwerfen. Die erbitterte Auseinandersetzung endet mit dem Sieg des Hellen über das Dunkle.

Schelling war davon überzeugt, dass das göttliche Wesen, welches »nicht von allem Schmerz losgesprochen« (WA I, 40) werden könne, an seinem eigenen Unfrieden furchtbar leide. Ähnlich wie Schopenhauer in seinem 1818/19 veröffentlichten Hauptwerk *Die Welt als Wille und Vorstellung* schrieb er: »Schmerz ist etwas Allgemeines und Notwendiges in allem Leben« (WA I, 40), und fügte dem hinzu: »Leiden ist allgemein, nicht nur in Ansehung des Menschen, auch in Ansehung des Schöpfers der Weg zur Herrlichkeit.« (WA I, 40) Aber »dem Menschen hilft der Mensch, hilft selbst Gott; dem Urwesen [jedoch] in seiner schrecklichen Einsamkeit kann nichts helfen; es muss diesen chaotischen Zustand allein und für sich durchkämpfen« (WA I, 43).

Einziger Trost für Gott sei, dass der Kampf nicht in alle Ewigkeit dauern könne. »Denn ewige Zerrüttung, ewiges Chaos, ewige Qual und Angst ist unmöglich.« (WA I, 54) So bringt der werdende Geist, die lichtvolle Liebe, den dunklen, blinden Willen schließlich doch noch zur »Aufgebung der Verschlossenheit« (WA I, 57). Jetzt erst merkt dieser, »welch' eine strenge, harte und blinde Natur sie sei gegen die Sanftmut, den Verstand und das Licht jenes höheren Wesens, und verliert immer mehr den Mut, ihm zu widerstehen, kann aber als die ewige Kraft und Stärke doch nicht aufhören, zusammenziehend zu sein« (WA I, 57). Das soll er auch gar nicht, da die Liebe gänzlich »zerfließen [würde] ohne eine zusammenhaltende Kraft, die ihr Bestand gibt« (WA I, 19). So kommt der innergöttliche Streit keinen Augenblick zur Ruhe, steht niemals still, nicht einmal, als sich alle Kräfte in vollkommenem Gleichmaß die Waage halten und die göttliche Liebe ein »selbstbewusstes, sich erkennendes Wesen« (WA I, 61) geworden ist. Jedoch sind die Gefechte nun »nicht mehr wie die tobenden Stürme des Winters, sondern wie die Wehen des kommenden Frühlings, wenn ein schmerzlich süßer Hauch durch die ganze Natur zittert und alle Wesen von innerer Wonne wie aufgelöst scheinen« (WA I, 57).

Während des unerbittlichen Streits beider Kräfte kommt Gott immer mehr zu sich. Gott steigt aus dieser Zwietracht seiner Urkräfte als selbstbewusster Geist empor. Er wird sich im Laufe des innergöttlichen Geschehens immer mehr seiner selbst bewusst. Zugleich steigen bei seiner schrittweisen Selbstbewusstwerdung zahlreiche Bilder vor seinem zunehmend wachen Bewusstsein auf und nieder. Weit davon entfernt stark und wesenhaft zu sein, bleiben diese Visionen Gottes jedoch flüchtig. Sie sind fast nichts, werden aber die Vorbilder einer möglichen Schöpfung des noch nicht völlig seiner selbst bewusst gewordenen Gottes werden. Dieser sieht in ihnen die künftige Welt als das Werk seines bewussten Wollens voraus. So geht aus dem Kampf beider Urkräfte sowohl Gott als selbstbewusster Geist denn auch als Herr einer möglichen Schöpfung hervor, deren Entstehung allerdings von seiner Entscheidung abhängen wird.

Nun steht für Schelling fest, dass Gott als selbstbewusster Herr zwar frei ist zu bestimmen, ob eine Welt sein wird. Es liegt aber nicht in Gottes Macht festzulegen, welche Welt sein wird. Denn für Gott ist nur die Welt möglich, die ihm in seinen flüchtigen Träumen erschien. Wie nur ein Gott so ist auch nur eine Welt möglich, und das ist die zum menschlichen Geist hin sich entwickelnde Natur, also jene geschichtliche Stufenfolge, die bereits in der *Naturphilosophie* skizziert wurde.

(2) Warum aber erschuf Gott als freier Herr die Welt? Zur Bewusstwerdung seiner selbst bedurfte es der Schöpfung nicht. Gott kam nicht erst durch die Welt zu sich selbst. Der Prozess, in dem Gott sich zur Person entwickelte, war ja schon vor Entstehung des sichtbaren Kosmos abgeschlossen. In der Frage, was ihn zur Erschaffung des Universums bewog, hilft wieder ein Vergleich weiter. Als freier Herr einer möglichen Welt verfügt Gott über schöpferische Kräfte. Wie ein Künstler besitzt er kreative Talente, die es zur Tat drängt. In diesem Sinne kommt auch Gott nicht eher zur Ruhe, bis sein Ausdruckswille sichtbar Gestalt angenommen hat. Gott hat Lust, sich zu offenbaren und seine Anlagen ins Werk zu setzen, damit die Fülle seiner Herrlichkeit manifest wird. So entfaltet Gott Zug um Zug aus sich die reale Welt, indem er seine flüchtigen Bilder einer möglichen Schöpfung nachgerade verwirklicht.

An dieser Stelle stoßen wir auf den spannendsten Punkt der Spätphilosophie Schellings, dem bereits in der *Freiheitsschrift* ein hoher Stellenwert zukommt: Wie bereits erwähnt, lehnt Schelling alle traditionellen Schöpfungslehren ab, denen zufolge Gott die Welt aus dem Nichts erschuf (»creatio ex nihilo«). Wie die antiken Griechen hält Schelling an dem Grundsatz fest, dass nichts aus nichts entstehen könne (»ex nihilo nihil fit«). Folglich muss Gott die Schöpfung aus sich selbst nehmen (»creatio ex Deo«). Andernfalls würde eine rational unvertretbare Begründungslücke im System klaffen. Alles welthafte Sein kommt mithin aus Gott, in dem es zuvor bereits implizit existiert hat. Demnach bedeutet Schöpfung soviel wie Entfaltung oder Auswicklung von »etwas«, das bereits in Gott eingefaltet und eingewickelt seit Ewigkeit besteht, aber nicht er selbst als freier Herr oder bewusster Geist ist: Dieses »etwas« sind die beiden Urkräfte, aus deren Zwietracht sich der selbstbewusste Geist Gottes allmählich entwickelte. Im Akt der Schöpfung gibt der daraus hervorgegangene freie Herr die feindlichen Urkräfte, die ihm gleichermaßen vorausgehen wie zugrunde liegen, gleichsam an die Welt. Er setzt die beiden Kräfte, die er in sich birgt, gewissermaßen nach draußen. Denn ist Gott erst einmal bewusster Geist geworden, kann er auch ohne seine Grundkräfte freier Herr sein. Sein Selbst schwebt gleichsam darüber.

Der Moment der Freigabe der gegensätzlichen Urkräfte in Gott an die Welt ist der zeitliche Anfang der Schöpfung: gewissermaßen der Urknall. In dem Augenblick also, zu dem der freie Herr die beiden Urkräfte nach außen gibt, beginnt die Naturgeschichte. Dieser Anbruch der Weltzeit mit der Schöpfung der Gestirne gründet auf dem freien Willen des Herrn, den es zwar zur Erschaffung der Welt drängt, die aber nicht mit logischer Notwendigkeit aus ihm hervorgeht. Schelling betont Gottes Freiheit in der Setzung der Welt, hält jedoch bezüglich ihres Soseins, wie bereits dargelegt, an der Notwendigkeit fest: Wenn es eine Welt gibt, dann wird sie sich notwendigerweise als dynamische Stufenfolge der Natur entwickeln, doch dass es eine Welt geben wird, ist nicht notwendig, sondern hängt allein von Gottes freiem Willen ab. Die Welt ist also ihrem allgemeinen Wesen, dem »Was« nach notwendig, ihrer Existenz, dem »Dass« nach zufällig oder kontingent: Es müsste sie nicht geben, weil Gott sie nicht erschaffen musste.

Nun kämpfen zum zweiten Mal die dunklen, chaotischen, triebhaften Kräfte und die hellen, maßvollen und verständigen Kräfte, der abgründig egoistische Wille und die lichtvolle Liebe gegeneinander. Und wie ersterer die maßvollen Mächte der Liebe zu unterdrücken sucht, ist diese darauf aus, jene dunklen Kräfte zu mäßigen und zu bändigen. Diesem Prozess entspricht die Naturgeschichte, in der sich sukzessive das Höhere aus dem Niederen entwickelt. So geht aus dem Kampf zunächst die weite Welt des Anorganischen, dann der ganze Reichtum von Flora und Fauna und schließlich der Mensch hervor. Aus dem lebendigen Widerstreit der beiden Urkräfte entsteht stufenweise die gesamte Natur, in der sich nach und nach die helle Liebe über das dunkle Chaos erhebt. Beide Kräfte sind in allen Daseinsformen mit unterschiedlicher Ausprägung gegenwärtig. Darum betont Schelling, dass man in der Natur zwar überall Ordnung und Form erkenne, dass aber unterhalb jeder rationalen Ordnung etwas irrational Regelloses pulsiere, das jederzeit durchbrechen könne. Überhaupt habe zu Beginn der Schöpfung das Dunkle sogleich das Helle in sich eingeschlossen, das sich erst allmählich daraus befreite, um anschließend in umgekehrter Richtung das Wilde, Unvernünftige, Eruptive zu zähmen. Alles in allem gehe der Ordnung das Chaos, dem Licht die Finsternis, dem Verstand, der in Wahrheit geregelter Wahnsinn sei, eine abgründige Irrationalität voraus. Darum lauere auch auf dem Grunde jeder Ordnung, die nichts als gebändigte Unordnung ist, stets eine maßlos vitale, gefährliche Kraft auf ihre Gelegenheit zum Sprung.

Die Schöpfung, die nicht nur von Gott, sondern auch aus Gott kommt, ist eine Manifestation seines Daseins. Sie ist eine Selbstoffenbarung des Absoluten, eine fortschreitende Demonstration seiner verborgenen Fülle. Wie sich ein Künstler in seinen Werken so stellt sich Gott dem aufmerksamen Leser, der die Buchstaben seiner Chiffreschrift zu entziffern vermag, in seiner sichtbaren Schöpfung dar. In diesem Sinne spiegelt die Welt als das Andere Gottes, das triebhaft dunkle Chaos eingeschlossen, seine Macht und Herrlichkeit.

Doch damit die Schöpfung ein wirklicher Spiegel Gottes werden konnte, musste ihr eine gewisse Selbstständigkeit verliehen werden. Nur als unabhängige Realität vermag sie angemessener Repräsentant des Absoluten zu sein. Allein unter dieser Voraussetzung ist es richtig zu sagen, Gott offenbart sich in dem, was ihm ähnlich ist. Darum schenkte das Absolute seinem welthaften Gegenbild in aufsteigender Stufenfolge jene Selbstständigkeit und Freiheit, die für ihn selbst charakteristisch ist: ganz schwach dem Anorganischen, am stärksten dem Menschen, der Gott am meisten gleicht und ganz traditionell als »Hauptzweck« (VII, 435) und »Krone der Schöpfung« (VII, 453) bezeichnet wird.

(3) Nun herrschen auch in der Freiheitsgeschichte der Menschheit die gleichen Urkräfte, die in der Natur walten. In der Menschenwelt wird deren Kampf als Streit zwischen Gut und Böse ausgetragen. Der Mensch verfügt über die Freiheit zu beidem, wie Schelling in der *Freiheitsschrift* herausarbeitet. Die gefährliche Möglichkeit zum Bösen gehört von vornherein zur menschlichen Freiheit als Ebenbild göttlicher Freiheit. Dabei setzt Schelling das Böse aber nicht einfach mit dem sinnenfroh Triebhaften oder sinnlich Materiellen gleich, wie es in der Kulturgeschichte häufig der Fall war. Platon und Kant ähnlich sieht Schelling das Böse in einer Verkehrung der ursprünglichen Hierarchie von Niederem und Höherem. Solange Lust und Begierde, der dunkle Wille vom hellen Verstand gemäßigt würden, sei alles in Ordnung. Erst wenn der dunkle Wille, von rasender Selbstsucht getrieben, sich auch den lichtvollen Verstand unterwerfe, entstehe das Böse. Vom gemäßigten Geist gebändigt, könne der dunkle Wille oder die finstere Urkraft sogar Großes schaffen. Von Maß und Ordnung besänftigt, spende doch auch Feuer angenehmes Licht und wohltuende Wärme; aber außer Kontrolle geraten und zur totalen Herrschaft entfesselt, würden die Flammen zur dämonischen Macht.

Leider nutzte der Mensch seine göttliche Freiheit nicht zum Guten. Er wählte die Herrschaft des Niederen über das Höhere. So kam es zum Sündenfall, der nicht nur ihn selbst, sondern die gesamte Schöpfung in einen Abgrund stürzte. Die Erhebung des dunklen Willens, dem eigentlich eine dienende Rolle zukommt, zur herrschenden Macht hatte sogar kosmische Auswirkungen. Wäre der Mensch seiner göttlichen Bestimmung gefolgt, so wäre mit ihm die ganze Welt zu Gott erhoben worden. Indem er aber die göttliche Ordnung verdrehte, zerriss er das zum Schöpfer gespannte Band der Schöpfung. Die gesamte Natur ist durch den Menschen in Unordnung geraten, für die jetzt weniger schöne Harmonie als vielmehr angstvolle Unruhe, regelloses Chaos, die Macht des Zufalls prägend seien. So kamen mit dem Sündenfall des Menschen nicht nur Krankheit und Tod in die Welt, sondern auch das Abstoßende, Furchtbare und Hässliche, alle Arten von Dissonanzen und Katastrophen.

Eine gewisse Betrübtheit und Niedergeschlagenheit liegen über der gesamten Wirklichkeit schon aufgrund des dunklen Willens, an den alle Dinge gebunden bleiben, mögen sie sich auch noch so hoch entwickelt haben, aber erst recht infolge des menschlichen Sündenfalls, der alles Welthafte zerrüttete und vergänglich werden ließ. Es haftet der Natur eine stille Wehmut und tiefe Traurigkeit an. Alle Geschöpfe, deren Band zu Gott die Menschen durch ihre Entscheidung für das Böse zerschnitten haben, sehnen sich nach Erlösung. Hierzu hat Gott seinen Sohn Jesus Christus in die Welt geschickt, um durch dessen Auferstehung die verdorbene Natur und Geschichte wieder mit sich zu verbinden und zu versöhnen.

Am Ende aller Zeiten wird alles, was ist, wieder dorthin zurückkehren, woher es einst kam. Wie die Schöpfung nicht aus dem Nichts gezogen wurde, so wird sie auch nicht ins Nichts versinken. Zuletzt wird Gott wieder Alles in Allem sein.

Das Wesen der Zeit

In der Identitätsphilosophie wurde Gott mit dem Universum gleichgesetzt und nicht als dessen Urheber gesehen. Dort hieß es, Gott könne weder innerhalb noch außerhalb seiner selbst handeln und eigentlich gar nichts bewirken, da er bereits alles sei. Gott war eine starre, unbewegliche, nichts bewegende Einheit, in der sich alle Unterschiede verwischten, das reale, naturhafte All und die ideale, geistige Welt eins waren. Die ganze blühende, lebendige Natur hatte sich in schattenhaften Schein aufgelöst.

Je mehr aber Schelling die Existenz des Vergänglichen und Zeitlichen bezweifelte, umso stärker wurde er überhaupt erst darauf aufmerksam. Deshalb konnte er irgendwann der Beschäftigung mit dem Endlichen und damit der Frage nach dessen Herkunft nicht länger ausweichen. Schellings neue Antwort war eine von Böhme und Baader beeinflusste Schöpfungsphilosophie, in welcher die Zeit eine große Rolle spielt. Während in der Identitätsphilosophie alles Zeitliche und Vergängliche hinter den ewigen Ideen und im göttlichen Absoluten verschwand, heißt es jetzt in den *Weltaltern:* »Alles ist nur Werk der Zeit und nur durch die Zeit erhält jedes Ding seine Eigentümlichkeit und Bedeutung« (WA I, 12); aber wie »vielgestaltig ist das Ansehen der Zeit!« (WA I, 13)

Zuerst drängt sich die Frage auf, »ob die Welt von unendlicher Zeit her, oder ob sie seit einer bestimmten Zeit existiert« (XI, 230). Alles verweist nach Schelling auf eine »unglaublich hohe Vergangenheit« (WA I, 12), »die Arbeit von Jahrtausenden« (WA I, 12). Hierbei muss der »Erde selbst und einer Menge ihrer Bildungen [...] ein unbestimmbar höheres Alter zugeschrieben werden als dem Geschlecht der Pflanzen und der Tiere, diesen wieder ein höheres als dem Geschlecht des Menschen« (WA I, 12). Damit ist jedoch noch nicht die Frage beantwortet: »Hat das

Universum einen Anfang oder keinen?« (VII, 431) Den identitätsphilosophischen Standpunkt von der kosmischen Ewigkeit endgültig aufgebend, betont Schelling nun unmissverständlich: »Es hat einen Anfang [...], aber nicht einen Anfang in der Zeit. Alle Zeit ist in ihm, außer ihm keine.« (VII, 431)

Anbruch der Zeit und Anfang der Naturgeschichte bedeuten jetzt das Gleiche. Sie kennzeichnen den Augenblick, in dem der liebende Geist Gottes seine beiden gegensätzlichen Urkräfte nach außen gibt. Der diesem Ereignis vorausgegangene Prozess der allmählichen Bewusstwerdung Gottes gehört zur sogenannten »vorweltlichen Zeit« (WA I, 10), die gleichsam »über der Zeit« (WA I, 75) steht und aus diesem Grund von Schelling auch Ewigkeit genannt wird. Sie beinhaltet die Weltzeit der Möglichkeit nach, weshalb die vorweltliche Zeit auch als »Anfang des Anfangs« (WA I, 75) gilt, der »noch nicht der wirkliche Anfang [ist] wie [...] das Samenkorn zwar die Möglichkeit des Anfangs der Pflanze, aber noch keineswegs der Anfang selber« (WA I, 75) ist. Der wirkliche Anfang der Welt, mit welchem der »Äon der Gegenwart« beginnt und durch welchen das vorweltliche Zeitalter in der Vergangenheit versinkt, kann nur vom liebenden Geist in »absoluter Freiheit« (WA I, 75) gemacht werden.

Schelling ist in den *Weltaltern* der Meinung, dass der Kosmos nichts in der Zeit Geschaffenes ist, obgleich viele uns vertraute Redewendungen den Eindruck vermitteln, dass die Zeit etwas darstellt, worin alle Natur- und Geschichtsprozesse ablaufen. Die substantivische Form des Zeitbegriffs erweckt sogar den Anschein, als handele es sich bei der Zeit um eine selbstständige Existenz. Dem widerspricht Schelling in der festen Überzeugung, dass die Dinge nicht in der Zeit sind, sondern umgekehrt die Zeit in den Dingen. Nichts »hat eine äußere Zeit, sondern jedes nur eine innere, eigene, ihm eingeborene und innewohnende Zeit« (WA I, 78). Die äußere Zeit, in der sich angeblich alle Dinge befinden, ist bloßes Produkt von »Vergleichung, Messung« (VII, 431), das von der menschlichen Fähigkeit abhängt, zwei oder mehrere verschiedene Ereignisabfolgen miteinander zu verbinden, das, was früher oder später, vorher und nachher geschieht, zusammen ins Auge zu fassen. »Hierdurch erst [...] entsteht jenes Scheinbild einer abstrakten Zeit, von welcher wohl zu sagen ist, sie sei eine bloße Weise unseres Vorstellens« (WA I, 79).

Die so verstandene Zeit ist ein an das menschliche Bewusstsein gebundenes Bezugs- und Stellensystem, eine vor aller Erfahrung gegebene Anschauungs- und Erlebnisform, wie Kant bemerkte, der die Zeit als Ordnungsstruktur des menschlichen Bewusstseins definierte und damit gerade nicht als Merkmal der Natur an sich. Schelling stimmt mit Kants Vorstellung der äußeren Zeit als Form sinnlicher Anschauung zwar weitgehend überein, bestreitet aber, dass damit das eigentliche Wesen der Zeit erfasst sei, die nicht mit dem zusammenfalle, was Uhren durch die Symbolik des Zifferblattes kundtäten. Kant habe die den Dingen inhärierende Eigenzeit völlig übersehen und dadurch verkannt, dass Zeit mehr sei als bloße Form eines geordneten Nacheinanders.

In jedem Augenblick des Werdens entstehe sie in allen Geschöpfen »aufs Neue und unmittelbar aus der Ewigkeit« (WA I, 79) des göttlichen Geistes, der sie aber nicht als strömende Jetztfolge erschaffe. Mit dieser Feststellung nimmt Schelling eine später von Bergson und Heidegger geäußerte Kritik an der Interpretation der Zeit als Aufeinanderfolge bloßer Jetztpunkte vorweg.[84] Die ständig neu hervorgebrachte Zeit sei ein organisches Gebilde aus Vergangenheit, Gegenwart und Zukunft, meint Schelling, eine dreiteilige Einheit, in der die drei Abschnitte »dynamisch auseinandergehalten, aber eben damit zugleich verbunden« (WA I, 74) werden. Dabei versteht er unter Gegenwart den Bruchteil einer Sekunde ebenso wie ein ganzes Weltalter, das sich aus einer »alle Zahl übertreffenden Unendlichkeit« (WA I, 82) gegenwärtiger Augenblicke zusammensetze, die alle wiederum an vergangene und zukünftige angrenzten. Hierbei gilt: Jeder Gegenwartsmoment war selbst einmal wie alles Künftige noch nicht und ist, sobald er gegenwärtig geworden ist, sogleich auch wieder vergangen. Allerdings bleibt alles Gewesene im Gegenwärtigen enthalten, ragt in dieses stillschweigend hinein, da alles immer zugleich auch das ist, was es einmal war, selbst wenn es dieses heute nicht mehr sein sollte. So bewahrt die Gegenwart ihre Herkunft, die sie einmal regiert und von der sie das andere Mal regiert wird.

Rückblickend bleibt festzuhalten: Für Schelling ist die Zeit im Großen wie im Kleinen organisch aufgebaut, wohlgegliedert in Vergangenheit, Gegenwart und Zukunft. Sie entsteht aus und durch Gott, sobald er seine beiden gegensätzlichen Urkräfte nach außen freisetzt, aus deren Zusammen- und Gegenspiel dann nach und nach die gesamte Welt hervorgeht.

Wahnsinn, Böses, Schwermut

Die Natur ist nur ein Teil der Schöpfung, »die Staffel, die Unterlage der geistigen Welt« (VII, 454), auch »Geisterwelt« (WA I, 62) genannt, welche sich über den physischen Kosmos erhebt, wie es schon in Schellings Frühphilosophie hieß. Allerdings veränderte er 1810 in den *Stuttgarter Privatvorlesungen* die Bedeutung des Ausdrucks geistige Welt, worunter er bis dahin die sittliche Sphäre der Menschen, Staat und Geschichte verstand. Daraus war nun ein außerweltliches Reich der Engel geworden, das Jenseits, in dem nach alter Lehre die Toten weiterleben und ewigen Frieden finden. Seit Carolines Tod glaubte er an die »Unsterblichkeit des ganzen Menschen« (IX, 43), daran also, dass der Tod kein »Entschlafen« (IX, 63), sondern ein »Erwachen« (IX, 63) sei. Der Tod habe nicht das letzte Wort, sondern besitze tiefere Bedeutung; er sei mehr als das Ende aller Mühen und Sorgen. Fortan galt für ihn die biblische Zusage der Treue Gottes über den Tod hinaus, eine Hoffnung, die er vernunftphilosophisch zu begründen suchte. Es war ihm eine unerträgliche Vorstellung, dass wir Menschen einfach kommen und gehen, und wenn wir gegangen sind, nicht mehr wiederkehren. Deshalb gab er dem Ausdruck geistige Welt, bisher im Sinne von Menschenwelt ausgelegt, nun eine religiös-metaphysische Bedeutung, in der Hoffnung auf ein Wiedersehen mit Caroline im Himmelreich.

Recht besehen, so Schelling, verbringen wir Erdenbürger schon im Leben unsere Zeit in beiden Welten, an keine von beiden endgültig gebunden. Ihm zufolge kann jeder von uns selbst entscheiden, ob er lieber im dunklen Reich der Natur leben möchte als in der hellen Sphäre des Geistes. Viele seien im Laufe ihres Erdendaseins »ganz in den Schlamm gesunken« (IX, 38), andere dagegen hätten sich so hoch verstiegen, dass sie keinen Boden mehr unter sich fühlten, was beweise: »Im Menschen ist die ganze Macht des finstern Prinzips und in eben demselben zugleich die ganze Kraft des Lichts. In ihm ist der tiefste Abgrund und der höchste Himmel.« (VII, 363) Anders formuliert: Mit seinen Füßen wandelt der Mensch auf der Erde, mit seinem Haupt ragt er in das Reich des Lichtes. Gott ähnlich besteht er aus Natur und Geist, dem Niedrigsten und Höchsten; deshalb wird er von diesem sogar »höher geachtet als die Engel« (VII, 484), denen die dunkle Natur fehlt, die »in unsere Mischung mit eingegangen ist« (IX, 108).

Wie fast alle Denker der abendländischen Geistesgeschichte beschreibt Schelling den Menschen als ein »Ganzes aus [...] Leib und Geist und Seele« (IX, 45), manchmal aber auch als eine Einheit von Körper und Geist, den er in drei Teile gliedert: in Gemüt, Geist im engeren Sinne und Seele. Das Gemüt ist für Schelling die dunkelste Kraft des Geistes, »Sehnsucht [...], Begierde, Lust« (VII, 466) und Gefühl, »das Herrlichste, was ein Mensch im Gemüt haben« (VII, 466) kann. Dagegen äußere sich der sich darüber erhebende Geist im engeren Sinne als bewusste Begierde, Eigenwille, aber auch als Verstand. Das »eigentlich Göttliche im Menschen« (VII, 468) sei jedoch die Seele, worunter Schelling nichts Individuelles, Persönliches versteht, sondern etwas Allgemeines wie »die Güte selbst« (VII, 469). Ihre Tätigkeit erstrecke sich über den ganzen Geist, da sie die Aufgabe habe, nicht nur sich selbst, sondern auch Verstand, Willen und Begierde mit vernünftiger Einsicht zu lenken, alles in eine bestimmte Ordnung und zu völligem Einklang zu bringen und dadurch die geistige Gesundheit des Menschen zu erhalten und zu stärken.

Ähnliches kann man bereits bei Platon lesen, dem zufolge sich die menschliche Seele in einen begehrenden, einen mutigen und einen vernunftartigen Teil gliedert, der gleichfalls über die beiden anderen herrschen soll, damit der menschliche Geist im Ganzen gesund bleibe.[85]

Geisteskrankheiten entstehen nach Platon und Schelling, wenn sich die niederen Kräfte über die höheren erheben, das also, was beherrscht werden soll, sich zum Herrscher macht – »Gemütskrankheit, besonders wenn die Sehnsucht über das Gefühl steigt« (VII, 469); »Blödsinn« (VII, 469), sobald der Eigenwille nicht mehr vom Verstand gesteuert wird, und »das Schrecklichste, nämlich der Wahnsinn« (VII, 469), in dem Falle, dass die Seele ihre Macht über den Verstand verliert. Nach Schelling schlummert in der Tiefe eines jeden Menschen »Wahnsinn« (VII, 470), was sich nicht unbedingt nachteilig auswirken muss; im Gegenteil, jene, die keinen Wahnsinn in sich hätten, seien nur »von leerem, unfruchtbarem Verstand« (VII, 470). Denn »wirklicher, lebendiger, aktiver Verstand ist [...] eigentlich nichts als geregelter Wahnsinn« (VII, 470), der als solcher erst dann hervortritt, wenn die Seele ihren Einfluss auf den Verstand verliert, die niederen Kräfte im Menschen ihren Anweisungen nicht mehr gehorchen und sich ihnen sogar widersetzen.

Um nicht von Geisteskrankheit befallen zu werden, ist es deshalb notwendig, »daß gleichsam eine stetige Leitung von der Seele aus bis ins Tiefste des Gemüts stattfindet« (VII, 470), wie schon Platon und Aristoteles betonten. Nur so lässt sich verhindern, dass die tieferen Kräfte Macht über die höheren erlangen.

Auf ähnliche Weise wie die Geisteskrankheit entsteht nach Schelling auch das Böse, welches eine Wirklichkeit sui generis bilde. Eine solche Auslegung des Bösen versteht sich nicht von selbst, wenn man bedenkt, dass seit Plotin in der abendländischen Tradition die Übel zumeist als Mangel an Sein oder Gutem – »privatio boni« – entschärft wurden. Schelling selbst war in der Identitätsphilosophie noch einen Schritt weitergegangen, indem er die Übel gänzlich entwirklichte. Seit Leibniz unterscheidet man im allgemeinen drei Arten von Übeln: die Endlichkeit und Unvollkommenheit der Welt, »malum metaphysicum«, die Gebrechlichkeit und Verwundbarkeit des Menschen, »malum physicum«, und das Böse, die Sünde als Freiheitsmissbrauch, »malum morale«. Diese Übel verharmloste Schelling in der Identitätsphilosophie nicht nur als Mangel an Wirklichsein, er bestritt deren Existenz überhaupt; das heißt, er bagatellisierte sie nicht, sondern eliminierte sie sogar. In dieser Frage folgte Schelling Spinoza, welcher die Übel als absolutes Nichtsein negierte und nicht nur als Beraubung von Sein marginalisierte.

Umso erstaunlicher ist es, dass Schelling in der *Freiheitsschrift* den Übeln volle Wirklichkeit zuerkannte und jede Form ihrer Verharmlosung und Entschärfung zurückwies.[86] So wandte er sich nicht nur gegen die Verflüchtigung der Wirklichkeit als Seinsmangel oder Nichtsein, sondern auch gegen ihre philosophische Instrumentalisierung. In der Neuzeit hat man die Übel oftmals als echte Realitäten anerkannt, aber zugleich als notwendige Mittel zum Zweck funktionalisiert und dadurch positiviert. Beispielsweise interpretierte Leibniz die Übel als Bedingung der besten aller möglichen Welten. Nach seiner Einschätzung kann Gott kein von allen Übeln befreites Universum hervorbringen, sondern muss darin bestimmte Übel zulassen, wenn er die größtmögliche Vollkommenheit der Schöpfung erreichen möchte. Ähnlich rechtfertigte Hegel die Übel als notwendiges Moment des auf ein höchstes Ziel hinstrebenden Weltprozesses und als Triebkraft des geschichtlichen Fortschritts, und Nietzsche sah sie als Stimulans des Lebens. Solche Beschönigungen sucht man beim späten Schelling vergebens, der sie unverstellt als schwer zu akzeptierende Fakten in den Blick nahm.

Dabei setzte er sie nicht mit dem Materiellen, Sinnlichen, Körperlichen gleich, wie bereits vermerkt. Im Gegenteil interpretiert er den menschlichen Körper als »eine Blume, woraus der eine Honig, der andere Gift sauge« (VII, 468), und betonte in diesem Zusammenhang, dass der Mensch sowohl über die Freiheit zum Guten als auch zum Bösen verfüge. Sokrates und Leibniz sahen im Bösen des Menschen einen Mangel an Einsicht und führten das »malum« auf die Beschränktheit seines Verstandes zurück, da niemand eigentlich absichtlich Böses tue, das somit seine Ursache nur im Versagen – »causa deficiens« – habe. Schelling hingegen deutete das Böse als tätige Macht – »causa efficiens« –, als Handeln aus bewusster Bosheit, das deshalb dem Einzelnen voll zugerechnet werden müsse.

Ähnlich verstand auch Kant das Böse, das er mit einem übersteigerten Interesse des Menschen an sich selbst gleichsetzte. Es lasse sich weder auf einen geschwächten Verstand noch auf einen ohnmächtigen Willen zurückführen, sondern allein auf einen sich den moralischen Pflichten, dem Sittengesetz, bewusst verweigernden Willen. Bereits die Bereitschaft, das sinnliche Leben über das moralische zu setzen, ist seiner Ansicht nach als böse zu bewerten. Fichte wiederum folgert das Böse aus einer uns Menschen angeborenen Trägheit, die uns davon abhält, uns zum Sittengesetz hin zu erheben.

Wie nach Platon und Kant entsteht nach Schelling das Böse, wenn der vernünftige Teil der Seele von dem begehrenden unterworfen wird, wenn sich die Selbstliebe über das Sittengesetz, der Einzelwille über den Allgemeinwillen, der Körper über den Geist, die Finsternis über das Licht erhebt. Solange Begierde und Lust den Verstand und die Seele über sich hätten, seien sie ordnungsgemäß dienende Kräfte. Erst wenn sie die ursprüngliche Rangordnung umdrehten, sich gegen Verstand und Seele auflehnten, das geistige Licht unterdrückten, um darüber herrschen zu können, würden sie schlechte Mächte, die sich nicht mehr in das System einfügten. Von rasender Selbstsucht getrieben, strebten sie nach totaler Herrschaft über das Ganze des Menschen und die Welt, die sie aber nie ganz in ihre Gewalt bekämen.[87]

Bei Platon und Kant ist das Böse bloß eine moralphilosophische Kategorie, bei Schelling dagegen wird es in einen Gesamtentwurf der Wirklichkeit eingebettet. Er entwickelt in seinem Spätwerk eine Philosophie des Sündenfalls, mit dem er sich bereits 1804 in *Philosophie und Religion* auseinandergesetzt hatte. Jetzt führt er die marode Verfassung der Welt auf eine dem Menschen zurechenbare Handlung zurück, auf Selbstsucht und Ungehorsam gegen Gott. Diese Moralisierung der Übel, die Deutung des schlechten Zustands der Welt als Folge menschlicher Sünde, ist christlicher Herkunft; Augustinus hat sie philosophisch am wirkungsvollsten ausgearbeitet und Gott von den Übeln der Welt entlastet.

Schelling steht in dieser Tradition, wenn er den schlechten Zustand der Schöpfung auf ein Versagen des Menschen zurückführt. Dessen ursprünglicher Auftrag sei gewesen, die Natur mit der

Geisterwelt zu verbinden, was er mit den Worten beschreibt: Es war »göttliche Bestimmung [...], daß die Natur sich zuerst bis zum Menschen erhebe, um eben in ihm den Vereinigungspunkt beider Welten zu finden, und daß hernach durch den Menschen ein unmittelbarer Übergang« (IX, 31) von der Natur zur Geisterwelt angelegt werde. Wäre der Mensch seiner Bestimmung gefolgt und dieser göttlichen Aufforderung nachgekommen, so wäre »die ganze Natur [...] mit ihm zum Himmel oder zum unvergänglichen Leben erhoben« (IX, 32) worden, wie Gott es eigentlich vorgesehen hatte. Doch der Mensch, der mit seinen Begierden und Leidenschaften in die Naturwelt gehört und mit seinem Haupt in die Geisterwelt ragt, nutzte die geschenkte Freiheit, Vernunft und Geist seiner Triebnatur unterzuordnen. Statt nach dem Himmel griff er nach der Erde und hemmte dadurch nicht nur die eigene Entwicklung, sondern auch die der gesamten Welt. Denn als er die bestehende Ordnung verdrehte, zerriss das bis in die Geisterwelt gespannte Band der Natur; über ihm zerbrach »die Kette des Seins«. Daraufhin verlor der Mensch und mit ihm die Natur jeden Bezug zur Geisterwelt; metaphysisch haltlos geworden, fielen beide auf sich selbst zurück. Das ganze Naturgebäude, das »voll und mächtig hervorgetreten war, bereit sich in eine höhere Welt zu erheben und ihren Verklärungspunkt zu erreichen« (IX, 32), war in sich zusammengebrochen. Die Erdenbürger hatten die harmonische Ordnung des Ganzen durch ihr böses Handeln zerstört, und so blieb Gottes Plan unverwirklicht, »daß durch den Menschen, das höchste Geschöpf der Naturwelt, die Natur eine Verbindung mit der Geisterwelt erhalte« (VII, 479). Der Abstand zwischen Mensch und Natur auf der einen Seite, Gott und der Geisterwelt auf der anderen Seite war immens geworden, ja, beide Reiche hatten sich nun völlig voneinander getrennt.

Von christlich-metaphysischen Ideen beeinflusst, weist Schelling immer wieder darauf hin, dass die Unordnung in der Natur weder aus ihr selbst noch von Gott stammt, sondern ganz allein auf den Menschen zurückgeht, dessen Sündenfall für den gesamten Kosmos katastrophal war. Es ist die Rede von »zerstörenden Wirkungen, die die durch den Menschen plötzlich eingetretene Hemmung der Evolution auf die ganze Natur haben mußte« (IX, 32). Weit von der früheren Weltvorstellung vom göttlichen Harmoniezusammenhang entfernt, beobachtete Schelling auf einmal in der Welt überall angstvolle Unruhe, regelloses Chaos, die Macht des Zufalls. Auch die Berge, über deren ästhetische Qualität in der neuzeitlichen Philosophie viel und heftig gestritten wurde[88], werden jetzt nicht mehr als schöne und erhabene Gestalten empfunden, sondern vielmehr als abstoßende, zerklüftete Gesteinsmassen und hässliche Ruinen.

»Kündigt nicht alles ein gesunkenes Leben an? Sind diese Berge so gewachsen, wie sie da stehen? Ist der Boden der uns trägt, durch Erhebung entstanden oder durch Zurücksinkung? Und noch dazu hat hier nicht eine feste, stete Ordnung gewaltet, sondern nach einmal gehemmter Gesetzmäßigkeit der Entwicklung brach auch der Zufall herein. Oder wer wird glauben, daß die Fluten, die so offenbar überall gewirkt, diese Täler durchrissen und so viele Seegeschöpfe in unsern Bergen zurückgelassen haben, das alles nach einem innerlichen Gesetz bewirkt, wer annehmen, daß eine göttliche Hand schwerere Felsenmassen auf schlüpfrigen Ton gelagert, damit sie in der Folge herabgleiten und friedliche Täler, besäet mit menschlichen Wohnungen, in schrecklichem Ruin, fröhliche Wanderer mitten auf dem Wege begraben.« (IX, 33)

Das alles waren Auswirkungen des menschlichen Sündenfalls, durch den die Natur in Unordnung geriet und daran gehindert wurde, sich zum Himmel zu erheben. Der Mensch hatte die gesamte Schöpfung verdorben.

»Darum sind die Augen aller Geschöpfe auf ihn gerichtet [...]. Alles scheint ihn mit stummem Seufzen anzuklagen, oder stürzt sich auf ihn als den allgemeinen Feind. [...] Mit Recht stürzen seine Wohnungen über ihn ein, wenn die Erde, von der Kraft des eingeschlossenen Feuers bewegt, erzittert; mit Recht verwüstet ausbrechender Feuerstrom mit wildem Zahn die mühseligen Arbeiten seines Fleißes.« (IX, 35) Und nach allem, was er der Natur angetan hat, kann niemand es ihr verdenken, wenn sie »fühllos an den Szenen des Jammers und der Verzweiflung vorübergeht« (IX, 35).

Wie oben bereits angedeutet, ist sie selbst voller Trauer und Schwermut, weil sie aufgrund des Sündenfalls von Gott und der Geisterwelt getrennt ist, aber auch, weil ihre Werke stets an den dunklen Untergrund gebunden bleiben, so hoch sie auch entwickelt sein mögen. Bereits in der *Freiheitsschrift* ist von einer »allem endlichen Leben anklebenden Traurigkeit« (VII, 399) die Rede, einem »Schleier der Schwermut, der über die ganze Natur ausgebreitet ist, der tiefen unzerstörlichen Melancholie alles Lebens« (VII, 399). Damit übereinstimmend heißt es in den *Erlanger Vorlesungen* von 1820/21 und in den *Weltaltern*:. »Schwermut ist über die ganze Natur gegossen.« (EV, 22) Gleichfalls kann man in den *Gesprächen über den Zusammenhang der Natur mit der Geisterwelt* lesen: »Welche stille Wehmut liegt in mancher Blume, im Tau des Morgens, im Verbleichen der Farben am Abend.« (IX, 29) Ähnliches steht auch in den *Stuttgarter Privatvorlesungen*. »Das Tiefste der Natur ist Schwermut« (VII, 466). In diesen Vorträgen wird Schwermut auf verblüffend einfache Weise als innere Schwerkraft des Gemüts verbildlicht, die eines mit der äußeren, physikalischen gemeinsam habe: Auch sie »zieht herab« (VII, 466). Konkreter gesprochen, ist es der dunkle Grund der Materie, der alle nach oben strebenden Wesen immer wieder nach unten zieht.

Dieser »Zug des Schmerzes, der auf dem Antlitz der ganzen Natur« (X, 266) liegt, entspringt nach Schelling nicht zuletzt auch deren Endlichkeit, welche die uralte Frage hervorruft:

»Woher die allgemeine Vergänglichkeit in der Natur?« (VII, 454) »Woher diese allgemeine, nie aufhörende Gewalt des Todes?« (IX, 30) Konnte man in der Identitätsphilosophie noch lesen: »Es gibt keinen Tod, nichts vergeht an sich« (IX, 30), ändert sich Schellings Auffassung nach Carolines Tod fundamental. Tod und Vergänglichkeit gelten jetzt als unbezweifelbare Realitäten, die erst der menschliche Sündenfall in die Welt brachte.

Alles Endliche jedoch sehnt sich danach, »von der Vergänglichkeit erlöst zu werden« (IX, 30), was nur möglich ist, wenn das zerschnittene Band zwischen Natur- und Geisterwelt, Himmel und Erde noch einmal geknüpft wird. Dazu ist jetzt nur Gott selbst in der Lage, der seinen Sohn in die Welt schickte, um beide Reiche zu versöhnen und endgültig miteinander zu verbinden.

Mit neuplatonischen, gnostischen und christlichen Vorstellungen übereinstimmend, sieht Schelling nun die Welt als »Fremde« (IX, 71) und die himmlische Geisterwelt als »wahre Heimat« (IX, 71), »wahres Vaterland« (IX, 6), nach dem wir alle großes »Heimweh« (IX, 80) empfänden, obgleich wir »zum Teil schon hier die Seligkeit jenes anderen Lebens« (IX, 61) erfahren könnten.

Aber, wie schon angedeutet, schließt sich erst im »Äon der Zukunft« der Kreis mit der endgültigen Überwindung des Bösen und aller Übel dieser Welt. Allerdings äußerte sich Schelling über diesen Punkt kaum, und das mit Recht, denn über die nachweltliche Zukunft, so es denn eine solche wirklich gibt, lässt sich nichts mit Bestimmtheit sagen. Schelling betonte selbst: »Das Vergangene wird gewußt, das Gegenwärtige wird erkannt, das Zukünftige wird [lediglich] geahndet.« (WA I, 4) Trotz allem war für ihn gewiss, dass Gott, »Anfang und Ziel der Bewegung« (WA I, 68), am Ende das Böse besiegen, die Vergänglichkeit überwinden, den Menschen »verklären und das ganze Universum zu Einem großen Werk der Liebe [...] verschmelzen« (VII, 474) wird. Dann wird die Natur auf vollkommene Weise mit der Geisterwelt verbunden sein, so wie Gott es ursprünglich wollte. Dass alles ganz anders kommen könnte, daran dachte er nicht.

Im Rückblick wird deutlich: Schelling versuchte in den *Weltaltern* alles das noch einmal zu retten, was für viele von uns mittlerweile seine ursprüngliche Kraft verloren hat: die Idee eines persönlichen Gottes, der die Welt in Freiheit hervorbringt wie auch von Tod und Vergänglichkeit erlöst, sowie die Vorstellung des Menschen als eines freien, unsterblichen Wesens.

Göttlicher Wille und Wille zur Macht

Im 18. und 19. Jahrhundert begannen zahlreiche Dichter und Denker ihren Lebensweg als Revolutionäre, setzten ihn als Naturschwärmer fort und beendeten ihn oft mit einem Bekenntnis zur christlichen Religion. Unter Verwendung der politischen Farbensymbolik gesprochen, waren sie zuerst »rot« eingestellt, dann »grün« und zuletzt »schwarz«. Zuletzt lautete ihr Wahlspruch dann nicht mehr »Zurück zur Antike!« oder »Zurück zur Natur!«, sondern »Zurück zu Gott!«

Wie viele Romantiker sehnte der späte Schelling längst vergangene Zeiten zurück; doch zugleich war er seiner Zeit voraus, stand er doch genau an der Grenze, hinter der das Vertrauen in Gott erlosch und der gewaltige Schritt zur Anerkennung eines gottlosen Weltalls vollzogen wurde. Schelling bezog gewissermaßen Position zwischen zwei gegensätzlichen Tendenzen; er ging einen mittleren Weg zwischen traditionellem Theismus und modernem Atheismus. Das wird besonders deutlich in seiner Willensmetaphysik, die weder das eine noch das andere ist, die keine christliche Lehre darstellt, aber auch nicht deren genaues Gegenteil.

Die christlich geprägte Philosophie des Mittelalters und des neuzeitlichen Rationalismus war hauptsächlich Metaphysik des Geistes, in welcher die zweckmäßig eingerichtete Welt als das vergängliche Werk eines außerweltlichen, freien Schöpfers interpretiert wurde. In diesen Philosophien spielte der Willensbegriff oftmals eine untergeordnete, wenn auch nicht ganz unwesentliche Rolle.

Allgemein unterscheidet man in der christlich geprägten Metaphysik zwischen göttlichem Verstand – »intellectus divinus« – und göttlichem Willen – »voluntas divina«. Ersterer gilt als Ursprungs- und Aufenthaltsort alles diesseitig Möglichen, ist man doch der Überzeugung, Gott erkenne alle möglichen Welten in und mit seinem Verstand seit Ewigkeit. Ob aber eine der als möglich erkannten Welten wirklich wird, kann der göttliche Verstand nicht entscheiden. Das fällt in die Zuständigkeit des göttlichen Willens, der dazu noch über die Macht verfügt, die getroffene Entscheidung zu verwirklichen und die zur Existenz bestimmte Welt ins Leben zu rufen. Dabei wird in der Regel der göttliche Wille als vernünftige, geistige Kraft vorgestellt, welche mit voller Absicht die Schöpfung aus dem Nichts als zweckmäßig geordnetes Ganzes hervorgebracht hat.

Der späte Schelling spricht gleichfalls vom göttlichen Willen; in der *Freiheitsschrift* heißt es sogar: »Es gibt in der letzten und höchsten Instanz gar kein anderes Sein als Wollen. Wollen ist Ursein.« (VII, 350) Im Einzelnen unterscheidet Schelling »zwei Willen« (WA I, 29) in Gott, einen dunklen, triebhaften, blinden und einen »freien Willen« (WA I, 99). Er glaubt wie die alten Metaphysiker, dass das Absolute die Welt in Freiheit erschaffen hat, verwirft aber die Idee der Schöpfung aus dem Nichts – »creatio ex nihilo«. Beeinflusst von den Theosophen Böhme und Baader, betont er vielmehr, dass die Welt aus Gott selbst – »creatio ex Deo« – hervorgegangen sei, denn dieser berge das Material, dem die Welt entwuchs, seit Ewigkeit in sich; genau genommen ist dieser Stoff Gottes eigene dunkle Natur. Wie es heißt, fing die Welt in dem Augenblick zu existieren an, als Gott seine beiden Grundkräfte aus sich heraus ließ.

Aus dem Dargelegten wird deutlich, dass der christlich-metaphysische Gott mächtiger ist als Schellings Schöpfer, der nicht die Macht besitzt, die sichtbare Welt aus dem Nichts hervorzubringen. Davon abgesehen stellt Schelling – der traditionellen Metaphysik gleich – die Schöpfung als übersichtlichen Vernunftzusammenhang dar, jedoch mit einem blinden Willen als Grund- und Unterlage, welcher der abendländischen Philosophie bis dahin unbekannt war.

Diese Idee hat zu Schellings Lebzeiten Schopenhauer aufgegriffen, später hat Nietzsche sie weiterentwickelt. Beide erheben einzelne Gesichtspunkte von Schellings Willensphilosophie zu einer umfassenden Lebens- und Weltanschauung; sie verabsolutieren den dunklen, triebhaften Willen in der Natur und lassen den hellen, geistigen, liebenden gänzlich fallen. Die Welt sei nichts weiter als geistloser, dranghafter, unersättlicher, daher immer unbefriedigter und deshalb auch stets leidender Wille, so Schopenhauer. Dieser rastlose Wille, der nur einer sei, bilde den Kern aller Dinge und das innerste Wesen des Ganzen, außer dem es sonst nichts gebe. Ähnlich ist für Nietzsche, der im Gegensatz zum Pessimisten Schopenhauer die Welt optimistisch bejahte, das Ganze von innen gesehen bloßer Wille zur Macht. Dieser bestehe aber nicht, wie Schopenhauer meinte, nur aus einem Willen, sondern aus unendlich vielen, welche eben nicht nur Willen, sondern Willen-zur-Macht-Kräfte darstellten, die auf Machterhaltung und -Steigerung aus seien.

Mit unterschiedlichen Akzentuierungen lösen Schopenhauer und Nietzsche das göttliche Naturprinzip Schellings, den dunklen Willen in Gott, von seinem lichtvollen Gegenüber ab und heben es dadurch aus dem Rahmen der idealistischen Metaphysik heraus. In einseitiger Zuspitzung stellen sie jene dunkle Willensmacht als Wirklichkeit an sich dar, die, so betrachtet, keinen sinnhaften Aufbau mehr besitzt, jeglicher Ordnung und Ziele entbehrt, also absolut zwecklos existiert. Zudem hat für sie der menschliche Geist die Selbstständigkeit verloren, welche ihm die idealistische Vernunftphilosophie zuerkannte; jetzt gilt er nur noch als ohnmächtiges Produkt vernunftloser Willenskräfte, und als solches ist er eine abhängige Leibfunktion in jeder Beziehung.

Schellings Metaphysik des Willens steht in der Mitte zwischen dieser Position und der Tradition: Einerseits leistet er einer atheistischen Weitsicht durch die Idee einer dunklen Natur in Gott Vorschub, andererseits bekämpft er eine solche wieder mit der Vorstellung von einem das Ganze vernünftig ordnenden göttlichen Geist. So liegt Schellings Standpunkt zwischen der alten theistischen Metaphysik des Geistes und der neuen atheistischen Metaphysik des Willens. Jene kannte nur einen geistigen, vernünftigen Willen in Gott, diese ausschließlich einen dunklen, dranghaften Willen ohne Gott, Schelling dagegen beides. Allerdings bewertete er den vernünftigen, liebenden Willen höher als den vernunftlosen, selbstsüchtigen, im guten Glauben, dass sich dieser durch jenen hemmen und besänftigen lässt.

Schopenhauer und Nietzsche interpretieren, wie gesagt, die Welt einseitig als blinden Willen, drängendes Leben, triebhafte Begierde. Diese Idee wurde in der Philosophie des ausgehenden 19. und 20. Jahrhunderts auf ganz unterschiedliche Weise fortgeführt – sei es in Eduard von Hartmanns Theorie des Unbewussten, der Lebensphilosophie Bergsons, Diltheys oder Simmels, in Freuds Psychoanalyse oder den Werken Klages' und Jüngers. Sie alle bestreiten die Selbstständigkeit des menschlichen Geistes, den sie statt auf einen dunklen Willen eher auf das schöpferische Wirken des Lebens zurückführen, welches selbst wieder Leben produziert und in den geistigen Gebilden sogar noch mehr als Leben, wie Simmel betont. In diesen geistigen Gebilden behauptet sich der Geist gegen das Leben, wächst über dieses hinaus und erweist sich dadurch als dessen Widersacher, so Klages. Trotzdem ist nach Ansicht der Lebensphilosophen der Geist keine eigenständige Kraft, sondern wie die Vernunft, ja die gesamte Welt Ergebnis vernunftloser Lebensprozesse. Diese Abläufe stellen sie im Gegensatz zu Schopenhauer, der das schöpferische Leben mit Leiden gleichsetzte, als Sinnwert und damit als bejahenswert dar. Offenbar sollten die Menschen mit Hilfe dieser Aufwertung des unergründlichen Lebensstromes vor dem Abgrund des Nihilismus geschützt werden, in den sie Ende des 19. Jahrhunderts – nach dem Untergang der traditionellen Metaphysik und der idealistischen Vernunftphilosophie – zu fallen drohten.[89]

7. Rätselhafte Existenz und Ohnmacht der Vernunft

1827 wird Schelling in den Vorstand der Akademie der Wissenschaften gewählt und auf einen philosophischen Lehrstuhl an der neugegründeten Universität München berufen. Dies bedeutet das Ende eines fast zwanzigjährigen Rückzugs aus der Öffentlichkeit. In seinen ersten Vorlesungen an der von Landshut nach München verlegten Universität, gehalten im Winter 1827/28, stellt Schelling das *System der Weltalter*, mit dem er sich seit mehr als fünfzehn Jahren abplagte, das einzige Mal einer größeren Zuhörerschaft vor; er entwickelte darin sein neues Programm. In München bleibt Schelling bis zu seiner Berufung an die Universität Berlin im Jahre 1841, wo er seine Laufbahn als Hochschullehrer 1846 beendet. Allerdings hält er noch bis 1852 Vorträge vor der Preußischen Akademie der Wissenschaften.

Zwischen 1820 und 1823 gab Schelling, zu jener Zeit Honorarprofessor in Erlangen, seinen Hörern eine *Einführung in die Philosophie* und las des Weiteren über *Philosophie der Mythologie* und *Geschichte der neueren Philosophie.* Alle drei Vorlesungsreihen hat er in München mehrmals umgearbeitet und verschiedentlich vorgetragen. Die erste Fassung der *Geschichte der neueren Philosophie*, in der Schelling nicht nur eine Übersicht über die neuzeitliche Entwicklung des Denkens von Descartes bis Hegel, sondern auch einen Einblick in das eigene Schaffen gibt, stammt aus dem Jahre 1822, die letzte von 1833/34.

Zur Ausarbeitung des neuen Systems kommt es aber erst in der *Einführung in die Philosophie* und der *Philosophie der Mythologie,* zwei Semestervorlesungen, die aufeinander aufbauen. Sie stellen seit 1827 seine eigentliche Philosophie dar, die er im Winter 1831/32 um einen dritten Teil erweitert: die *Philosophie der Offenbarung.* Diese Dreiteilung behält er in den nachfolgenden Vorlesungszyklen bei, in Berlin kehrt er nur die Reihenfolge um und beginnt mit der *Philosophie der Offenbarung,* welche für ihn mittlerweile die höchste Wissenschaft geworden ist.

Die *Philosophie der Mythologie* und die *Philosophie der Offenbarung* bilden die alles beherrschenden Themen der letzten und längsten Schaffensphase, in der aufs Neue zwei sich ergänzende Systeme entwickelt werden: die negative und positive Philosophie.

Absolutismus der Vernunft

Mit der Unterscheidung zwischen negativer und positiver Philosophie macht Schelling auf einen weiteren Mangel der Identitätsphilosophie sowie auf Schwachstellen des Fichteschen und des Hegelschen Systems aufmerksam. In diesem sei nur von denknotwendigen Ableitungen, logischen Bestimmungen die Rede, niemals aber von der dunklen Seite der Natur oder von wirklicher Existenz als dem Rätsel der Schöpfung überhaupt. Eine Theorie, die beides nicht aufnehme, weil sie sich mit der Darstellung von Denkverhältnissen begnüge, sei negative Philosophie zu nennen im Gegensatz zur sogenannten positiven, die auf das Existenzproblem näher eingehe. Dennoch hielt Schelling die Ausarbeitung einer rein negativen Philosophie nicht für überflüssig, sondern sogar für notwendig, wenn man nur nicht den Fehler begehe, sie für die ganze Philosophie zu halten, wie beispielsweise Fichte dies getan habe.

Schellings Auseinandersetzungen mit Fichte beziehen sich auch im Alter auf dessen frühe Wissenschaftslehren, denen er immer wieder seine Naturphilosophie an die Seite stellte, ohne erstere gänzlich zu verwerfen. Mit der Spätphilosophie Fichtes, den Wissenschaftslehren von 1800 bis 1813, befasste sich Schelling kaum; bezeichnenderweise endet 1802 der Briefwechsel zwischen beiden. Doch wäre es ein Irrtum zu glauben, dass Schelling die späten Wissenschaftslehren gar nicht kannte.

Wie dargelegt, betrachtete der frühe Fichte die Welt als Produkt eines unbewusst schaffenden Ich, an dem jeder von uns in seinem Inneren teilhabe. In abgewandelter Form tritt dieser absolute Idealismus auch in den späten Wissenschaftslehren auf. Nur ist jetzt statt vom absoluten Ich und von unbewusster Produktion von absolutem Verstand und unbewusstem Hinschauen die Rede; diese seien die eigentlichen Weltschöpfer, meint Fichte nun. So vertritt er in der Frage nach der Herkunft der Welt weiter den in den frühen Wissenschaftslehren entwickelten Standpunkt. Demgegenüber besteht das wirklich Neue der späten Wissenschaftslehren in der Ableitung des absoluten Verstandes aus einem allem vorgeordneten göttlichen Absoluten. Für den späten Fichte existieren zwei Absolute, so dass sich im Ganzen ein dreigliedriges System ergibt. Dieses setzt sich zusammen aus dem einen göttlichen Absoluten, dann dem göttlichen Verstand und schließlich der daraus hervorgehenden Welt. Dabei behauptet der späte Fichte wie Schelling in der Identitätsphilosophie, dass das eine göttliche Absolute die einzige Realität sei, die es gibt, und dass der absolute Verstand und die von ihm produzierte Welt nur dessen Erscheinungen darstellten, welche kein wirkliches Sein besäßen. Als Produkt des allgemeinen Verstandes und damit als Werk der Erscheinung des Göttlichen sei die Welt nur »Erscheinung der Erscheinung«[90] Gottes, Abbild vom Bild des Absoluten.[91]

In seinen eher spärlichen Kommentaren zur späten *Wissenschaftslehre* äußert sich Schelling fast nie über diese beiden Absolute, sondern wie zuvor nur über die idealistische Entwirklichung der Welt. Die »ganze so genannte erscheinende Natur – die Erde und der Himmel, sonst die Veste der Macht Gottes genannt -« (WA I, 52) sei für Fichte »nur noch [...] ein leeres Schematisieren [...], nur Nichts des Nichts, ein Schatten von Schatten« (WA. I, 52). Auf Pindar anspielend, der den sterblichen Menschen mit einem »Schatten im Traum«[92] verglich, sah Schelling in den von Fichte beschriebenen endlichen Dingen weiter nichts als »Träume von Schatten« (WA I, 52).

Vertrat er in der Identitätsphilosophie noch eine durchaus ähnliche Auffassung, tritt in der letzten Schaffensphase immer mehr die rätselhafte Existenz der Natur in den Mittelpunkt. In den *Weltaltern* waren bereits ihre dunklen Seiten offenbar geworden. Jetzt aber drängte sich Schelling die uralte Frage auf, woher die Welt eigentlich kommt, warum und zu welchem Zweck sie überhaupt existiert – eine Frage, auf die er weder bei Fichte noch bei Hegel eine überzeugende Antwort fand.

Verbunden durch jahrelange Freundschaft während ihrer Zeit im Tübinger Stift, kannten sich Hegel und Schelling seit ihrer Jugend. Nach der Tübinger Zeit trafen sie sich aber erst wieder in Jena, wo sie gemeinsam 1802/03 das *Kritische Journal* herausbrachten. Von Anfang an verehrten sie Kant und Fichte, deren subjektiven Idealismus jedoch beide schon bald ablehnten. Nach 1803 trennten sich ihre Wege.

Schelling, dessen zahlreiche Schriften ihm bereits in jungen Jahren großen Ruhm einbrachten, war in der damaligen philosophischen Fachwelt lange vor Hegel bekannt und anerkannt. Interessanterweise setzten Hegels Erfolge genau in dem Augenblick ein, als Schelling im Begriff war, die Bühne der philosophischen Öffentlichkeit zu verlassen. Ausgerechnet in den schwersten Jahren von Schellings Leben zwischen 1814 und 1820 stieg Hegel als neuer Stern der Philosophie auf. In jener Zeit mühte sich Schelling, mehr und mehr ins akademische Abseits geraten, mit der Abfassung seiner *Weltalter* ab. Dagegen veröffentlichte Hegel 1812/13 die ersten Teile seiner großen *Logik*, deren dritter und wichtigster Abschnitt 1816 folgte. Im selben Jahr wurde er nach Heidelberg berufen und schon 1818 nach Berlin; 1817 erschien seine *Enzyklopädie der philosophischen Wissenschaften im Grundriß*, die in überarbeiteter Fassung 1827 und 1830 neu aufgelegt wurde.

Schelling, nun in Hegels Schatten stehend, musste dessen Aufstieg als persönliche Kränkung empfinden, obwohl Hegel in Heidelberg anfangs nur vier und später ungefähr zwanzig Hörer hatte; Schelling aber hatte nicht einmal einen. Erfolglos bemühte er sich zwischen 1816 und 1818 um eine Professur in Jena, Tübingen und Berlin, die zu allem Überfluss dann auch noch Hegel bekam. Jedoch darf man nicht übersehen, dass sich Schellings Leben keineswegs im gesellschaftlichen Abseits abspielte und Hegel erst in seinem Todesjahr 1831 die philosophische Szene Deutschlands wirklich beherrschte. Zu diesem Zeitpunkt war Schelling längst wieder ordentlicher Professor, der auch in München hohes Ansehen genoss. Dennoch muss es für ihn eine Genugtuung gewesen sein, als er knapp zehn Jahre nach Hegels Tod, 1840, vom neuen preußischen König Friedrich Wilhelm IV. als Nachfolger Hegels und Überwinder seiner Philosophie nach Berlin berufen wurde. Dass mehr als vierhundert Menschen aus allen Ständen und Nationen, unter ihnen Kierkegaard, Bakunin, Engels und Jacob Burckhardt, zu seinen ersten Vorlesungen kamen, beweist, welch große Erwartungen man in ihn setzte. Wenige Wochen zuvor schrieb Bakunin an seine Familie: »Ihr könnt Euch nicht vorstellen, mit welcher Ungeduld ich die Vorlesungen Schellings erwarte.»[93] Dieser erfüllte zunächst die in ihn gesetzten Hoffnungen, wie ein Brief Kierkegaards an seinen Bruder belegt: »Ich bin so froh, daß ich Schellings zweite Stunde gehört habe, unbeschreiblich.«[94]

Aber schon bald sollte sich das Blatt wenden: »Schelling hat fast alle seine Zuhörer unbefriedigt gelassen«[95], schrieb Engels 1842. Im darauffolgenden Jahr wurde Schelling sogar auf heimtückische Weise mitgespielt. Der Heidelberger Theologe Heinrich Eberhard Gottlob Paulus ließ seine Berliner Vorlesungen vom Winter 1841/42 mitschreiben, um sie dann nicht nur ungefragt, sondern außerdem mit kritischen Kommentaren versehen zu veröffentlichen. Schelling strengte daraufhin einen Prozess gegen Paulus an, den er zu allem Ärger auch noch verlor.[96]

Wieder zeigt sich, wie sehr Schellings Leben von Erfolg und Niederlage, Hoffnung und Verzweiflung gezeichnet war. Mit seinem ehemaligen Studienfreund Hegel, dessen Philosophie zu stürzen er nach Berlin kam, überwarf er sich bereits 1807, als dieser in der im selben Jahr erschienenen *Phänomenologie des Geistes* Schellings Identitätssystem ins Lächerliche zog. Bald verband beide nur noch gegenseitige Missachtung, wobei Schelling erst in den *Vorlesungen über die Geschichte der neueren Philosophie* öffentlich gegen Hegels große *Logik* und die *Enzyklopädie der philosophischen Wissenschaften* Stellung bezog.

Hegel stellt in den genannten Werken sein Gesamtsystem dar, das sich in drei Hauptteile gliedert, überschrieben mit Logik, Natur- und Geistphilosophie. In der Wissenschaft der Logik, die mit formaler Logik nichts zu tun hat, sondern einer spekulativen Theologie gleicht, befasst er sich mit der vorweltlichen Selbsterschaffung des göttlichen Absoluten, die er auch »Idee« nennt. Diese wird in der *Logik* als Entwicklungsprozess beschrieben, in dem sich der Zusammenhang der göttlichen Bestimmungen schrittweise entfaltet. Erst am Ende der *Logik* ist die göttliche »Idee« voll verwirklicht und das Absolute seiner selbst bewusst.

Allerdings bleibt es an dieser Stelle nicht stehen, sondern entlässt anschließend die Natur aus sich. Darin stimmen Hegels Ausführungen mit der traditionellen Schöpfungslehre überein; ein wesentlicher Unterschied ist allerdings, dass sich bei Hegel die göttliche »Idee« selbst in die sich immer höher entwickelnde Natur verwandelt. Den Stufengang vom Anorganischen bis zur Tier- und Pflanzenwelt zeichnet er in einer Naturphilosophie nach, die man vielleicht zu Unrecht immer wieder die Schwachstelle seines Systems genannt hat[97]; Hegel las in Berlin immerhin sechs Mal Naturphilosophie. Jedoch ist schwer zu widerlegen, dass er die Natur zur bloßen Vorbedingung der Menschengeschichte herabwürdigt; überhaupt bestimmt er sie nur vom seiner selbst bewussten Geist her als Mangel an Innerlichkeit und somit als reine Äußerlichkeit.

In der *Enzyklopädie der philosophischen Wissenschaften,* die als erste Schrift Einblick in den Bau seines gesamten Systems gewährte, bildet die Natur den zweiten, vorletzten Teil des gesamten Gedankengebäudes. Der letzte trägt die Überschrift »Philosophie des Geistes«, in welcher sich das göttliche Absolute wieder über die äußere Natur erhebt. Wie die beiden ersten Systemteile besteht auch der dritte aus einer Stufenfolge, die Hegel in subjektiven, objektiven und absoluten Geist gliedert. Die hier nicht näher darzustellende Lehre vom subjektiven Geist befasst sich mit dem einzelnen Menschen, die Theorie vom objektiven Geist mit der Menschenwelt, das heißt mit Geschichte, Recht, Moralität und Sittlichkeit. In der Philosophie des absoluten Geistes geht es dagegen um Kunst, Religion und Philosophie als höchste Gestalten des Göttlichen, in denen dieses sich selbst schaut. Allerdings erkennt das Göttliche sich vollkommen erst im Wissen des Philosophen, den Hegel deshalb auch das Selbstbewusstsein Gottes nannte.

Schelling bringt gegen dieses jetzt nicht weiter auszuführende System grundsätzliche Einwände vor, die, näher betrachtet, mehr über ihn selbst als über Hegel aussagen. Einmal bewertet er dessen Gedankengang als »eintöniges, beinahe einschläferndes Fortschreiten« (X, 137) reiner Begriffe. Hegel betreibe einen regelrechten Begriffskult, indem er sich in das reine Denken zurückziehe und die konkrete Welt in leere Gedankenbestimmungen auflöse. Diese zusammengenommen bildeten zwar eine Vernunftordnung, in der nichts Beliebiges vorkomme, weil alle Kategorien auseinander abgeleitet würden; damit sei aber keineswegs die Frage beantwortet: »Warum ist denn Vernunft, warum ist nicht Unvernunft?« (X, 252) Das aber müsse man sich fragen, wenn man die reale Natur ernsthaft anschaue, deren dunkle Grundlage und unbegreifliche Basis sich selbst mit der größten Anstrengung nicht in Vernunft verwandeln lassen. Hegels »Philosophie des Geistes« sei diese Tiefenschicht der existierenden Wirklichkeit völlig entgangen, da er bloße Begriffe in den Rang realer Gegenstände und Kräfte erhoben habe. Eigentlich gehe er auf die Existenz der Welt nur scheinbar ein, nicht erkennend, dass sich diese niemals aus der Vernunft ableiten lasse.

Ein weiteres Problem sah Schelling im Übergang der göttlichen »Idee« in die Natur. Deshalb fragte er, »wie die Idee dazu kommt, sich selbst ungleich zu werden« (E, 62) und die Natur aus sich zu »entlassen« (X, 153). Selbst wenn es vorstellbar wäre, dass sich das Göttliche zur Erschaffung der Welt entschlossen habe, so bliebe doch das Motiv dafür völlig unverständlich. Denn wenn die »Idee am Ende der Logik [...] ihrer selbst bewußt« (X, 152) ist, wie Hegel betont, dann sollte man doch erwarten, dass das Göttliche »kein Bedürfnis mehr [hat], weiter und auf andere Weise, als es schon ist, reell zu werden. Wird also doch angenommen, daß etwas der Art geschehen, so wird es nicht angenommen wegen einer Notwendigkeit in der Idee selbst, sondern lediglich, weil die Natur eben existiert.« (X, 152) Zugespitzt formuliert, sieht Schelling das Problem darin, dass der Hegelsche Gott einerseits vor Erschaffung der Welt bereits seiner selbst bewusst ist, andererseits sich in die Welt hineinbegibt, um darin seiner selbst bewusst zu werden, heißt es doch, dass das Göttliche erst im menschlichen »Gottesbewußtsein [...] sein eigenes hat« (X, 160). Es ist zugegebenermaßen eine widersprüchliche Konstruktion, dass Gott den Weltprozess in Gang setzt, um dadurch das zu werden, was er schon ist; die Frage ist nur, ob diese Deutung der Hegelschen Philosophie auch stimmt.

Wie es auch sei, eines steht für Schelling fest: Gott braucht »nicht durch die Welt hindurch zu gehen, um erst in uns Menschen oder in der Weltgeschichte zum Selbstbewusstsein zu kommen. Gott ist schon vor der Welt Herr der Welt, sie zu setzen oder nicht zu setzen; ihm verschlägt es nichts, so oder so zu existieren; in Ansehung seines Seins ist es ihm völlig gleich.« (P, 183) Aber aus welchem Grund und zu welchem Zweck erschuf er sie dann; »für wen [ist] diese Offenbarung [...]? Für ihn gewiß nicht, da er ihrer nicht bedarf, um sich einen Reflex zu verschaffen. In diesem Falle würde es in jeder Rücksicht ein zweckloses Spiel sein.« (E, 117)

Der wahre Grund für die Erschaffung der Welt ist, so Schelling, der Mensch als »Hauptzweck« (P, 189) der Schöpfung. Doch damit allein ist noch nicht die Frage beantwortet, warum das Absolute möchte, dass Menschen existieren. Hierzu schreibt Schelling, dass Gott, der als solcher erkannt werden will, den Menschen »um des mitwissenden Wissens halber« (P, 186) erschuf, denn das »Verlangen, erkannt zu sein, sei den edelsten Naturen am meisten eigen, und so dürften wir [auch] nicht Anstand nehmen, in die an sich bedürfnislose Natur dies Bedürfnis zu setzen« (P, 189).

Dem späten Schelling geht es also in der Auseinandersetzung mit Fichte, Hegel und dem eigenen früheren Schaffen nicht mehr allein um den dunklen Willen in der Natur, sondern auch um die rätselhafte Existenz der Welt überhaupt und damit zusammenhängend um die Frage, wozu die Schöpfung da ist; auf diese Frage vermisste er eine klare Antwort bei Fichte und Hegel. Jedoch lautete sein wohl wichtigster Einwand gegen beide, dass sie die Vernunft überfordert hätten, als sie diese in den Rang des Welturhebers erhoben; kein Weg führe von ihr zur wirklichen Wirklichkeit. Es sei ein Irrtum zu glauben, dass man die reale Existenz mit Hilfe der Vernunft erklären könne. Wer wie Hegel in der Vorrede zur Rechtsphilosophie die Meinung vertritt, »was vernünftig ist, das ist wirklich; und was wirklich ist, das ist vernünftig«, der übersieht nach Schelling, dass die Vernunft lediglich die Macht hat, das Was oder das Wesen der Dinge zu bestimmen. Sie sei zwar fähig anzugeben, was existieren werde, falls etwas existiere, dagegen unfähig, die als möglich vorgestellte Welt auch in Existenz zu setzen, woraus der Grundsatz folgt: Was vernünftig ist, das ist zwar möglich, nicht aber deshalb schon wirklich.

In Vernunftphilosophien wie Fichtes *Wissenschaftslehre*, Hegels *Logik* und dem Identitätssystem werde das nicht genügend bedacht, meint der späte Schelling. Sie glaubten zwar alle, sich mit wirklichen Existenzen zu beschäftigen, in Wahrheit befassten sie sich aber mit bloßen Möglichkeiten. Darum nennt Schelling Philosophien dieser Art auch negative Wissenschaften, weil sie nur das Was oder Wesen aller Dinge »als das bloß Negative der Existenz« (X, 142) erfassten, der wirklichen Existenz gegenüber aber versagten. Zwar steht für ihn fest, dass ohne Vernunft nichts existieren kann, »woraus aber noch lange nicht folgt, daß alles auch nur durch diese existiert« (X, 143). So betrachtet hat Hegel »das Wesen der wahrhaft negativen [...] Philosophie trefflich ausgedrückt« (X, 141), wenn er »die Philosophie damit anfangen heißt, daß man sich ganz in das reine Denken zurückzieht« (X, 141). Indem er aber auch die reale Welt daraus ableitete, hat er der Vernunft mehr abverlangt, als sie geben kann; er hat ihr eine größere Aufgabe zugeteilt, als sie überhaupt zu bewältigen vermag.

Auch jetzt sei dahingestellt, ob Schellings Interpretationen zutreffen; jedenfalls machen sie seine Position verständlich, die sich so zusammenfassen lässt: Die Vernunft kann aus sich heraus die Wirklichkeit in ihrem Wesen oder in ihrer Möglichkeit erkennen, sie aber nicht erschaffen.

Mit dieser Position nähert sich Schelling einem seiner schärfsten Gegner, Friedrich Heinrich Jacobi, an, dessen Vorwurf des Atheismus und Naturalismus er bereits 1812 entschieden zurückgewiesen hatte. In der *Geschichte der neueren Philosophie* von 1833/34 beschäftigt er sich mit Jacobi ein weiteres Mal, indem er dessen Ideen der eigenen Spätphilosophie gegenüberstellt. Wie es bei Schelling heißt, war Jacobi davon überzeugt, dass »alle wissenschaftliche Philosophie unausbleiblich auf Fatalismus, d. h. auf ein Notwendigkeitssystem, hinausführt« (X, 167), was für ihn »Atheismus« (X, 179) bedeutet. Außerdem war er »wie von einem panischen Schrecken vor der Natur ergriffen« (X, 176), da er »nur die Seite der Unfreiheit, der Ungöttlichkeit und Ungeistigkeit an ihr bemerkte« (X, 176). Aus diesem Grunde, so Schelling, ersetzte Jacobi das rationale und naturwissenschaftliche Wissen durch eine »Philosophie des Nichtwissens«, worunter er eine Theorie des Gefühls, der Ahnung und des Glaubens verstand, die er später mit unmittelbarem Vernunftwissen gleichsetzte. Nur auf diesem Wege könne die Idee eines lebendigen Gottes, zu dem »ein persönliches oder menschliches Verhältnis möglich« (X, 175) sei, gerettet werden.

Dem entgegnete Schelling, dass es durchaus ein philosophisches Wissen gibt, das mit einer solchen Gottesvorstellung übereinstimmt, weil sie durchaus »Freiheit und Vorsehung als Ursache der Welt, Freiheit des menschlichen Willens, individuelle Fortdauer nach dem Tode, und was der Glaube sonst verlangt, wirklich begreift« (X, 182). Darüber hinaus dürfe man nicht wie Jacobi die Natur dem Geist entgegensetzen, denn wer jene »als das schlechthin Ungeistige zum Voraus verwerfe, beraube sich dadurch selbst des Stoffes, in und aus welchem er das Geistige entwickeln könnte« (X, 177). Überhaupt seien philosophisch-theologische Lehren, welche die Natur missachteten, »wie wurzellose Pflanzen oder höchstens jenen zarten Fäden zu vergleichen, die zur Zeit des Spätsommers in der Luft schwimmen, gleich unfähig den Himmel zu erreichen und durch ihr eignes Gewicht die Erde zu berühren« (X, 177).

Doch Jacobi müsse zugestanden werden, dass sich die Wirklichkeit nicht auf »bloße Vernunftverhältnisse« (X, 168), mit denen sich die negative Philosophie eingehend auseinandersetze, reduzieren lasse. Auch habe er recht, wenn er eine über das reine Denken hinausgehende »geschichtliche Philosophie« (X, 169), eine »positive Philosophie« fordere, die sich auf die tatsächliche Wirklichkeit beziehe. Er irre aber, wenn er glaube, dass die negative Philosophie durch die positive überflüssig werde oder dass beide Philosophien einander widersprächen.

Grenzen der Vernunft

Vernunftphilosophie ist, wie erwähnt, eine rein denkende Wissenschaft, die der späte Schelling mal »negative« (X, 157), mal »logische« (X, 157) oder einfach »rationale Philosophie« (X, 141) nennt; gelegentlich bezeichnet er sie auch als apriorischen Empirismus. Solange man nicht den Irrtum begehe, sie für die ganze Philosophie zu halten, sei gegen die genannte Disziplin nichts einzuwenden. Ihr Aufgabenfeld erstreckt sich über das gesamte Gebiet der Vernunft, deren Inhalt nach Schelling apriorischer Art, das heißt »ein- oder angeboren« (P, 100) ist. Deshalb kann dieser auch nur durch reines Nachdenken, auf dem Wege philosophischer Reflexion ermittelt und erfasst werden. Näher betrachtet, besteht der Vernunftinhalt aus bloßen Denkmöglichkeiten, die festlegen, »was existieren wird, wenn überhaupt etwas existiert« (XIII, 58), nicht aber, dass es existiert. Die Vernunftwissenschaft bestimmt somit lediglich das Was oder Wesen der Welt, deren Begriff, nicht aber ihre wirkliche Existenz. Sie weiß nicht, ob die Welt existiert, sie weiß nur, dass, wenn sie existierte, sie so und so beschaffen wäre. Darum heißt die negative Philosophie auch Wissenschaft des Möglichen.

Schelling unterscheidet in seiner Spätphilosophie also ganz bewusst zwischen dem Was oder Wesen der Dinge und dem Dass ihrer Existenz: »An allem Wirklichen ist zweierlei zu erkennen, es sind zwei ganz verschiedene Sachen, zu wissen, was ein Seiendes ist, quid sit, und daß es ist, quod sit. Jenes – die Antwort auf die Frage: was es ist – gewährt mir Einsicht in das Wesen des Dinges, oder es macht, daß ich das Ding verstehe, daß ich einen Verstand oder Begriff von ihm, oder es selbst im Begriffe habe. Das andere aber, die Einsicht, daß es ist, gewährt mir nicht den bloßen Begriff, sondern etwas über den bloßen Begriff Hinausgehendes, welches die Existenz ist.« (XIII, 57) In die Verantwortlichkeit der Vernunftphilosophie fällt die Erforschung des Was aller Dinge, mit ihrem Dass befasst sich dagegen die positive Philosophie. Diese Unterscheidung zwischen dem, was etwas ist (ti esti, quid sit, essentia: Wesen), und dem, dass es ist (hoti esti, quod sit, existentia: Existenz), trafen bereits die antiken Griechen, bei denen jedoch die Frage nach dem Was-Sein Vorrang vor dem Rätsel des Dass-Seins hatte. Erst das Christentum nahm der für uns selbstverständlichen Tatsache, dass die Welt existiert, ihre Fraglosigkeit, so dass nun ihre rätselhafte Existenz in den Blick treten konnte. In diesem Sinne ist die Trennung zwischen dem, was etwas essenziell ist, und dem, dass es überhaupt ist, mittelalterlich-scholastischer Herkunft.

Die Existenz aber ist nicht Thema von Schellings Vernunftwissenschaft, deren Bezug zur wirklichen Welt sich darauf beschränkt festzulegen, was existieren würde, wenn etwas existierte. Über diese Macht verfügt sie nach Schelling aber ganz bestimmt, so richtig es auch ist, dass die Vernunft nicht die Kraft besitzt, die reale Welt hervorzubringen; hier sind wir bereits an ihrer Grenze angelangt. Macht und Ohnmacht der Vernunft sind demnach so aufgeteilt: Einerseits kann nichts entstehen, was der Vernunft widerspricht, andererseits ist sie außerstande, die richtige Wirklichkeit aus sich heraus zu erschaffen. Man erkennt, der späte Schelling weist zwar die überzogenen Ansprüche des reinen Denkens in die Schranken, sein allgemeines Vertrauen in die welterklärende Kraft der Vernunft bleibt aber ungebrochen. Er ist bis zuletzt Vernunftphilosoph und darin Hegel gleich, der in seinen *Vorlesungen über die Geschichte der Philosophie* den Hörern zurief: »Der Mensch, da er Geist ist, darf und soll sich selbst des Höchsten würdig achten; von der Größe und Macht seines Geistes kann er nicht groß genug denken. Und mit diesem Glauben wird nichts so spröde und hart sein, das sich ihm nicht öffnete. Das zuerst verborgene und verschlossene Wesen des Universums hat keine Kraft, die dem Mute des Erkennens Widerstand leisten könnte; es muss sich vor ihm auftun und seinen Reichtum und seine Tiefen ihm vor Augen legen und zum Genusse geben.«[98]

Schelling teilte diese Meinung des früheren Freundes und späteren Rivalen, indem er den Menschen als Vernunftwesen über die gesamte Schöpfung stellte. Dabei betrachtete er den uns angeborenen Vernunftinhalt in zweifacher Hinsicht als notwendig: Einmal werde dieser vom Menschen nicht willkürlich gesetzt, sondern könne gar kein anderer sein und sei folglich denknotwendig. Dann stelle der Vernunftinhalt einen begrifflichen Prozess, genauer, eine logische Stufenfolge dar, in welcher die höhere Stufe so auf der jeweils niedrigeren aufruhe, dass diese in jener als Moment enthalten bleibe. Auf diesem Weg legt die Vernunft das »gesamte Sein in allen seinen Abstufungen« (XIII, 76) fest, ohne es dadurch zu erschaffen; sie bestimmt nur, dass, »wenn es existierende Dinge gibt, so werden es diese sein, und in dieser und keiner anderen Folge« (XIII, 61).

Allgemein betrachtet übernimmt die Vernunft hier eine Aufgabe, die in der traditionellen Metaphysik der sogenannte göttliche Verstand – »intellectus divinus« – übernahm, der sich zuerst die Welt ausdachte, bevor der göttliche Wille – »voluntas divina« – sie dann erschuf.

Die in der Selbstauslegung der Vernunft sichtbare Stufenfolge stellt nach Schelling einen begrifflichen Evolutionszusammenhang dar, welcher mit dem in der Naturphilosophie bereits entwickelten Ordnungsmodell weitgehend übereinstimmt. Danach ist die Naturgeschichte ein mit der sogenannten bestimmungslosen Materie beginnender Prozess stetig zunehmender Innerlichkeit und größer werdender Freiheit. Eigentliches Ziel dieser aufsteigenden Naturentwicklung bleibt der Mensch.

Dieses Naturbild behielt Schelling über alle Wandlungen seines Denkens bei. Jedoch befasste er sich in seiner letzten Schaffensphase kaum noch mit Naturphilosophie und noch weniger mit Naturwissenschaft. Deshalb ist es umso erstaunlicher, dass er ausgerechnet in seinen späten Vorlesungen das Verhältnis der Naturphilosophie zu den damaligen Naturwissenschaften klarer als jemals zuvor herausarbeitete. Er betonte, dass die Vernunft alles Erfahrbare nur im allgemeinen, das heißt dem Wesen nach bestimmen könne; bezüglich der Naturgesetze und der Erkenntnis konkreter Einzeldinge sei sie aber auf die Naturwissenschaften angewiesen. Beispielsweise stoße die Vernunft bei ihrer Selbstauslegung zwar auf den Begriff »Pflanze überhaupt« (XIII, 59), nicht aber auf »diese bestimmte Pflanze an diesem Punkte des Raumes, in diesem Momente der Zeit« (XIII, 59). Solche Einzelheiten hätten die Erfahrungswissenschaften zu ermitteln und zu erforschen.

Schelling unterschied damals zwischen Naturwissenschaft, Vernunftwissenschaft, auch Metaphysik genannt, und der Naturphilosophie, welche aus einer Vereinigung der beiden ersten Disziplinen hervorgehe: »Metaphysik [...] verwebt mit Erfahrung; das ist die Naturphilosophie.« (P, 128) Allerdings beschäftigte sich Schelling in jener Zeit nicht mehr so intensiv mit der Naturphilosophie wie Jahrzehnte zuvor; sein eigentliches Interesse galt der reinen Vernunftwissenschaft, die »von sich aus, ohne irgendwie die Erfahrung zu Hilfe zu nehmen« (XIII, 65), den allgemeinen Inhalt der Welt bestimmen könne. Dieser bestehe aus einer Stufenfolge von Begriffen, die mit »formloser Materie« beginne und im »Reich des Geistes« ende. Die Begriffe zusammengenommen ergeben ein Bild der Welt, wobei wie schon zuvor die Idee vieler möglicher Welten verworfen wurde.

Nach der negativen Philosophie ist nur eine Welt möglich, die Schelling auf drei übergeordnete Prinzipien zurückführt, die sogenannten »Urstoffe alles Seienden« (XI, 319), welche auch Potenzen genannt werden. Fast alle seine Schriften enthalten Potenzenlehren, deren Bedeutung sich wie seine Philosophie insgesamt im Laufe seines Lebens mehrmals wandelte. Anfangs setzte er die Potenzen mit den bekannten Stufen des realen und idealen Alls gleich, die da hießen Schwere, Licht und Organismus einerseits, Wissenschaft, Religion und Kunst andererseits. In seiner letzten Schaffensphase dagegen interpretiert er sie als reale Mächte, kosmogonische Kräfte. Aber in beinahe allen Denkperioden symbolisiert er die Potenzen als -A, +A, ±A. Diese Zeichen stehen in der Spätphilosophie für drei Kräfte, denen Schelling gleich mehrere Namen gab: -A wird beispielsweise Subjekt, Seinkönnen und ruhendes Wollen genannt, +A Objekt, reines Sein und reines Wollen und ±A Subjekt-Objekt, Geist und Bei-sich-Sein. »Zwischen diesen drei Potenzen muss sich alles Sein bewegen« (P, 103), wobei +A als das Seinmüssende auf das Seinkönnende, -A, folgt und ±A, das Seinsollende, wiederum auf +A.

Die erste Potenz, -A, ist nach Schelling zuerst nur untätiger Wille, der, von »Hunger nach Sein« (XI, 294) getrieben, schon früh zu wollen beginnt. Dieser »Übergang a potentia ad actum« (P, 103) geschieht seiner Ansicht nach mit »Notwendigkeit« (P, 101), da es natürlich sei, dass ein Wille will und Seinkönnendes auch wirklich werden möchte.

Im Gegensatz zur ersten Potenz bezeichnet die zweite, +A, ein »Sein ohne alles Können« (XI, 292), ein immer tätiges, nimmer ruhendes Wollen, und die dritte, ±A, das »bei-sich-Seiende [...], sich selbst Besitzende, seiner selbst Mächtige« (XI, 290), auch als »Geist« (XII, 57) bekannt, der »in Einem und Demselben Subjekt und Objekt« (XIV, 354) ist.

Alle drei Potenzen, auf deren genauere Bedeutung noch eingegangen wird, sind wieder rein logische Bestimmungen und als solche bloße Möglichkeiten, »die gar nicht nicht zu denkende, also notwendig gedachte sind« (XI, 304). Sie gehören wie die aus ihnen ableitbare mögliche Welt zum ursprünglichen Vernunftinhalt. Ob es darüber hinaus diese drei Potenzen und die sich daraus ergebende Welt aber wirklich gibt, kann in der negativen Philosophie nicht entschieden werden.

Mit der Darstellung der drei Potenzen ist der gegebene Inhalt der Vernunft aber noch nicht vollständig erfasst, weisen sie doch selbst über sich hinaus auf eine Urwirklichkeit, der diese Potenzen wie Eigenschaften anhaften, das heißt auf etwas, »das sie Ist« (XI, 488). Die genannte Urwirklichkeit, von Schelling auch als

A^0 symbolisiert, ist das Absolute oder Gott im engeren Sinne, der die erwähnten Potenzen mit der gleichen Notwendigkeit besitzt wie Spinozas göttliche Substanz die Attribute.

Da wir uns noch in der Vernunftwissenschaft befinden, die es nur mit Möglichem zu tun hat, darf auch über die göttliche Wirklichkeit, die den Potenzen voraus- und zugrunde liegt, nicht gesagt werden, dass sie existiert. In der negativen Philosophie wird sie nur ihrem Begriffe oder Wesen nach erkannt. Dazu gehört das Prädikat der Notwendigkeit, das ihr nach Schelling unumgänglich zukommt, weshalb sie von ihm auch das »notwendig notwendig Seiende« (XIII, 159) genannt wird. Ein bildlicher Vergleich kann das Gemeinte verständlich machen: Dem Göttlichen soll die Eigenschaft der Notwendigkeit mit der gleichen Notwendigkeit zukommen wie einer Kugel das Prädikat der Kugelförmigkeit. Dabei ist Gott deshalb zwingend das notwendig Existierende, weil er als »Inbegriff aller Möglichkeiten« (XI, 488) allem Möglichen voraus- und zugrunde liegt und somit erst gar nicht die Möglichkeit hat, nicht zu sein. Allerdings gilt das alles nur, »wenn er existiert, aber es folgt [daraus] nicht, daß er existiert« (XIII, 167).

Schelling betont dies mit Bezug auf Anselm von Canterbury, der 1077 in seinem *Proslogion* einen ontologischen Beweis für die Existenz Gottes aufgestellt hatte, dem zufolge sich bereits aus dem Begriff Gottes ergeben soll, dass er wirklich existiert. Anselms Argument lautet, da über Gott nichts Größeres gedacht werden kann, muss er mehr als nur ein Gedanke sein, denn wirkliche Existenz ist allemal größer als gedachte Existenz; also existiert Gott. Seit Anselms Tagen gehen die Meinungen über die Richtigkeit des sogenannten ontologischen Gottesbeweises stark auseinander: Denker wie Bonaventura, Descartes, Leibniz und Hegel konnten ihm viel abgewinnen, Gaunilo, Thomas von Aquin, Kant und eben Schelling dagegen nichts. Nachdrücklich weist Schelling darauf hin, dass aus dem Begriff Gottes mit Notwendigkeit nicht mehr folgt, als dass er notwendig existieren würde, wenn er existierte; es folgt daraus aber nicht, dass er existiert.

Mit diesen äußerst scharfsinnigen Überlegungen beschließt Schelling die negative Philosophie, die im Rückblick folgendes Gesamtbild bietet: Der dem reinen Denken zugängliche Inhalt der absoluten Vernunft setzt sich zusammen aus dem einen göttlichen Absoluten, A^0, zu dem notwendigerweise drei Potenzen, -A, +A, ±A, gehören, aus denen der gesamte Weltprozess dem Begriffe und Wesen nach ableitbar sein soll. Das ist der ganze Vernunftinhalt, der nur aus Denkmöglichkeiten besteht, welche die negative Philosophie darstellt. Dagegen ist Aufgabe der positiven Philosophie, in Erfahrung zu bringen, ob die wirkliche Wirklichkeit mit diesen Denkmöglichkeiten tatsächlich übereinstimmt.

Unvordenkliche Existenz Gottes

Während die negative Philosophie »eine Wissenschaft [ist], die das Wesen der Dinge begreift, den Inhalt alles Seins« (XIII, 95), handelt es sich bei der positiven Philosophie, die auch »geschichtliche Philosophie« genannt wird, um »eine Wissenschaft, welche die wirkliche Existenz der Dinge erklärt« (XIII, 95). Befasst sich jene mit dem »Reich der Möglichkeiten« (XI, 576), so diese mit der Frage, ob das als möglich Eingesehene auch wirklich existiert; außerdem ergründet die positive Philosophie, wie und warum das göttliche Absolute überhaupt die reale Welt hervorbrachte. Doch allein dadurch wird die negative Philosophie nicht überflüssig, wie man annehmen könnte, sondern »erst in ihr wahres Wesen eingesetzt« (XIII, 81), denn die positive Philosophie beweist, dass die Vernunft nicht nur im Denken existiert, sondern auch in der realen Welt.

Diesen Nachweis, dass das in der Vernunftwissenschaft »Konstruierte wirklich existiert« (XIII, 62) und »nicht eine Chimäre« (XIII, 62) ist, bringt die empirische Erfahrung. Allerdings vermag sie nur die Existenz der welthaften Dinge aufzuzeigen, nicht aber die der Potenzen (-A, +A, ±A) und des Absoluten im engeren Sinne (A^0). In dieser Frage »kann die Vernunft nicht auf die Erfahrung« (XIII, 62) verweisen, auch wenn diese einen indirekten Beweis von der Existenz der Potenzen und des Absoluten liefert.

Schelling argumentiert wie folgt: Wenn zutrifft, dass die durch reine Vernunft erkannte mögliche Welt nur als Folge des Absoluten und der Potenzen verstanden werden kann, dann muss von der Existenz der Welt – bewiesen durch empirische Erfahrung – auf die Existenz der Potenzen und damit des Absoluten geschlossen werden. Mit anderen Worten: »Wenn das notwendig Existierende Gott ist, so wird diese und jene Folge – und wir wollen sagen, so wird a, b, c usw. möglich; nun existiert aber unserer Erfahrung zufolge a, b, c usw. wirklich, also – der notwendige Schluß – ist das notwendig Existierende wirklich Gott.« (XIII, 169) Deutlich erkennbar wird hier von einer Wirkung – der empirisch zugänglichen Welt – auf ihre Ursache – das empirisch unzugängliche Absolute – geschlossen.

Anschließend dreht Schelling das Koordinatenkreuz um, indem er nun nicht mit dem jedem Sein zuvor kommenden Denken anfängt, sondern umgekehrt mit dem allem Denken vorausgehenden Sein, das heißt mit Gott vor Erschaffung der Welt. Nichts markiert den Übergang von der negativen Philosophie zur positiven deutlicher als dieser Richtungswechsel, wobei der Ausdruck »positiv« hier dreierlei bedeutet: Einmal bezieht Schelling ihn auf die vom Reich der bloßen Möglichkeiten unterschiedene reale Welt; so verstanden besagen die Ausdrücke »existent«, »wirklich«, »positiv« dasselbe. Dann nennt Schelling jene Philosophie »positiv«, welche die Schöpfung auf eine frei gewollte Tat Gottes zurückführt und nicht durch denknotwendige Begriffe zu erklären versucht. Schließlich heißt »positive Philosophie« für ihn auch soviel wie spekulative Interpretation der alten Mythen und der christlichen Offenbarung. In allen Fällen steht der Begriff des »Positiven« für etwas Gegebenes, das sich nicht aus der Vernunft ableiten läßt, für eine Faktizität – wie eben die Existenz der Welt, den freien Schöpfungswillen Gottes, die alten Mythen und die christliche Offenbarung, wobei jedoch »Existenz« der wichtigste Begriff für die positive Philosophie ist.

Es ist ein philosophischer Gemeinplatz, dass Philosophie aus Verwunderung oder Verzweiflung entsteht – zwei Schelling durchaus vertraute Lebens- und Weltgefühle. Bereits in seinen *Aphorismen über die Naturphilosophie* aus dem Jahre 1806 spitzte er das Staunen über die Welt auf ein Staunen über deren Existenz zu: »Das bloße Dasein ohne Rücksicht auf die Art und Form desselben müßte jedem, der es so erblickte, als ein Wunder erscheinen und das Gemüt mit Staunen füllen; wie es unleugbar diese Bemerkung des reinen Daseins war, die in den frühesten Ahndungen die Gemüter mit Entsetzen und einer Art von heiligem Schrecken überfiel.« (VII, 198) Knapp vierzig Jahre später wird er angesichts der erschreckenden Trostlosigkeit von Natur und Geschichte erneut auf das Rätsel der Welt aufmerksam, die »als das Zufällige (das auch nicht sein könnte)« (XIII, 38) in ihm die allumfassende Frage hervorruft, warum es überhaupt etwas gibt, da doch genauso gut nichts sein könnte. Dementsprechend schreibt er nun: Selbst wenn alle Erscheinungen durch innerweltliche Stoffe und Kräfte erklärt wären, so bliebe doch »die eine Frage übrig: woher und wozu diese Kräfte selbst, welche Notwendigkeit haben sie zu existieren, warum gibt es solche?« (XIII, 5) Im Angesicht dieses »großen Rätsels« (XIII, 6) kommt es jetzt zu jener alles übergreifenden Frage: »Warum ist überhaupt etwas? warum ist nicht nichts?« (XIII, 7), der das erschütternde Bekenntnis folgt: »Kann ich jene letzte Frage nicht beantworten, so sinkt alles andere für mich in den Abgrund eines bodenlosen Nichts.« (XIII, 8)

Ähnlich wie die jüdisch-christlichen Schöpfungstheologen versteht Schelling unter Welt fortan das vergängliche Werk eines Schöpfers. Im Unterschied zu jenen aber bestreitet er wie schon zur Zeit der Identitäts- und Weltalterphilosophie, dass Gott die Existenz der Welt aus dem Nichts erschuf. Schellings Absolutes findet die Weltexistenz auch nicht wie der Platonische Demiurg als eine zu formende Urmaterie außerhalb seiner selbst einfach vor. Seiner Meinung nach nimmt Gott bei der Schöpfung die Existenz der Welt aus sich selbst, wo es sie unentstanden und unvergänglich schon ewig gab.

Mit dieser merkwürdigen Vorstellung knüpft Schelling an die Weltalterphilosophie an, wo »Natur in Gott« genannt wurde, was jetzt »Existenz in Gott« heißt. Einziger Unterschied ist, dass Gottes Natur als dranghafter Wille, sehnsüchtige Begierde oder dunkler Trieb galt, wohingegen die »Existenz in Gott« ein »reines Daß« (XI, 564), auch »unvordenkliches Sein« (P, 161), darstellt. Überhaupt ist in den letzten Schriften nicht mehr so häufig die Rede von dunklem Trieb und sehnsüchtiger Begierde, von jenen Mächten also, die Schopenhauer und Nietzsche in ihren vernunftfeindlichen Willensphilosophien dann verabsolutierten. Stattdessen greift Schelling stärker als jemals zuvor auf christliche Vorstellungen zurück, verwirft aber, wie angezeigt, bis zuletzt die Idee einer Schöpfung aus dem Nichts.

Er ist der festen Überzeugung, dass es die Existenz der Welt schon vor deren Erschaffung in Gott als Existenz einer möglichen Welt gab. Wie die »Natur in Gott« liege sie ihm voraus und zugrunde, ja, sie sei das absolut Erste, das Schelling deshalb auch »Ursein« (XIV, 341) nennt. Die Frage, woher dieses kommt, ist für ihn ebenso sinn- wie gegenstandslos, da es niemand erschaffen hat; es ist seit Ewigkeit ursachlos einfach da. Näher kennzeichnet Schelling die Urexistenz als ein von aller inhaltlichen Bestimmung, allem Wasgehalt befreites »nacktes Daß«[99]. Es sei »nicht erst möglich und dann wirklich, sondern [...] gleich wirklich« (XIV, 339), denn es existiere ohne jeden Anfang. Wie die dunkle »Natur in Gott« dem sich darüber erhebenden Geist gehe die reine Existenz der Vernunft und dem Denken insgesamt voraus; darum nennt Schelling die bestimmungslose Urexistenz auch unvordenkliches Sein. Dieses sei das wirklich notwendig Existierende, das überhaupt nicht nicht sein könne, weil es durch sein anfangsloses Existieren der Möglichkeit des Nicht-Seins immer schon zuvorgekommen sei.

Aber wie in die dunkle Natur der göttliche Geist so ist in das nackte Dass Gott als freier »Herr« (P, 173) über alles Sein eingeschlossen. Folglich muss im Göttlichen wieder zweierlei unterschieden werden: besagte Existenz und eine darin eingewickelte geistige Macht, die sich bei näherem Hinsehen als in zweifacher Hinsicht begrenzt erweist. Einerseits kann sie das ihr voraus- und zugrunde liegende Dass nicht aus dem Nichts erschaffen; es existiert anfangs- und ursachlos in Gott. Andererseits kann sie es auch nicht vernichten, sondern nur in etwas anderes verwandeln; doch die Fähigkeit dazu hat niemand anderes als der in das Ursein eingeschlossene freie Herr, also Gott im engeren Sinne. So ist mit dem unvordenklichen Sein zugleich der darin eingewickelte freie Herr gegeben und zusammen mit ihm wiederum die Möglichkeit, die nackte Existenz etwas anderes werden zu lassen. Im Lichte dieser Möglichkeit erscheint das unvordenkliche Sein jetzt als ein »zufällig notwendig Existierendes« (XIV, 338) – notwendig deshalb, weil es überhaupt nicht nicht sein kann, zufällig, weil es etwas anderes werden könnte, wenn es der darin eingewickelte »Herr« möchte. Hierzu muss er aber vom unvordenklichen Sein loskommen, aus ihm heraustreten, sich darüber erheben. Sobald dies geschieht, verwandelt sich die unvordenkliche Existenz, das Ursein oder nackte Dass in die Urmaterie der Welt, die ab da zu sein beginnt. Da Gott diesen Schritt in Freiheit vollzieht, gilt die Existenz der Welt als zufällig oder kontingent: Das Universum müsste nicht existieren, da Gott als »freier Herr« das nackte Dass nicht in Urmaterie oder Weltexistenz verwandeln musste.

Wurde die Existenz der Welt, welche schon die absolute Vernunft nicht hervorbringen konnte, auch nicht von Gott aus dem Nichts erschaffen, so hat er sie doch aus sich selbst genommen, wo sie als sein eigenes Ursein seit Ewigkeit existierte. Demnach haben beide, Vernunft und Gott, die Existenz als gegeben hinzunehmen. Als »freier Herr« kann Gott das unvordenkliche Sein zwar verwandeln, er hat aber nicht die Macht, dieses Sein zu erschaffen oder abzuschaffen. Auch nach ihrer Scheidung gehören Urexistenz und der darin schlummernde »Herr« zusammen; sie bleiben so aufeinander bezogen wie in den *Weltaltern* der helle, geistige, liebende Wille auf den dunklen, triebhaften, blinden.

An anderer Stelle wurde darauf hingewiesen, dass, wenn der vernünftige Wille fallengelassen und der vernunftfeindliche Wille ins Grenzenlose gesteigert wird, man bereits mitten in der Willensphilosophie Schopenhauers und Nietzsches steht. Dementsprechend bedeutet jetzt, den »freien Herrn« aus dem unvordenklichen Sein zu streichen und dieses dadurch zu verabsolutieren, quasi auf eine materialistische Weltdeutung hinzusteuern. Tatsächlich kann man bei Engels lesen, dass das »unvordenkliche Sein«[100], sieht man einmal vom darin eingeschlossenen freien »Herrn« ab, zwangsläufig »zu Materialismus«[101] führt. Jedoch strebte Schelling weder eine voluntaristische noch eine materialistische Weltanschauung an; im Gegenteil, seine Fragen waren religionsphilosophischer Art.

Die große Tatsache der Welt

So sehr Schelling die Lehre von der Schöpfung aus dem Nichts ablehnte, im Ganzen bewegt sich seine Philosophie im Horizont christlicher Vorstellungen. Nicht nur dass die Welt einen absoluten Anfang haben soll, Schelling meint auch, sie sei von Gott in Freiheit hervorgebracht, das Werk seines freien Entschlusses. Demnach ist die Schöpfung »nicht etwas durch bloße Denknotwendigkeit sich Verstehendes; sie ist vielmehr etwas durch einen freien Actus Erklärbares, oder etwas frei Gesetztes, frei Verursachtes, und eben deswegen ein freier Urheber die Ursache des Weltorganismus« (E, 21).

So liegt der Einteilung der Philosophie in eine negative und eine positive Disziplin nicht nur die Unterscheidung zwischen Wesen und Existenz zugrunde, sondern auch der Gegensatz zwischen logischer Notwendigkeit und göttlicher Freiheit. Hierbei gilt: Konnte Gott die Welt auch nicht aus dem Nichts erschaffen, so vermochte er sie doch in Freiheit hervorzubringen, denn nichts und niemand zwang ihn dazu, die Urexistenz als Weltexistenz zu setzen. Diese Verwandlung beschreibt Schelling als »Suspension« (XIV, 352) des unvordenklichen Seins, bei welcher der anfangs in das Ursein eingeschlossene göttliche »Herr« (P, 172) dieses aus seiner ursprünglichen Stellung entlässt und an einen anderen Ort versetzt. Gott »suspendiert [...] den actus seines notwendigen Existierens [...], um ein von ihm, von Gott, verschiedenes Sein an dessen Stelle zu setzen« (XIV, 353). Dazu ist er in der Lage, nachdem er sich aus der unvordenklichen Existenz herausbegeben, sich als ihr »Herr« über sie erhoben hat, weshalb Schelling ihn auch das »Überexistierende« (XIV, 340), »Überseiende« (P, 175) oder »Überschwengliche« (XII, 89) nennt.

Im Weiteren verbindet er die innergöttliche Bewegung mit der in der negativen Philosophie bereits entwickelten Potenzenlehre. Darin symbolisierte er den überexistierenden Gott als A^0, dessen unvordenkliches Sein als +A, das Seinmüssende, und die Möglichkeit seiner Verwandlung in Weltexistenz als -A, das Seinkönnende. Als höchster Zweck des aus und durch Gott hervorgegangenen Naturprozesses gilt der Mensch, +A, der auch das Seinsollende genannt wird. An diesen Bestimmungen hält Schelling in der positiven Philosophie fest, in welcher er die innergöttliche Bewegung als Verschiebung der drei Potenzen beschreibt.

Die eigene unvordenkliche Existenz an die Welt gebend, setzt Gott am Anfang »entgeistetes, sinnloses, schrankenloses Sein« (P, 102), die Urmaterie. In der Potenzenlehre entspricht dem der Übergang vom Seinkönnen, -A, ins Sein, das Schelling mit B symbolisiert. Dadurch wird das unvordenkliche Sein, +A, von seinem ursprünglichen Platz gedrängt und in bloßes Seinkönnen, A^2, verwandelt. Ähnliches geschieht mit ±A, das durch den Übergang von -A in B wiederum in A^3 versetzt wird. Im Überblick bietet sich folgendes Bild:

1) Ausgangssituation

A^0

-A +A ±A

2) Innergöttlicher Prozess

A^0

$-A \rightarrow B$

$\downarrow$

$+A \rightarrow A^2$

$\downarrow$

$\pm A \rightarrow A^3$

$\downarrow$ = verdrängen

$\rightarrow$ = sich verwandeln in

Durch Gottes freies Wirken geht also zuerst -A in B über, wodurch +A in A^2 und ±A in A^3 versetzt wird. Das heißt, die zusammenprallenden Potenzen verdrängen einander von ihrer ursprünglichen Stelle und geraten dadurch in ein Spannungsverhältnis untereinander. Nun herrscht eine große Unstimmigkeit zwischen der ersten Potenz (B) auf der einen Seite und der zweiten und dritten (A^2, A^3) auf der anderen; alle befinden sich in einem Zustand der inneren Anspannung und Erregung.

Diese löst sogleich einen Gegenprozess aus, in dem A^2 und A^3 mit vereinten Kräften B wieder in -A zurückzudrängen versuchen. A^2 symbolisiert hierbei die Kraft, durch die B besiegt wird, A^3 dagegen die Macht, welche diesem Kampf Gliederung, Ordnung und Form gibt. So ergibt sich als drittes Bild eine Gegenbewegung:

3) Innergöttlicher Gegenprozess

A^0

$-A \leftarrow B$

$\uparrow$

$+A \rightarrow A^2$

$\uparrow$

$\pm A \rightarrow A^3$

Abgesehen von der schwierigen Frage nach der genaueren Bedeutung der drei Potenzen, muss die Dreiteilung an sich schon irritierend wirken, da Schelling zuvor doch nur zwei Kräfte in Gott unterschied: eine dunkle, triebhafte und eine helle, vernünftige. Ein Vergleich mit der Platonischen Seelenlehre macht die den beiden hinzugefügte dritte Kraft verständlich. Nach Platon besteht die menschliche Seele aus einem begehrenden, einem muthaften und einem überlegenden Teil, wobei der niederste einem vielköpfigen Tier gleiche, der muthafte einem starken Löwen und der vernünftige dem Menschen im engeren Sinne.[102] Der von Mut und Tapferkeit bestimmte Seelenteil steht zwischen dem triebhaften und dem vernünftig-überlegenden und gehört doch auf die Seite des letzteren, da er der vernünftigen Lenkung bedarf, die Verhaltenssicherheit und Orientierung gebe. Umgekehrt könne sich die überlegende Vernunft nur mit Hilfe des muthaften Seelenteils durchsetzen und verwirklichen.

Nun werden die beiden höheren Seelenteile aber häufig durch die niederen Kräfte der Begierde von ihrem angestammten Platz verdrängt, den diese häufig für sich beanspruchen. Allerdings sollten sich Mut und Vernunft damit niemals abfinden, meint Platon, sondern gegen die Übermacht des niederen Seelenteils so lange ankämpfen, bis sich dieser wieder ihnen unterordnet.[103]

Die strukturelle Ähnlichkeit mit Schellings Potenzenlehre ist ebenso verblüffend wie erhellend, gleicht doch die neu hinzugefügte Kraft in fast jeder Beziehung dem muthaften Seelenteil, wie überhaupt die Verhältnisse unter den drei Potenzen in Gott mit denen zwischen den drei Seelenkräften übereinstimmen. So entsprechen dem in B übergegangenen -A die wach gewordenen Triebe und Leidenschaften, welche Mut und Verstand (+A, ±A) gänzlich außer Kraft setzen (A^2, A^3), bis diese mit umso größerer Kraft zurückschlagen, um so die Ordnung wiederherzustellen. Hierbei gehorcht die zweite, muthafte Potenz der dritten, weisheitsliebenden wie ein kriegerisches Heer den Befehlen und Anweisungen seines Kommandeurs.

In der Naturphilosophie und in den ersten Weltalter-Entwürfen hatte Schelling die beiden höheren Kräfte, $+A/A^2$ und $\pm A/A^3$, als unbewussten Geist der Natur oder als unbewusst wirkende Liebe Gottes zu einer Macht zusammengefasst. Sie verfügte zum einen über die Kraft, die unendliche Tätigkeit der Natur oder den dunklen Willen Gottes, dem hier das schrankenlose Wollen der Urmaterie, B, entspricht, zu überwinden; zum anderen gab sie diesem Überwindungskampf Form, Gliederung und Schönheit. In den späten Vorlesungen wird diese eine Urmacht in zwei Gewalten gespalten und dadurch auf zwei Kräfte aufgeteilt.

Bei alldem steht für Schelling außer Frage, dass auf die völlige Suspension des unvordenklichen Seins dessen Restitution folgen wird, was er mit den Worten beschreibt: »Zwischen jener Aufhebung und dieser Wiederherstellung liegt die ganze Welt.« (XIV, 352) Seiner Ansicht nach stimmt die Zurückversetzung von B in – A durch A^2 und A^3 mit dem in der Naturphilosophie dargestellten Naturprozess überein, der mit bestimmungsloser Materie begann und in der Erschaffung des Menschen sein höchstes Ziel erreichte. Demnach entstanden die ersten auf der Erdoberfläche umherwandelnden Menschen, als sich A^2 und A^3 wieder in +A und ±A zurückverwandelt hatten.

±A und A^3 sind mehrdeutige Symbole, die einerseits für menschliches Bewusstsein stehen, andererseits für den bewusstlos wirkenden Geist der Natur, wie er bereits in der Naturphilosophie dargestellt wurde. Am Anfang ist ±A noch ruhender bewusstloser Geist, dann als A^3 der in innere Erregung versetzte bewusstlose Geist der Natur, die unbewusste Vernunft, welche dem von A^2 geführten Prozess gegen die schrankenlose Materie Gliederung, Ordnung und Form gibt. Die Natur wird erst durch diesen Geist eine sich zielstrebig höher entwickelnde Stufenfolge, auf der sich immer komplexere Lebensformen herausbilden, bis schließlich das menschliche Bewusstsein hervortritt, nämlich dann, wenn A^3 wieder ±A geworden ist.

Obwohl Gott »Herr des Seins«, A^0, ist, hat er an der Welterschaffung kaum mitgewirkt. Zwar suspendierte er aus sich heraus das unvordenkliche Sein, -A in B und dadurch +A in A^2 sowie ±A in A^3 versetzend; alles weitere lief aber ganz von selbst ab. Allerdings wusste der »Herr des Seins« von Anfang an, dass die zu A^2 und A^3 erhobenen Potenzen die Urmaterie Stufe um Stufe vergeistigen und dadurch B wieder in -A zurückbringen würden. Deshalb drängt sich an dieser Stelle die Frage auf, was Gott zur Suspension des unvordenklichen Seins bewog, wenn er nicht durch die Welt hindurchgehen musste, um seiner selbst bewusst zu werden.

Schelling vermerkt gelegentlich, dass Gott die Welt erschuf, um seine Liebe mitzuteilen. Dann betont er wieder, dass Gott sein unvordenkliches Sein an die Welt gab, um es auf diesem Wege »in ein selbst gesetztes und gewolltes Sein zu verwandeln« (XIV, 351), was so zu interpretieren ist: Indem Gott seine Urexistenz in Weltexistenz verwandelte, wohl wissend, dass diese am Ende wieder in ihre alte Position versetzt wird, löste er einen Prozess aus, in dem er gewissermaßen durch sich selbst das eigene unvordenkliche Sein zurückempfängt. »Aber für wen wollte er dieses tun? Für sich selbst? Unmöglich!« (XIV, 351) Denn für ihn hat das alles keinen Zweck, da er doch von Anfang an weiß, dass es so kommen wird. Darum kann er sich »zu diesem Prozess nur entschließen wegen etwas außer sich [...], das erst durch diesen Prozess wirklich« (XIV, 351) wird, und das ist der Mensch, der als eigentliches Ziel der Schöpfung dazu berufen ist, Gott zu ergründen und die Welt zu schauen.

Je nach Blickwinkel bedeuten in diesem Zusammenhang Gott und Welt mal dasselbe, mal ganz Unterschiedliches. Setzt man Gott mit dem potenzenlosen »Herrn des Sein« (A^0) gleich, so erscheint der Weltprozess als außergöttliches Geschehen; betrachtet man hingegen Gott als eine auch die drei Potenzen (-A, +A, ±A) umfassende Macht, so gilt die Entwicklung der Welt als innergöttlicher Vorgang. Schellings Ausführungen bieten Anhaltspunkte für beide Deutungen, die, miteinander verbunden, zu der paradoxen Erkenntnis führen: »Es ist nichts, das Gott wäre, und es ist nichts, das er nicht wäre.« (E, 73)

Geschichte der menschlichen Götterbildung

In der Folge befasst sich Schelling aufs Neue mit dem menschlichen Sündenfall, den er wie die »große Tatsache der Welt« (E, 38) als ein nicht aus der Vernunft ableitbares Faktum interpretiert, denn »beweisen – a priori – lässt es sich überhaupt nicht. Es ist Tatsache, ja die Urtatsache der Geschichte, von der man nur sagen kann, dass sie sich begeben hat.« (XIII, 360) Nach Erschaffung der Welt soll sich der Mensch aus eigenem Antrieb von Gott losgesagt haben, ihm abtrünnig geworden sein. Der Urmensch, um dessentwillen die Welt hervorgebracht wurde, wandte sich von ihm ab, um die Alleinherrschaft über die gesamte Schöpfung zu erlangen. Wie es bereits in der Schrift *Über den Zusammenhang der Natur mit der Geisterwelt* hieß, war er ursprünglich bestimmt als Mittler zwischen Gott und Welt. Aber er zerschnitt das Band, das beide Reiche miteinander verbinden sollte, indem er, statt sich demütig Gottes Willen zu unterwerfen, hochmütig sein Leben in die eigene Hand nahm. Auf diese Art und Weise wurde die gesamte Schöpfung in einen bodenlosen Abgrund gerissen und von Gott getrennt.

Soweit stimmen Schellings späte Vorlesungen über die *Philosophie der Mythologie* und die *Philosophie der Offenbarung* mit der Lehre der gefallenen Welt überein, wie er sie bereits Jahrzehnte zuvor entwickelt hatte. Allerdings verknüpfte er damals die Idee des Sündenfalls noch nicht mit der Potenzenlehre, während es jetzt heißt: Das im Laufe der Schöpfung an seinen ursprünglichen Platz, -A, zurückversetzte B entsteht von neuem durch den Sündenfall des Urmenschen und verschiebt dabei zum zweiten Mal die Potenzen +A und ±A nach A^2 und A^3. Abermals folgt ein Gegenprozess darauf, der dem ersten in fast jeder Beziehung gleicht. Wie schon früher wird auch jetzt B durch das Wirken von A^2 und A^3 in -A zurückgebracht, so dass am Ende dieses Prozesses alle Spannungen zwischen den Potenzen wieder aufgelöst sind.

Inhaltlich ist dieser zweite Gegenprozess vom ersten gänzlich verschieden; er steht nicht mehr für die Geschichte der realen Welt, sondern nur noch für die Geschichte der religiösen Erfahrungen und Vorstellungen der Menschheit. Diese sind das eigentliche Thema von Schellings *Philosophie der Mythologie* und seiner *Philosophie der Offenbarung,* die er auch »geschichtliche« oder »positive Philosophie« nennt. Darin wird der Begriff des »Positiven« im Sinne des unableitbar Gegebenen auf mythische Erzählungen und religiöse Offenbarungen bezogen, welche sich wie die »Existenz der Dinge« und die »Freiheit Gottes« nicht aus der Vernunft erklären lassen.

Im Einzelnen beschäftigt sich Schelling mit ägyptischen, griechischen und römischen Göttersagen, aber auch mit der indischen und chinesischen Religion sowie mit der Geschichte des Christentums. Jedoch bietet er in seinen umfangreichen Darlegungen nicht nur eine lexikalische Übersicht über die Mythen vergangener Jahrhunderte und Kulturen, sondern auch eine mögliche Interpretation; so erst wird der Ausdruck »Philosophie der Mythologie« sinnvoll. Allgemein gesprochen geht es ihm um das allmähliche Wachsen Gottes im menschlichen Bewusstsein. Dabei versucht er zu zeigen, dass die Götter der alten Mythen keine willkürlichen Erdichtungen sind. Mythische Vorstellungen entstünden im Menschen ohne dessen Zutun, da ihr wahrer Ursprung im Übergeschichtlichen, bei Gott selbst, liege, der die Geschichte der menschlichen Götterbildung als Entwicklungsprozess ablaufen lasse, in dem sich ein immer klareres und zutreffenderes Gottesverständnis herausbilde – die Bewusstseinsgeschichte der Menschheit als Theogonie.

Beeinflusst von Georg Friedrich Creuzers *Symbolik und Mythologie der alten Völker, besonders der Griechen,* findet Schelling den Schlüssel zum Verständnis der gesamten Mythologie im griechischen Dionysos-Kult.[104] Im Einzelnen führt er aus, dass im Sündenfall des Urmenschen dem von neuem entstandenen B die Urmaterie der mythologischen Welt entspreche, aus der die zahlreichen menschenfeindlichen Götter hervorgegangen seien. Dagegen stelle das durch B von seinem ursprünglichen Platz verdrängte +A den menschenfreundlichen Dionysos dar, der in der Geschichte der Mythologie in verschiedenerlei Gestalt und unter ganz unterschiedlichen Namen auftrete. Seinem Druck wichen die bösen Kräfte dieser Welt, die menschenfeindlichen Götter, deren Macht Dionysos nach und nach begrenzte, indem er das sich ihm entgegenstellende B schrittweise bezwang. Bei alldem geht es Dionysos stets um den Menschen, der seine Freiheit wieder zurückerhalten sollte, die er beim Sündenfall durch eigenes Verschulden verloren hatte.

Interessanterweise beschreibt Schelling wie Hölderlin, Friedrich Schlegel und Nietzsche die griechische Mythologie gleichermaßen als dionysisch-trunken und apollinisch-nüchtern.[105] Zudem charakterisiert er wenige Jahre vor Burckhardt[106] und Nietzsche[107] die alten Griechen als schwermütig, die »vom Schmerz der unüberwindlichen Endlichkeit ihres Daseins durchdrungen [...] ihre eigene Vergänglichkeit still betrauerten« (G, 512).

Erst durch die Verwandlung von Dionysos in Christus sei der Tod überwunden und somit der griechische Lebenspessimismus unhaltbar geworden. Die christliche Offenbarung, auf welche die Geschichte der Mythologie von Anfang an ausgerichtet gewesen sei, stelle sogar deren wahre Erfüllung dar. Folgerichtig mündet deshalb die *Philosophie der Mythologie* in die *Philosophie der Offenbarung*, in der Schelling über Dreifaltigkeit, Erlösung und über die Kirche sinnt, deren Geschichte er in drei Epochen gliedert.

Hier unterscheidet Schelling zwischen petrinischer, paulinischer und johanneischer Kirche. Erstere gründe auf der Autorität des Apostel Petrus und habe in der Form des Katholizismus eine ihr angemessene Gestalt gefunden. Daran fehle es der in der Reformation entstandenen paulinischen Kirche, die sich der katholischen gegenüber durch mehr Freiheit auszeichne. Beide Institutionen seien nur vorübergehende Erscheinungen, die in der Zukunft durch die einzig wahre, erst noch zu erbauende johanneische Kirche abgelöst würden. Diese wird »ohne beschränkenden Zwang, ohne äußere Autorität, welcher Art sie sei, durch sich selbst [existieren], weil jeder freiwillig herkommt, jeder durch eigene Überzeugung, indem sein Geist in ihr eine Heimat gefunden, zu ihr gehört« (XIV, 328). Jedoch soll dieses Kapitel der Geschichte erst »mit der Zeit [beginnen], in welcher der Herr kommt, also mit der letzten Zeit der Kirche« (XIV, 331) vor dem Untergang der Welt.

Die angedeutete Dreiteilung der Kirchengeschichte stimmt grundsätzlich mit der Geschichtsphilosophie des mittelalterlichen Theologen Joachim di Fiore überein, was Schelling selbst bemerkte. (Vgl. XIV, 298) Jener unterschied zwischen dem Reich des Vaters, das mit der Schöpfung begann, dem Reich des Sohnes, das seit Christi Auferstehung die sichtbare Kirche verwalte, und dem Reich des Heiligen Geistes, in dem es nur eine unsichtbare Kirche aller im Glauben vereinten Christen gebe. Joachim di Fiore erwartete deren Anbruch zu Beginn des 13. Jahrhunderts, im festen Glauben, dass bald danach die Welt untergehen werde.

Schelling, der seinen philosophischen Werdegang 1793 mit einer Untersuchung *Über Mythen, historische Sagen und Philosopheme der ältesten Welt* anfing, beendete ihn 1754 mit einem unvollendet gebliebenen Text über *Philosophie der Mythologie.* Jedoch schloss sich sein Lebenskreis erst durch die *Philosophie der Offenbarung,* in der er gewissermaßen dorthin zurückkehrte, wo er als Tübinger Stiftler begann: in die christliche Theologie. Er verhalf in seinem Alterswerk Religion und Offenbarung wieder zur Geltung – weniger aus frommem Glauben heraus als vielmehr aus philosophischer Besinnung. Die sogenannten Spätidealisten Immanuel Hartmann von Fichte, Sohn des Verfassers der *Wissenschaftslehre,* Weisse, Sengler und Fischer entwickelten seinen trinitarischen Theismus, aus dem Geiste bloßer Spekulation entstanden, weiter. Ausdrücklich machten sie die Anerkennung der Personalität Gottes, die Wahrheit der Offenbarung und der Unsterblichkeit des Menschen zur Aufgabe der Philosophie. Ihnen ähnlich war Schelling an seinem Lebensabend mit Mutmaßungen über Dreieinigkeit, Schöpfung, Sündenfall, Erbsünde, Auferstehung und ewigem Leben zum Christlichen zurückgekehrt. In einer Zeit sich verschärfender Religionskritik unternahm er mit der ganzen Kraft des Geistes und mit dem Schwergewicht seiner Person »eine letzte gewaltsame Anstrengung, um das abwärts rollende Rad dicht vor dem Abgrunde zum Stehen zu bringen, und noch einmal das wankende Christentum seinem ganzen positiven Inhalt nach zu restituieren«[108], wie Eduard von Hartmann vor mehr als einhundert Jahren ebenso eindringlich wie treffend formulierte.

8. Schelling und kein Ende

Schelling verstand die Kunst des Philosophierens, er beherrschte sie sogar, doch reicht es nicht, nach dem Hohen zu streben, wenn man nicht über die Kraft verfügt, es auch zu erreichen; und ob wir Menschen, sterblich und unvollkommen wie wir sind, diese Kraft besitzen, ist mehr als fraglich. So banal es auch klingen mag: Das Scheitern gehört zur Philosophie wie zum Leben, denn niemand vermag Endgültiges zu schaffen und dem Unbeständigen zu entrinnen. Deshalb sollte man Philosophie und Leben nicht mit der Illusion einer Vollkommenheit begegnen, die beiden versagt ist, sondern vielmehr die Grenzen des Menschlichen erkennen und anerkennen, die Schelling – im Bemühen, das Göttliche von innen heraus zu erfassen – oftmals überschritt. Sein in Umrissen skizziertes Gesamtwerk ist sicherlich überwältigend reich an Ideen, aber auch unverantwortlich voreilig in den Behauptungen. Zwar sind die Abschnitte, in denen er von sich spricht, stiller und bescheidener als die spekulativen Mutmaßungen über das Ganze; was er darstellen wollte, war aber nicht sein persönliches Leben, sondern die Wirklichkeit, wie sie ist. Das jedoch bedeutet: Betrachtung der Welt aus göttlicher Perspektive.

Schellings Philosophie ist kompliziert, der Sinn seiner Ausführungen nicht immer leicht verständlich, der Inhalt sogar oft schwierig. Sein Denkweg gleicht einer Straße voller Schlaglöcher, die mal durch enge Gassen steil bergauf in luftarme Höhen führt, mal sich weitet und einen überwältigenden Ausblick bietet. Den einmal eingeschlagenen Weg ging er stets bis zu Ende, doch blieb er dabei immer wieder auf der Suche nach anderen, besseren Pfaden, um so den Widersprüchen, in die er sich dauernd verwickelte, wirkungsvoll begegnen zu können. Fortwährend neue Problemfelder bearbeitend, baute er sein System mehrmals um, ohne es jemals ganz zu vollenden. Seiner Philosophie fehlt die Geschlossenheit des Hegelschen Gedankens, in dem jede Inkonsequenz und Lücke belanglos ist gegenüber der überwältigenden Einheitlichkeit des Ganzen. Jedoch hat auch Schelling mehr abgeschlossen als abgebrochen, nicht nur Trümmer auf Trümmer geschichtet. Seine gelegentlich recht dunkle Sprache wird umso verständlicher, je länger man sich mit ihr beschäftigt. Dann werden die Bedeutung seiner Worte und Bilder sowie der vermittelnde Bezug in den scheinbar plötzlichen Umbrüchen klar. Hält man das sich Ähnelnde aller Werke gegeneinander, so erkennt man, dass an keiner Stelle ein radikaler Bruch vorliegt. Nicht nur dass die späteren Systeme die offen gebliebenen Fragen der früheren aufgreifen und weiterentwickeln, der ursprüngliche Ansatz, das Sein aus zwei Grundkräften abzuleiten, behält für Schelling selbst am Ende noch seine Gültigkeit. Außerdem ist sein Lebenswerk in allen Teilen Religionsphilosophie, denn ein theologischer Grundton ist fast aus allen Schriften herauszuhören.

Im Folgenden wird die allgemeine Entwicklung seines Denkens noch einmal kurz nachgezeichnet und abschließend im Sinne einer kritischen Würdigung bewertet.

Schelling begann seinen Denkweg mit Beiträgen über die Fichtesche *Wissenschaftslehre*, nach der alles Sein durch ein absolutes Ich gesetzt wird. Allerdings blieb er dabei nicht stehen, sondern verwandelte Fichtes subjektiven Idealismus in einen objektiven.

Diesem zufolge ist das allem naturhaften Werden zugrunde liegende Ich ein der Welt selbst innewohnendes Urprinzip, aus dem sich nach Schellings Ansicht Entwicklung und Aufbau des Alls ableiten lassen. Durch die Annahme einer solchen Kraft, Weltseele genannt, wurde es ihm möglich, der Natur wieder jene Selbstständigkeit zurückzugeben, die Fichte ihr geraubt hatte.

Das Ergebnis war eine *Naturphilosophie,* nach der es keinen echten Gegensatz zwischen Materie und Geist, anorganischer und organischer Natur gibt. Das mechanistische Weltbild der damaligen Zeit bekämpfend, stellte Schelling die gesamte Natur als einen sich immer höher entwickelnden Organismus dar, den ein unbewusster Geist – besagte Weltseele – bilde und forme. Sie sei im Naturprozess nach und nach ihrer selbst bewusst geworden, bis sie letztlich im Menschen volles Bewusstsein erlangte. Der Mensch wiederum könne die Natur nur darum erkennen, weil der unbewusste Geist in ihr und das bewusste Ich in ihm sich strukturell glichen.

Danach nahm Schelling die Arbeit an Fichtes *Wissenschaftslehre* wieder auf und erbaute das *System des transzendentalen Idealismus.* Hierbei wurde besonders deutlich: Erklärt die Naturphilosophie, wie der Natur das Bewusstsein entwächst, so expliziert die Transzendentalphilosophie, wie das Bewusstwerden von Natur entsteht. Beide Ansätze scheinen sich gegenseitig zu ergänzen, blieben aber unverbunden nebeneinanderstehen. Es war nicht zu ersehen, wie man von der Transzendentalphilosophie eine Brücke zur Naturphilosophie schlagen kann, wenn die Dinge um uns doch wieder nur Setzungen des unbewussten Ich in uns sind.

Eine Lösung brachte die *Identitätsphilosophie,* die, kaum Abwechslung bietend, sich als äußerst einförmig erwies, ohne darum einfach zu sein. Ihr zufolge gibt es gar keine Gegensätze, sondern alles ist eins: Natur und Geist, Realität und Idealität, Subjekt und Objekt, Freiheit und Notwendigkeit. Diese verschiedenartigen Bestimmungen galten jetzt nur noch als unterschiedliche Erscheinungsweisen oder Darstellungsformen des einen göttlichen Universums, der sogenannten absoluten Identität. Allerdings stellte sich dieser Ansatz bald als problematisch heraus, weil Natur und Geschichte sich darin völlig entwirklichten. Die uns als unleugbare Tatsachen gegebenen endlichen Dinge erschienen nur noch wie unwesentliche Schattengestalten; das Konkrete drohte im Allgemeinen unterzugehen, die Freiheit hinter der Notwendigkeit zu verschwinden.

Je mehr aber die wirkliche Wirklichkeit aus Schellings Gesichtsfeld trat, umso stärker wurde er erst auf sie aufmerksam. Nachdem er die Natur in seiner stark durch Fichte geprägten Frühphase schon einmal aus dem Blick verloren hatte, sollte er sie noch ein weiteres Mal verlieren, um sie dann endgültig zurückzugewinnen. Fortan ließ er den Glauben an die Realität der endlichen Welt, der uns Schritt für Schritt durchs tägliche Leben begleitet, nicht mehr los; gerade die vorübergehende, vergängliche Existenz verdiene den Namen »Wirklichkeit«, meinte er jetzt. Auch alle in der Identitätsphilosophie bestrittenen Gegensätze der Welt erfuhren nach 1806 mehr und mehr Beachtung, es taten sich in der Folge sogar bis dahin unbekannte Abgründe auf. So verlor die eine göttliche Identität ihren bisherigen Glanz durch die Vorstellung einer dunklen Natur in Gott. Wenn auch der Geist weiterhin das Bestimmende blieb, standen nun Begriffe wie Wille, Sucht und Begierde im Vordergrund. Schopenhauer und Nietzsche ähnlich, hob Schelling jetzt die dunklen, triebhaften Seiten des Lebens hervor, ordnete sie aber trotzdem nach wie vor der absoluten Vernunft und dem göttlichen Geist unter, was sich auch wie folgt beschreiben läßt: In der Freiheits- und Weltalterphilosophie klang zwar eine irrationale Sicht der Welt bereits an, setzte sich aber noch nicht durch.

In seiner letzten und längsten Denkphase äußerte sich Schelling wiederum eher selten über den blinden Willen, an dessen

Stelle das Rätsel der Existenz getreten war. Musste demnach in den *Weltaltern* die Vernunft lediglich das Irrationale und Triebhafte als gegeben hinnehmen, so war sie jetzt zusätzlich gezwungen, die Existenz der Welt als unableitbare Tatsache und damit als großes Rätsel anzuerkennen. Aber die Vernunft blieb auch in der negativen und positiven Philosophie mächtig genug, das triebhaft Dunkle zu mäßigen und zu formen, und fähig zu bestimmen, was existieren würde, wenn etwas existierte. Trotzdem war das für die Philosophie des Deutschen Idealismus kennzeichnende Vertrauen in die Allmacht der Vernunft zutiefst erschüttert. Diese musste sich nun eingestehen, weder die dunklen Seiten der Natur vernichten noch die rätselhafte Existenz der Welt erschaffen zu können.

Dazu kommt, dass Vernunft und Gott, die in der Identitätsphilosophie kaum auseinandergehalten wurden, fortan immer weiter auseinandertraten; es stellte sich nach und nach heraus, dass sie zwei ganz unterschiedliche Kräfte darstellen und nicht mehr dasselbe bedeuten. Lediglich ihre Macht und Befehlsgewalt erwiesen sich als gleichermaßen begrenzt.

Denn nach Schelling kann nicht einmal Gott das triebhaft Dunkle oder die Existenz der Welt erschaffen oder zerstören, da beides zu seiner ursprünglichen Natur gehört. Gott besitzt nur die Möglichkeit, die dunklen Elemente in sich mit seiner Liebe zu vergeistigen und das eigene unvordenkliche Sein in Weltexistenz zu verwandeln. Als reiner Geist oder absoluter Herr kann er sich über die Tiefenschicht seiner Existenz erheben, diese sogar verändern und umbilden, sie aber niemals erzeugen oder vernichten. Gott erschuf die Welt aus freiem Entschluss, brachte sie aber nicht aus dem Nichts hervor, sondern aus sich selbst, wie der späte Schelling, alte Mythen und die christliche Offenbarung in seine Überlegungen mit einbeziehend, immer wieder betonte.

So sehr sich das Schwergewicht der Schellingschen Arbeit im Laufe der sechs Jahrzehnte unermüdlichen Schaffens auch verlagerte, eine alle Werke miteinander verbindende Gemeinsamkeit ist, dass in ihnen das Sein stets aus zwei gegensätzlichen Grundkräften abgeleitet wird, deren Bedeutung sich allerdings – den Wandlungen seiner Philosophie gemäß – ständig verschiebt. Außerdem hält er in fast allen Schaffensphasen an der Vorstellung eines zielstrebig ablaufenden Naturprozesses fest; hier zeigt sich die Idee eines Fortschritts in der Geschichte, in welcher dem Menschen als Endzweck eine herausragende Rolle zufällt.

Anfangs betonte Schelling, dass die Welt durch den Menschen existiere und nicht für ihn. Später machte er den Menschen zum Selbstbewusstsein des Absoluten, das, für sich selbst blind, die ganze Welt mit dem Menschen an der Spitze hervorgebracht hat, um durch ihn sehend zu werden. Schließlich soll Gott den Menschen erschaffen haben, um von ihm geliebt und als Gott erkannt zu werden. Daraus wird deutlich, dass Schelling fast durchgehend einen anthropozentrischen Standpunkt vertritt, dem zufolge im Mittelpunkt allen Geschehens der Mensch steht. Schelling bewegt sich ganz im Horizont christlicher Vorstellungen, wonach Mensch und Gott enger zueinander gehören als Mensch und Natur, wie Löwith treffend formulierte.[109]

Allerdings bindet Schelling Mensch und Natur gleichfalls eng aneinander, was ebenfalls eine Form von Anthropozentrismus darstellt. Menschliche Bestimmungen auf die Natur im Ganzen übertragend, erkennt er in den Lebewesen eine Stufenfolge stets abnehmender Geistigkeit und Freiheit, die der menschlichen analog sei. Diese Anthropomorphisierung von Tier, Pflanze und Materie, die es Schelling ermöglichte zu erklären, wie der Mensch als Teil der Natur aus dieser hervorgehen konnte, erweist sich bei näherem Hinsehen als versteckter Anthropozentrismus. Denn wird die Natur vom Menschen her interpretiert, so kann dieser in ihr nur noch sich selbst begegnen, womit er sich einmal mehr eine Sonderstellung in der Welt anmaßt. Die Frage bleibt jedoch, ob er dazu berechtigt ist und ob ihm der selbstverliehene hohe Rang in der Welt tatsächlich zukommt.

Schelling interpretiert aber nicht nur die Welt anthropomorph, sondern auch Gott, dem er gleichfalls menschliche Züge verleiht. Gott und Mensch seien äußerst eng miteinander verwandt, ihrem Wesen nach sogar einander gleich. In seiner Religionsphilosophie beschreibt er Gott als Lebewesen mit bewusstloser Triebschicht, über die sich der göttliche Geist, die Macht der Liebe, nach und nach erhoben habe, um sich jene zu unterwerfen. Auch dieser Anthropomorphismus ist wieder anthropozentrisch, denn die Interpretation Gottes als Ebenbild des Menschen sagt im Grunde weniger über Gott aus als vielmehr über den Menschen und dessen Bereitschaft, sich selbst die Krone der Schöpfung aufs Haupt zu setzen.

Heute sind anthropozentrische Ideen weitgehend verpönt, und anthropomorphe Vorstellungen gelten als unzeitgemäß und unzutreffend; die Übertragung menschlicher Eigenschaften auf die außermenschliche Natur enthalte einen schweren Kategorienfehler, sagt man, denn beide seien ganz unterschiedlicher Art. Trotzdem erfreut sich Schellings Natur- und Religionsphilosophie auch in unserer Zeit großer Beliebtheit, wie überhaupt die zahlreichen neueren Veröffentlichungen über sein Lebenswerk den Eindruck erwecken können, als erlebten wir in den letzten Jahren eine Schelling-Renaissance. Aber der Schein trügt: Schellings untergehende Sonne wirft bloß lange Schatten!

Das neu erwachte Interesse an seiner Natur- oder Religionsphilosophie bedeutet keineswegs deren Wiederbelebung und Erneuerung. Die meisten Abhandlungen darüber, die vorliegende nicht ausgenommen, sind vor allem philosophiegeschichtlicher Art oder beziehen sich auf neu edierte Texte, die oftmals mit so großer Sorgfalt interpretiert werden, als zeichnete sich darin ein neues Schelling-Bild ab, was aber für gewöhnlich nicht der Fall ist.

Sicherlich bleibt das Verstehen und Auslegen philosophischer Klassiker eine wichtige Aufgabe, aber die Entwicklung kann heute so wenig »zurück zu Schelling«, wie sie einst »zurück zu Kant« gehen konnte. Schellings Interpretationen von Natur und Kunst entsprechen nicht mehr unserem heutigen Wirklichkeitsverständnis, und eine Theologie, die seine Religionsphilosophie nötig hätte, würde sich selbst einen großen Dienst erweisen, wenn sie ihren Betrieb gänzlich einstellte. Nicht dass Schelling schon ganz historisch geworden wäre, wohl aber tut sich mittlerweile eine unüberbrückbare Kluft zwischen uns und seinen spekulativen Weltdeutungen auf. Ohne Zweifel sind seine Ausführungen nach wie vor interessant, aber kaum mehr überzeugend. Dabei sind es gar nicht so sehr einzelne Aussagen, denen man die Zustimmung verweigern möchte; das ganze idealistische Systemdenken gilt mittlerweile als überholt, wenn nicht sogar als widerlegt. Wie die Dinge auch liegen, 1854 ist nicht nur ein großer Philosoph des Abendlandes gestorben, sondern mit seinem Tode ging das Zeitalter der idealistischen Metaphysik insgesamt zu Ende.

Allerdings gehen die Meinungen darüber, was für die idealistische Metaphysik noch möglich ist, weit auseinander. So muss man zugeben, dass sich das in der idealistischen Metaphysik erreichte Reflexionsniveau kaum überbieten lässt, also ein philosophischer Standpunkt oberhalb von Fichte, Hegel oder Schelling fast unvorstellbar ist. Gleichfalls stimmt wohl, dass man aus ihren Denkgebäuden nicht mehr herauskommt, hat man sich erst einmal in sie hineinbegeben und auf eine ernsthafte Auseinandersetzung mit ihnen eingelassen. Aber ein Reflexionsniveau nicht überbieten zu können, ist das eine, an die Wahrheit eines philosophischen Systems zu glauben, etwas ganz anderes, wie bereits Löwith betonte.[110] Auch wenn die idealistischen Systeme nicht vollkommener und umfassender sein könnten, als sie sind, so müssen sie darum noch lange nicht überzeugen, denn weniger ist oft mehr, alles manchmal zu wenig.

Auf jeden Fall darf ein heutiger Philosoph so wenig von den modernen Naturwissenschaften absehen wie von Nietzsche, Marx, Freud und vielen anderen nachidealistischen Denkern. Es ist schwer vorstellbar, wie hundertsiebzig Jahre nach Schelling seine Philosophie zu neuem Leben erwachen könnte, so als sei unterdessen nichts geschehen. Vielleicht haben alle Späteren sein Reflexionsniveau unterboten, möglicherweise war das aber der einzige Wege, die Grenzen zu erkennen, die uns Menschen gesetzt sind. Wie kann ein philosophisch Denkender heute noch ernsthaft daran glauben, dass sich das Absolute aus dunklem Willen und geistiger Liebe zusammensetzt, und dieses Gottesbild mit dem Leben in der wissenschaftlich-technischen Zivilisation in Einklang bringen? So groß das Maß an Konsequenz in Schellings spekulativer Theologie auch ist, seine Gedanken sind wohl nur für jene wirklich einleuchtend, die sich Fragen dieser Art nicht stellen, weil sie von der Wahrheit seiner Ideen grundsätzlich überzeugt sind.

Zudem ist die Zeit, in der man sich von philosophischen Gesamtsystemen beeindrucken ließ, ein für allemal vorbei; der metaphysische Lärm ums Ganze ruft heute meist nur noch Schulterzucken und Kopfschütteln hervor. Es herrscht eine große Gleichgültigkeit den höchsten und letzten Fragen gegenüber. Kaum noch einer wagt, den Hochsitz der Metaphysik zu besteigen, von dem aus man früher glaubte alles überblicken zu können; zu tief ist das Vertrauen in die spekulative Kraft des Denkens gesunken. Eher findet man es »zum Lachen, was so ein

Philosoph sich für Vorstellungen ausheckt«[111]. Tatsächlich ist es trotz aller Auf- und Zurüstungen um die alte Metaphysik und den spekulativen Idealismus ruhig geworden. Auch heute noch gilt: Die alten Metaphysiker duldet man »nur noch an den Universitäten wie man eine alte Ruine neben einem neuen Etablissement duldet«[112].

Es wird betont, dass metaphysische Systeme die Grenzen menschlichen Erkennens übersteigen und, diesen Standpunkt auf die Spitze treibend, dass sie sogar außerhalb von allem mit absoluter Bestimmtheit sinnvoll Denk- und Sagbaren liegen. Jedenfalls gibt es in der Wirklichkeit nichts, was darüber hinausweist, meinen viele. Zwar biete das Weltall ein bewundernswertes, wenn nicht sogar anmutiges Schauspiel. Dieses sei aber letztlich ohne Belang und ohne tiefere Bedeutung; es stecke nichts dahinter, wird betont. Andere bezweifeln, dass sich spekulative Systeme mit dem Weltbild der modernen Naturwissenschaft vereinbaren lassen, deren Ergebnisse doch von ungeheurer Tragweite seien. Sie besäßen die Kraft, alle höheren Sinnmodelle zu stürzen. In jedem Falle sei das Buch der Natur zu umfassend, als dass es sich in einigen allgemeinen Sätzen metaphysischer Art zusammenfassen ließe. Und für wieder andere sind spekulative Gedankengebäude nur Ausdruck von illusionärem Wunschdenken und sozialen Problemen oder ganz einfach auf allgemeinmenschliche Angst zurückzuführen. Das Spekulative ist heute nicht mehr spektakulär.

Von diesen allgemeinen Tendenzen unserer Zeit ausgehend, fällt es schwer, Schelling, der so viel auf einmal wollte, wirklich gerecht zu werden. Zwar sind seine Systeme, die wie Pakete nur komplett zustellbar scheinen, nicht mehr die unsrigen, ihre Wirkung haben sie aber doch. Man kann sagen, dass Schellings Leistungen auf den Gebieten der Natur-, Kunst- und Religionsphilosophie ebenso unbestritten wie umstritten sind, was damit zusammenhängt, dass darin auf jede tragfähige Erkenntnis eine geistige Zumutung folgt. So drängt sich die Frage auf, welche Teile von Schellings Denken noch lebendig sind und welche nicht. Denn es steht wohl fest: Selbst wenn die Stützpfeiler nicht mehr tragen, verschiedene Sparren und Balken lassen sich doch weiter verwenden.

Beispielsweise ist seine erkenntnistheoretische Grundfrage, was dazu berechtigt anzunehmen, dass die eigenen Vorstellungen der Welt mit der Welt selbst übereinstimmen, heute so bedenkenswert wie zur damaligen Zeit. Aber überzeugt uns seine Antwort darauf, dass wir die Wirklichkeit nur deshalb erkennen können, weil in ihr ein unbewusster Geist wirkt, der unserem Ich strukturell in jeder Beziehung gleicht? Ähnliche Fragen ergeben sich für fast alle Problemfelder und Arbeitsgebiete Schellings.

Häufig wird darüber diskutiert, ob seine Naturphilosophie tatsächlich naturwissenschaftliche Ergebnisse seiner und der späteren Zeit vorweggenommen habe. Ebenfalls umstritten ist, wie naturwissenschaftlich gebildet er wirklich war und ob er wie alle romantischen Naturpoeten spekulative Konstruktion und empirische Erfahrung auf unhaltbare Weise miteinander vermengte. Hierzu gäbe es viel zu sagen. Der eigentliche Wert seiner Naturphilosophie besteht aber doch wohl darin, die idealistische Naturvergessenheit überwunden zu haben, wie Friedrich Engels bildhaft formulierte: »Er riß die Türflügel des Philosophierens weit auf, daß der frische Hauch der Natur durch die Räume des abstrakten Gedankens wehte, daß der warme Frühlingsstrahl auf den Samen der Kategorie fiel und alle schlummernden Kräfte erweckte.«[113]

Verschiedentlich neigte die Philosophie früherer Jahrhunderte dazu, die Natur um uns und das Weltall über uns zu vernachlässigen. Sokrates soll bereits gesagt haben: »Ich bin eben lernbegierig, und Felder und Bäume wollen mich nichts lehren, wohl aber die Menschen in der Stadt.»[114] Ähnlich fragte der Stoiker Epiktet: »Was liegt mir daran, ob das Weltall aus Atomen [...] oder aus Feuer und Erde besteht? Genügt es denn nicht, das Wesen des Guten und des Bösen zu erkennen [,..]?»[115] In Anschauungen dieser Art hat der idealistische Vorbehalt gegen Naturerkenntnis seine Wurzeln, die aber nicht nur ethischer, sondern auch religiöser Art sind.

So mahnt der Kirchenvater Arnobius: »Ob die Sonne größer ist als die Erde, oder nur einen Fuß in die Breite mißt, ob der Mond mit fremdem oder eigenem Licht erstrahlt? Das zu wissen bringt keinen Nutzen, nicht zu wissen, keinen Schaden. Euer Wohl ist in Gefahr: das Heil nämlich eurer Seelen.»[116] Ähnlich äußerte sich der Kirchenvater Augustinus: »Auch wißbegierig und neugierig sollen wir nicht sein. Manche halten es für etwas Großes, wenn sie [...] diese gesamte Körpermasse, welche Welt genannt wird, aufs sorgfältigste erforschen. Die Seele unterdrücke diese eitle Wißbegierde, die den Menschen meistens zu dem Glauben verleitet, daß nur Körperliches existiere.»[117]

Man erkennt, dass die Erforschung der Natur hier nicht nur als unerheblich für das menschliche Selbstverständnis abgetan wird, sie gilt auch als schädlich und gefährlich, weil sie einerseits von der Sorge um das eigene Heil ablenkt und andererseits dazu verführt, die ganze Wirklichkeit auf die naturhafte Welt zu reduzieren. Antinaturalistische Idealisten stehen in dieser Tradition, wenn sie, vom Primat der praktischen Vernunft überzeugt, das für den Menschen Wesentliche gerade nicht in der Natur erkennen wollen.

Deshalb ist grundsätzlich Löwiths Urteil zuzustimmen, dass die idealistische Verabsolutierung des Geistes »ihre fernste Herkunft im theologisch-anthropologischen Weltbegriff des Christentums«[118] habe, eine Tatsache, die weder Schelling noch Hegel leugnete und mit der sich bereits Linkshegelianer wie Moses Hess, Ludwig Feuerbach oder Max Stirner kritisch auseinandersetzten.[119] Nach Löwith hat bereits die Schöpfungs- und Erlösungsgeschichte, die dem Menschen unter allen Kreaturen eine Sonderstellung zuerkannte, den Blick auf eine Welt verengt, in der Natur entweder kaum vorkommt oder ausschließlich vom Menschen her verstanden wird. Sowohl Fichte als auch Hegel bewegten sich vor diesem Horizont, indem sie die Natur von vornherein negativ vom sich wissenden Verstand her als Setzung des Ich oder als geistlose Äußerlichkeit bestimmten. Wenn auch in ihrer Philosophie des Geistes die Natur als Teil des Systems erscheint, so blickten sie doch voll Verachtung auf diese herab. Löwith führt in diesem Zusammenhang gerne eine Bemerkung Hegels an, der gesagt haben soll, »die Sterne seien nur eine Art Licht-Ausschlag, so wenig bewunderungswürdig als einer am Menschen oder als die Menge von Fliegen«[120].

Diese idealistische Naturverachtung und -verdrängung, die sich auch in unserem Jahrhundert an philosophischen Strömungen wie Phänomenologie, Existentialismus und Hermeneutik beobachten lässt, durchbrochen zu haben, gehört zu Schellings großen Verdiensten. So sehr er die außermenschliche Welt ernst nahm, so wenig widerstand er aber der Versuchung, das unermessliche Universum über der lebendigen Natur zu vergessen. Kaum ein Wort über die neuzeitliche Kosmologie, welche die stolze Anmaßung des Menschen, Mitte und Krone der Welt zu sein, in eine tiefe Plausibilitätskrise stürzte! Obwohl Schelling längst bekannt war, dass wir in einem riesigen Weltall leben, an dessen Größe gemessen die Erde und der Mensch darauf winzig und flüchtig erscheinen, befasste er sich damit kaum, als habe er die sich daraus ergebenden Gefahren für die eigene Philosophie bereits geahnt. Denn die Erkenntnis, dass das großräumige Weltall äußerst lebensfeindlich ist, aus öden Wüsten, toten Kraterlandschaften und sprühenden Heliumbränden besteht, stellt alle Formen von Anthropozentrismus und darüber hinaus die Vorstellung vom Universum als All-Organismus in Frage – gerade jene Ideen, an denen Schelling besonders lag.

Dessen ungeachtet verdient volle Anerkennung, dass er der sinnlichen Erfahrung der blühenden, sichtbaren Natur wieder zur Geltung verhalf, die sie im mechanistischen Zeitalter verloren hatte. Für die Entwicklung der neuzeitlichen Naturwissenschaften ist eine allmähliche Zerstörung der sinnlichen Erfahrungsbasis charakteristisch, die Philosophen mit ganz unterschiedlicher Herkunft beklagten. So kann man beispielsweise bei Karl Marx lesen: »In Bacon [...] birgt der Materialismus noch auf eine naive Weise die Keime einer allseitigen Entwicklung in sich. Die Materie lacht in poetisch-sinnlichem Glanze den ganzen Menschen an. [...] In seiner Fortentwicklung wird der Materialismus [aber] einseitig. [...] Die Sinnlichkeit verliert ihre Blume und wird zur abstrakten Sinnlichkeit des Geometers. Die physische Bewegung wird der mechanischen oder mathematischen geopfert; die Geometrie wird als die Hauptwissenschaft proklamiert. Der Materialismus wird menschenfeindlich.«[121] Ähnliches steht bei Ludwig Feuerbach, dem zufolge sich das Geheimnis des Seins weder abstrakten Formeln noch philosophischen Konstruktionen entreißen lässt, sondern allein der sinnlichen Anschauung und Empfindung.

In die gleiche Richtung weisen auch die Darlegungen Edmund Husserls, des Begründers der Phänomenologie, der den allmählichen Geltungsverlust der sinnlich erfahrenen Natur als zweistufigen Prozess darstellt: Zuerst sei die Natur durch anschauliche Figuren wie Kreise oder Dreiecke geometrisiert worden, dann habe man sie arithmetisiert, indem man die anschaulichen Bestimmungen der Geometrie in unanschauliche Formeln übersetzte.[122] In diesem von Marx, Feuerbach, Husserl und vielen anderen besprochenen Übergang von der bunten Erlebniswelt zur arithmetischen Formelwelt sah bereits Schelling, den romantischen Naturphilosophen ähnlich, eine Form von Naturverstümmelung, an der er wie sie ernsthaft Anstoß nahm und die er nicht unwidersprochen hinnehmen wollte.

Aber ist die Annahme eines in der Natur wirkenden unbewussten Geistes und die Vorstellung der Naturgeschichte als Fortschrittsgeschehen darum schon einleuchtend, weil das Gegenteil davon Unbehagen und Kopfzerbrechen bereitet? Heute jedenfalls sind Ideen solcher Art zur Naturbeschreibung nicht mehr erforderlich, selbst wenn sie noch möglich sein sollten, denn damit wären sie keineswegs schon überzeugend.

Mittlerweile weiß man, dass die Linie der naturgeschichtlichen Entwicklung nicht mit der kürzesten Verbindung zwischen Anfangs- und Endpunkt zusammenfällt. Die zwei Bilder der Naturgeschichte – die Leiter des Fortschritts und der Kegel der wachsenden Vielfalt – haben sich als problematisch, um nicht zu sagen als unhaltbar erwiesen. Die Entwicklung des Lebens verlief nicht ständig aufwärts zu einem immer Höheren und Komplexeren, die bisherige Geschichte der Natur war kein kontinuierliches Fortschrittsgeschehen, sondern ist gekennzeichnet von Phasen massenhaften Aussterbens mit anschließender Differenzierung der überlebenden Stämme. So soll im Kambrium, vor rund 500 Millionen Jahren, die Verschiedenartigkeit des Lebens am größten gewesen sein, während in den darauffolgenden Jahrmillionen nach heutigem Stand der Erkenntnis ein ungeheurer Dezimierungsprozess aller bis dahin entstandenen Baupläne stattfand. Allein im Perm, vor rund 225 Millionen Jahren, gingen wissenschaftlichen Schätzungen zufolge mehr als neunzig Prozent aller aus dem Meer stammenden Arten zugrunde, und wenn am Ende der Kreidezeit, vor rund 65 Millionen Jahren, die

Dinosaurier nicht ausgestorben wären, dann hätten die bis dahin nur in Nischen überlebenden Säugetiere sich gar nicht weiterentwickeln können, so dass es uns Menschen heute gar nicht gäbe. Weit davon entfernt, strahlender Höhepunkt und Endzweck einer auf ihn ausgerichteten Naturentwicklung zu sein, ist also der Mensch vermutlich das Ergebnis eines richtungslosen, äußerst wechselvollen Evolutionsdramas und darin nur ein flüchtiges Detail, ein winziger Zweig vom Ast des üppigen Naturbaumes – und nicht mehr![123]

Dennoch muss man zugeben, dass Schellings Naturphilosophie wichtigen Fragen nachgeht, von denen wir auch heute nicht einfach abrücken können. So ist seine Vorstellung der Natur als eines von geistigen Kräften gelenkten Fortschrittsgeschehens nicht nur dazu imstande, wohliges Weltbehagen zu verbreiten und dadurch Weltvertrauen zu stiften – eine Antwort auf ein urmenschliches Bedürfnis! Sie ist auch dazu fähig, den alten Gegensatz zwischen Mensch und Natur zu überwinden und beide zu einer Einheit zu verschmelzen. Dieser Vermittlungsversuch erscheint auch gegenwärtig noch einleuchtend, da der Mensch doch Teil der Natur ist, welch herausragende Stellung er darin auch immer haben mag. Plausibel ist weiter der Gedanke, dass der bewusste Geist nur deshalb entstehen konnte, weil er zuvor bereits in der außermenschlichen Natur unbewusst existierte. In die heutige Sprache übersetzt, bedeutet das: Das Bewusstsein ist nicht ohne Verbindung mit der vormenschlichen Geschichte des Lebens denkbar; es besteht eine wie auch immer geartete Verwandtschaft zwischen Pflanzen-, Tier- und Menschenwelt.

Das klingt überzeugend, beweist aber nichts, wenn man bedenkt, dass die Eingliederung des Menschen in die Naturgeschichte auch die Möglichkeit offenhält, das bewusste Leben als Begleiterscheinung neurophysiologischer Prozesse und genetischer Programme vorzustellen. Dann spricht mehr dafür, in ihm ein ohnmächtiges Zufallsprodukt einer langen, richtungslosen Entwicklung in einem unermesslichen Weltall mit Milliarden von Sonnen und Galaxien zu sehen, in dem die Menschheit vor Jahrmillionen überhaupt nicht existierte und in dem es sie auch einmal nicht mehr geben wird. Das heißt: Je deutlicher die Unerheblichkeit des menschlichen Geistes im gesamten All und seine Abhängigkeit von anonymen Naturvorgängen werden, desto unwahrscheinlicher wird die Vorstellung eines in der Natur wirkenden unbewussten Geistes! Der Mensch scheint wie alle anderen Lebewesen ein vergänglicher Teil der wissenschaftlich entzauberten Natur zu sein, in der eine Macht wie die Weltseele kaum noch Platz findet. Dennoch fordert Schelling mit Recht, die Natur so zu denken, dass der Mensch, wie er ist, aus ihr hervorgehen konnte, um auf diesem Wege den in der Philosophie seit Jahrhunderten klaffenden Graben zwischen Mensch und Natur zu überbrücken.

Darüber hinaus sind Schellings Ausführungen über die dunklen Seiten des Lebens, den drängenden, triebhaften Willen in Mensch und Natur beachtenswert. Nicht nur, dass sie wesentliche Erkenntnisse der Willensmetaphysik Schopenhauers und Nietzsches, der Lebensphilosophie Bergsons und Simmels oder der Psychoanalyse Freuds vorwegnehmen, sie bringen auch ins allgemeine Bewusstsein – was man eigentlich wissen sollte, damalige Philosophen aber gelegentlich vergaßen -, dass es nämlich in der Welt keineswegs immer vernünftig zugeht. Allerdings erweisen sich auch diese Darlegungen bei näherem Hinsehen als problematisch. Weniger ruft die optimistische Vorstellung Zweifel hervor, dass am Ende die helle Vernunft den dunklen Willen bezwingen wird, als vielmehr die vorwitzige Übertragung solcher Begriffe wie Sucht, Wille, Begierde auf die Wirklichkeit im Ganzen und auf Gott. Es entsteht der Verdacht eines unzulässigen Denkschrittes, einer Grenzüberschreitung, eines Kategoriensprungs, bei dem Bestimmungen aus der einen Sphäre in eine ungleichartige andere projiziert werden. Konkreter gesprochen, scheinen unzulässigerweise Eigenschaften des menschlichen und tierischen Bereichs auf angrenzende Gebiete übertragen zu werden, denen diese Eigenschaften nicht angehören, weswegen sie ihnen äußerlich bleiben.

Uneingeschränkt zustimmungswürdig ist dagegen Schellings Wende zur wirklichen Wirklichkeit; darin liegt geradezu das Besondere seiner Spätphilosophie, das ihn mit vielen Linkshegelianern verbindet, ob sie Ruge, Feuerbach, Marx oder Kierkegaard heißen.[124] Sie alle orientierten sich an den Begriffen »Wirklichkeit« und »Existenz« und werteten wie Nietzsche das vorübergehende, zufällige Sein als echte Realität. Schelling ähnlich warfen sie Hegel ein Versagen der wirklichen Welt gegenüber vor, unter der sie allerdings etwas anderes als Schelling verstanden, weshalb sie sich auch von dessen Philosophie enttäuscht abwandten. Ihre Auseinandersetzung mit der Welt bezog sich auf die politischen, wirtschaftlichen und ethisch-religiösen Verhältnisse der damaligen Zeit, war also praktisch ausgerichtet, während sich Schelling für die realen Gegebenheiten nur theoretisch interessierte. Wie fast alle traditionellen Philosophen suchte er das Wissen um des Wissens willen und wollte die Welt nicht verändern, sondern nur verstehen.

Dabei maß er dem Rätsel der Existenz große Bedeutung bei, wie es in der Urfrage der Metaphysik »Warum ist überhaupt etwas und nicht vielmehr nichts?« aufs deutlichste hervortritt. Den antiken Griechen von Heraklit bis zu den Stoikern blieb diese Frage weitgehend verborgen, weil sie sich das göttliche Weltall als selbstgenügsam, unentstanden und unvergänglich vorstellten. Selbst im antiken Christentum und im Mittelalter blieb das Rätsel der Existenz verdeckt, so merkwürdig das auch klingen mag, da man die Welt von vornherein als aus dem Nichts heraufbefohlenes Werk Gottes interpretierte. Die Erfahrung der Rätselhaftigkeit der Welt ist demnach ebenso nachgriechisch wie nachchristlich. Geschichtlich gesehen trat sie sogar erst in dem Moment auf, als die großen Antworten auf die letzte Warumfrage selbst fragwürdig wurden. Erst als man sich nicht mehr sicher im Besitz höchster Wahrheiten wusste, war es möglich zu fragen: Warum ist die Welt überhaupt? So gesehen entspringt die neuzeitliche Erfahrung der Rätselhaftigkeit der Weltexistenz einem Zweifel besonders an der christlich-metaphysischen Schöpfungsphilosophie[125]; bei Schelling verhält es sich anders.

Nach ihm ergibt sich diese Rätselhaftigkeit aus dem Eingeständnis der absoluten Vernunft, mit der Erschaffung der Welt überfordert zu sein, woraufhin sich die Frage aufdrängt, woher und warum diese Welt überhaupt ist. Hier entspringt die letzte Warumfrage einem eigentümlichen Endlichkeits- und Ohnmachtsgefühl der absoluten Vernunft, die sich außerstande sieht, die Welt zu erschaffen.

Auch heute sind viele davon überzeugt, dass die Existenz der Welt an sich rätselhaft ist, ohne zu erwägen, dass es dieses Rätsel möglicherweise gar nicht gibt. Denn falls die Welt ohne letzten Grund aus sich heraus existiert, wie die antiken Griechen tendenziell annahmen, erübrigt sich auch die Frage danach. Diese wäre fortan gegenstandslos und nur noch sinnvoll, um die bemerkenswerte Tatsache, dass Welt überhaupt ist, bewusst zu machen. Hierbei verwandelte sich die Erfahrung des Existenzrätsels in ein Staunen über das im Grunde grundlos bestehende All; Verwunderung schlüge in Bewunderung um. Unklar ist nur, ob die Welt wirklich ohne außerweltlichen Daseinsgrund existiert.

Der späte Schelling bestritt das nachdrücklich. Ganz traditionell hielt er die Vorstellung für widersinnig, dass eine vernünftig geordnete Welt ohne göttlichen Urheber existieren könnte. Solange man im gesamten Kosmos einen sinnvollen Ordnungszusammenhang erkennt, ist es nur natürlich, diesen auf ein göttliches Absolutes zurückzuführen und von diesem her zu erklären. Anders sieht es dagegen aus, wenn man in der Welt einen solchen Ordnungszusammenhang nicht mehr sieht, das Universum, wie Nietzsche, nur noch als »Chaos«[126] erlebt, dem die traditionellen Werte »Ordnung, Gliederung, Form, Schönheit, Weisheit«[127] fehlen. Dann wird man vermutlich eher zu der Überzeugung gelangen, das Ganze sei weder das Leben eines göttlichen Absoluten noch entstamme es einem solchen. Ob es sich aber in Wahrheit so verhält, muss hier offenbleiben; es soll nur deutlich werden, dass es das Rätsel der Existenz womöglich gar nicht gibt.

Man hält Schelling mit Recht für einen Vorläufer der nachidealistischen Lebensphilosophie und des modernen Existentialismus, weil er den dunklen Naturwillen und die rätselhafte Existenz entdeckte. Auch wenn er in seiner Spätphilosophie den Ausdrücken Vernunft, Geist und Liebe weiterhin eine führende Rolle zuerkennt, so hat er doch mit dem Absolutismus der idealistischen Vernunft gebrochen. Als Vorreiter der beiden obengenannten Geistesströmungen hat er die idealistische Vernunftmetaphysik vollendet und dadurch zugleich überwunden.

Üblicherweise würdigt man Schelling als Übergangsphilosophen von Kant und Fichte auf der einen Seite zu Hegel auf der anderen Seite; er nehme eine mittlere Position dazwischen ein. Doch nicht erst seit heute bestehen begründete Zweifel an der Richtigkeit dieser Einteilung. Einhundert Jahre vor Walter Schulz, einem der besten Schelling-Kenner, rückte bereits Eduard von Hartmann[128] Schelling zwischen Hegel und Schopenhauer und stellte ihn damit an die Spitze des Deutschen Idealismus. Hegel sei reiner Panlogist, der alles Sein und Wollen in Vernunft auflöse, außer der es sonst nichts gebe; Schopenhauer dagegen radikaler Voluntarist, für den Vernunft und Denken nur ohnmächtige Randerscheinungen eines geistlosen, triebhaften Willens darstellten, der die gesamte Wirklichkeit repräsentiere – und in der Mitte zwischen beiden liege der späte Schelling: Im Gegensatz zu Schopenhauer, dafür aber mit Hegel übereinstimmend, halte er einerseits an der Vorstellung einer sinnvoll geordneten Welt wie überhaupt am Vorrang von Geist und Vernunft fest; andererseits betone er wie Schopenhauer, aber genau entgegengesetzt zu Hegel, die Vernunftlosigkeit von »Wille« und »Existenz«. Schelling habe nämlich nicht nur erkannt, dass sich die wirkliche Wirklichkeit nicht aus der Vernunft ableiten lasse, sondern auch, dass in ihr teilweise Chaos, Regellosigkeit, Drang und Begierde herrschten, kurz, vernunftlose Kräfte, die er unter den Begriff des dunklen Willens brachte.

Über diese Deutungen Eduard von Hartmanns gehen die Interpretationen von Walter Schulz[129] noch hinaus. Mit großem Schwung und eindringlichen Worten legt er dar, dass beide, der späte Schelling und der späte Fichte, Hegel an philosophischer Reflexion weit übertroffen hätten, indem sie die endliche Faktizität der absoluten Vernunft betonten. Denn diese sei nicht nur unfähig, die Existenz der Welt hervorzubringen, in der keineswegs alles vernunftgemäß ablaufe; die Vernunft sei darüber hinaus gezwungen zuzugeben, dass sie weder durch sich selbst noch durch Mensch, Natur oder Geschichte existiere, sondern allein dank eines auch ihr vorgeordneten göttlichen Absoluten.

Dieser Aspekt spielt in der von Schelling beeinflussten Lebensphilosophie keine nennenswerte Rolle. Wie bereits ausgeführt, sind die »Lebensphilosophen« nur einseitig an der Idee des vernunftlosen Willens interessiert, innerhalb dessen sie nicht mehr streng zwischen Leben und Geist unterscheiden. Bergson, Dilthey oder Simmel, sie alle führen Denken und Vernunft auf das eine unfassbare Leben zurück, das sie im Gegensatz zu Schelling ins Grenzenlose steigern und als an sich sinn- und wertvoll darstellen.

Die Existenzphilosophen dagegen verlagern, worauf schon der Name hinweist, das Schwergewicht auf den Begriff der »Existenz«. Ihr Begründer Kierkegaard hatte 1841 Schelling in Berlin gehört und sich anfangs über dessen Vorlesungen begeistert geäußert: »Ich bin so froh, Schellings zweite Vorlesung gehört zu haben – unbeschreiblich. So habe ich ja lange geseufzt und die Gedanken geseufzt in mir; da er das Wort ›Wirklichkeit‹ nannte über das Verhältnis der Philosophie zur Wirklichkeit, da hüpfte die Gedankenfrucht in mir vor Freude [...]. Ich erinnere fast jedes Wort, das er von diesem Augenblick an sagte. Hier kann vielleicht Klarheit kommen. Dieses eine Wort, das mich an alle meine philosophischen Leiden und Qualen erinnerte.»[130] Jedoch folgte auf diese hochgespannte Erwartung eine tiefe Enttäuschung: »Was die Philosophen über die Wirklichkeit sagen, ist oft ebenso irreführend, wie wenn man bei einem Trödler auf einem Schilde liest: Hier wird gerollt. Würde man mit seinem Zeug kommen, um es rollen zu lassen, so wäre man genasführt; denn das Schild steht bloß zum Verkaufe aus.«[131]

Dabei verstand Kierkegaard selbst »Existenz« nicht mehr als das »nackte Dass« des Menschen; die reale Welt, welche er wie alle Existenzphilosophen vom Menschen her deutete, blieb in seinen Ausführungen weitgehend ausgeblendet. Ob Kierkegaard, Heidegger oder Sartre, sie alle verengten das Problem der Existenz auf die Frage nach der Faktizität des menschlichen Daseins. Während Schelling das gesamte All als großes Rätsel zeigte, war für jene nur noch die Existenz des eigenen Lebens rätselhaft, die sie weder mit Vernunft noch durch Natur oder Geschichte erklärten. Kierkegaard beantwortete die Frage nach dem letzten Grund der menschlichen Existenz mit Gott, Heidegger ließ sie offen, und Sartre sah im Menschen ein schlechthin grund- und zwecklos Existierendes.

Aus dem Dargelegten wird deutlich: Existenz- und Lebensphilosophie knüpfen zwar beide an Schellings Spätwerk an, entwickeln aber nur einzelne Aspekte seines Denkens weiter, diese gelegentlich sogar verabsolutierend. Gerade dadurch geraten ihre Auffassungen teilweise in völligen Gegensatz zu Schellings ureigenen Zielen, der ebenso ein geschlossenes Vernunftsystem anstrebte wie eine vom Christentum beeinflusste Religionsphilosophie. Weit davon entfernt, ein Existentialist im modernen Sinne zu sein, hat sich der alte Schelling, wie es Heinrich Heine krass formulierte, »zurückgeschlichen in den Glaubensstall der Vergangenheit«[132]. Im Laufe von mehr als vier Jahrzehnten brachte er eine spekulative Theologie hervor, welche die christliche Lehre von ihrer tiefsinnigsten und hintergründigsten Seite her zeigt.

Aber was ist heute davon noch lebendig? Wie fremd sind uns Schellings trinitarische Spekulationen geworden – so fremd und fern gerückt, dass sie selbst offenbarungsgläubige Christen nicht mehr erreichen – wenn sie das überhaupt jemals taten. Damit sei nicht behauptet, dass philosophisches Wissen grundsätzlich christliches Leben stören und zerstören muss, wie etwa Jacobi, Bauer oder Kierkegaard annahmen. Übereinstimmend kennzeichneten sie alle älteren und neueren Systembauten abschätzig als »philosophische Kartenhäuser oder papierene Tempelchen«[133].

Tatsächlich wird der gläubige Mensch, welcher der Heilsbotschaft von der Menschwerdung Gottes vertraut, ohne das »süße Gift der Spekulation«[134] auskommen und sich mit Kol. 1.15-20, Joh. 1.14 oder Hebr. 1.1-3 begnügen. Jedenfalls wird er Schellings phantastische Vorstellungen über Offenbarung und Dreieinigkeit nicht benötigen, sind sie doch wie alte Münzen oder Briefmarken nur noch etwas für Liebhaber untergegangener Welten. Heute werden oftmals die Dogmen spekulativer Weltdeuter von allen Seiten angezweifelt, von Christen ebenso wie von Nichtchristen. Der wohlwollende Atheist sieht darin vielleicht noch anregende, bestenfalls aufregende Sprachgebilde, die für ihn weiter denkwürdig, aber nicht mehr glaubwürdig sind. Nach atheistischer Ansicht ist es für Menschen mit einem gewissen Bildungsstand kaum noch möglich zu glauben, geschweige denn über Glaubensinhalte vernünftig zu philosophieren. Der Nichtgläubige hat sich längst damit abgefunden, dass Welt und Mensch nicht göttlichen Ursprungs sind, weshalb es mit spekulativer Theologie nicht so weit her sein kann. Seiner Meinung nach sollten wir uns abgewöhnen, zu suchen und zu warten, wenn es doch nichts zu erwarten oder zu finden gibt. Aber so sind wir trostsuchenden Lebewesen nun einmal: Von unstillbaren Sehnsüchten getrieben und von maßlosen Sinnansprüchen verführt, stoßen wir uns lieber die Köpfe an den Gitterstäben dieser Welt blutig, als dass wir mit weniger vorliebnehmen.

Was bleibt angesichts all dieser Bedenken noch übrig außer einer festen Haltung und Trotz, die das Leben, wie es ist, akzeptieren, den einfachen wie einprägsamen Worten Friedericke Kempners gemäß: »Eins ist mir klar zu jeder Frist/ Das Leben ist so, wie es ist/ Denn selbst, wenn's würde anders sein/ Stimmt's mit sich selber überein/ So daß man dann auch sagen müßt'/ Das Leben ist so, wie es ist.«[135]

Kann man sich aber mit Erkenntnissen dieser Art zufrieden geben? Ist dies schon genug, um sich mit Welt und Leben auszusöhnen? Verblüffenderweise erfreut sich ausgerechnet heute mythologisches Denken großer Beliebtheit, was eine gewisse Aktualität von Schellings Philosophie der Mythologie vermuten lässt. Jedoch wie viel man heutzutage auch über die »Gegenwärtigkeit des Mythos«[136] und die »Arbeit am Mythos«[137] zu lesen bekommt, eine echte Wiederbelebung mythischer Lebens- und Weltanschauungen ist damit weder beabsichtigt noch zu erwarten. Denn genau genommen interessiert man sich gar nicht für das Leben der Götter, sondern nur für deren Funktion im Alltagsleben früherer Gesellschaften. In unserer Hemisphäre wird mittlerweile nicht mehr zu den Göttern gebetet; deshalb sollte man auch nicht mehr so über sie reden, als ob es sie noch gäbe und die alten Mythen noch lebendig wären.

Allgemein erzählen Mythen Geschichten, welche die erschreckende Namenlosigkeit der Welt, die bedrohliche Übermächtigkeit des Unverfügbaren und die angsterregende Unvertrautheit des Fremden mit Namen belegen und dadurch bannen. In diesem Sinne freilich sind die Menschen aller Zeiten auf Mythen angewiesen, und tatsächlich ist es unmöglich, ohne sie auszukommen, wie auch immer sie im Einzelnen aussehen mögen.

Auch Schelling wollte durch seine *Philosophie der Mythologie* alte Mythen nicht zu neuem Leben erwecken. Es ging ihm in erster Linie um den Nachweis, dass die vorchristliche Geschichte der religiösen Erfahrungen und Vorstellungen einen Prozess darstellt, in dem sich schrittweise ein Gottesbild entwickelte, das sich immer mehr dem christlichen annäherte – dem nach Schelling vollkommensten. Alle außerchristlichen Religionen als Vorläufer des christlichen Monotheismus zu interpretieren, ist aber bereits mehr als fragwürdig. Dazu kommt, so wertvoll Schellings mythologische Untersuchungen im Einzelnen auch sein mögen, dass die Klarheit des Gedankens immer wieder in den Abgrund bloßer Fantasterei versinkt.

Wie aber ist unter diesen Umständen Schellings große Popularität in der Nachkriegsphilosophie zu erklären? Sicherlich sind heute nur wenige bereit, Schelling ganz zu folgen. Dennoch suchen viele im 20. Jahrhundert eine ernsthafte Auseinandersetzung mit ihm, seien es Jaspers, Heidegger, Schröter, Schulz, Fuhrmans oder Tillich, Koktaniek, Kasper, Krings, Wieland, Habermas und Marquard, um nur einige Namen zu nennen. Darüber hinaus gibt es eine »Internationale Schelling-Gesellschaft« und eine »Schelling-Kommission der Bayerischen Akademie der Wissenschaften«. Schelling vermag also auch gegenwärtig zu faszinieren, wobei besonders die Wirkung seiner Spätphilosophie weniger auf der nüchternen Einfachheit seiner Worte beruht als auf dem abgründigen Tiefsinn seiner Gedanken. Im Grunde liegt der eigentliche Wert seiner Philosophie im Reichtum der darin geschauten und durchdachten Probleme, denn mögen seine Antworten auch nicht mehr die unsrigen sein, seine Fragestellungen sind es noch immer. Selbst wenn Schellings Natur- und Transzendentalphilosophie, sein Identitätssystem und seine Ausführungen über die Weltalter oder die negative und positive Philosophie unzeitgemäß, überholt und in sachlicher Hinsicht unannehmbar sein sollten, so fragen doch auch wir nach Übereinstimmung der Erkenntnis mit der realen Welt, nach Einheit der Natur, dem Rätsel der Existenz wie überhaupt nach Lebensorientierung und Weltsinn.

Auch nach dem Ende der traditionellen Metaphysik und der Vernunftphilosophie des Deutschen Idealismus werden sich die Menschen vermutlich weiterhin durch den Kopf gehen lassen, was es mit dem Ganzen der Wirklichkeit im letzten auf sich hat und woran sie mit sich selbst darin sind. Viele neue Fragen werden sich ihnen aufdrängen und viele Antworten auch in Zukunft den Verdacht hervorrufen, dass die Wirklichkeit ganz anders aussieht, als man annimmt. Trotzdem werden wir nicht aufhören, über das Ganze im letzten nachzudenken – und das ist gut so.

Doch sollten wir dabei niemals die fortschreitenden Ergebnisse der modernen Wissenschaften aus dem Auge verlieren, denn keine philosophische Besinnung auf das Ganze kann daran vorbeigehen, ohne in Wahrheit dahinter zu bleiben. Sicherlich ist eine Betrachtung über das Ganze des Seins mittlerweile kaum noch als letztbegründete Systemphilosophie vorstellbar, in welcher die Welt als kategorial strukturierter Ordnungszusammenhang gezeichnet wird. Deshalb sollte eine solche Letztbesinnung eher die Gestalt einer Hermeneutik des modernen Weltbildes insbesondere naturwissenschaftlicher Prägung haben.[138] Denn deren Ergebnisse beanspruchen von vornherein nur, einleuchtende Interpretationen, Hypothesen von mehr oder weniger großer Wahrscheinlichkeit zu sein, aber keine zwingenden Beweise. Überhaupt geht es darin weniger um spekulative Auslegung naturwissenschaftlicher Erkenntnisse als um deren existentielle und lebensweltliche Verarbeitung.

Im Mittelpunkt des Interesses stünde die Frage, was das naturwissenschaftliche Weltbild – beginnend mit der Erkenntnis neuronaler Netzwerke als der wichtigsten Grundlage für geistige Fähigkeiten wie Intelligenz, Gedächtnis, Bewusstsein und endend bei der Vorstellung des unermesslichen Weltalls mit Milliarden Galaxien, Wasserstoff- und Heliumbränden, in dem die Menschenwelt nur ein flüchtiges Vorkommnis darstellt – für unser letztes Selbst- und Weltverständnis bedeutet. Dann wäre danach zu fragen, welche Selbst- und Weltdeutung von unserer geschichtlich-gesellschaftlichen Wirklichkeit nahegelegt wird, welche Argumente sich zur Stützung einer Abschlussdeutung heranziehen lassen und welche davon in einer Gesellschaft wie der unsrigen noch überzeugen können.

Recht besehen hat philosophische Wirklichkeitsdeutung seit jeher weniger mit Sachfragen als mit Existenzproblemen zu tun, damit also, ob und wie man sich mit der Welt anfreunden und mit ihr fertig werden kann. Hegel spricht in diesem Zusammenhang von Versöhnung, vollzog eine solche aber nur in Gedanken. Wir dagegen suchen eine Antwort auf die Frage, ob es eine Versöhnung auch im täglichen Leben geben kann, ob der Einzelne zu einem letzten Einverständnis mit der Wirklichkeit fähig ist oder ob die Auseinandersetzung damit zwangsläufig zu Weltangst und Weltekel führt. Das ist schwer zu beantworten, nur eines steht fest: Selbst wenn wir uns mit der Welt im Ganzen aussöhnen könnten, wären wir darum noch lange nicht mit unserer sterblichen Existenz versöhnt, die auf behagliche Heimwelten auch dann angewiesen bleibt, wenn es einen allumfassenden Sinn nicht geben sollte.

Von Schelling allein können wir nicht lernen, das Dasein zu meistern, wie überhaupt Philosophie nicht die Aufgabe zu erfüllen hat, die dem Leben ständig gestellt ist – nämlich die Welt kennenzulernen, wie sie ist, und sich zu dieser dann so zu verhalten, dass man es in ihr aushalten kann. Hierbei kommt es weder darauf an, letzte Fragen mit absoluter Sicherheit zu beantworten, noch alle Widersprüche des eigenen Lebens endgültig aufzulösen, sondern vielmehr darauf, zwischen diesen einen Weg zu finden, der, so holprig er auch ist, einen von der Stelle bringt.

Anhang

Anmerkungen

1 Vgl. E. v. Hartmann, Schellings positive Philosophie als Einheit von Hegel und Schopenhauer, Aalen 1979, S. 5; N. Hartmann, Kleinere Schriften 1, Berlin 1955, S. 2ff.
2 B. Russell, Philosophie des Abendlandes, Wien/München/Zürich 1983, S. 728.
3 Schellings philosophische Dissertation aus dem Jahre 1792: Aniquissimi de prima malorum humanorum origine philosophematis Genes. III explicandi tentamen criticum et philosophicum; seine theologische Dissertation aus dem Jahre 1795: De Marcione Paulli- narum epistolarum emendatore; weitere Arbeiten aus der frühen Zeit: Uber die Möglichkeit einer Philosophie ohne Beinamen, nebst einigen Bemerkungen über die Reinholdische Elementarphilosophie; und: Uber die Übereinstimmung der Critik der theoretischen und praktischen Vernunft, besonders in Bezug auf den Gebrauch der Categorien, und der Realisierung in der letzteren.
4 Kants Werke, Bd. 3, Berlin 1968, B XVII.
5 F. Nietzsche, Kritische Studienausgabe, Bd. 5, München/Berlin/New York 1980, S. 404.
6 S. Freud, Studienausgabe, Bd. 1, Frankfurt/M. 1982, S. 283.
7 Ebenda.
8 Ebenda.
9 Kants Werke, Bd. 7, Berlin 1968, S. 127.
10 Ebenda, S. 289.
11 Kants Werke, Bd. 5, Berlin 1968, S. 288.
12 Fichtes Werke, Bd. 1, Berlin 1971, S. 98.
13 Ebenda, S. 91.
14 Ebenda, S. 110.
15 Ebenda, S. 126.

16 Ebenda, S. 125.
17 Ebenda, S. 99.
18 Ebenda, S. 234.
19 Schelling an Hegel, 6.1.1795, in: M. Frank/G. Kurz (Hg.), Materialien zu Schellings philosophischen Anfängen, Frankfurt/M. 1975, S. 117.
20 Fichtes Werke, Bd. 1, Berlin 1971, S. 463.
21 Vgl. J. Stolzenberg, Fichtes Begriff der intellektuellen Anschauung, Stuttgart 1986.
22 Vgl. R. Heckmann, Natur-Geist-Identität, in: ders./H. Krings/R.W. Meyer (Hg.), Natur und Subjektivität. Zur Auseinandersetzung mit der Naturphilosophie des jungen Schelling, Stuttgart-Bad Cannstatt 1985, S. 295 ff.
23 Vgl. B.-O. Küppers, Natur als Organismus, Frankfurt/M. 1992, S. 64.
24 Vgl. R. Heckmann/H. Krings/R. W. Meyer (Hg.), Natur und Subjektivität. Zur Auseinandersetzung mit der Naturphilosophie des jungen Schelling, a.a.O.
25 Vgl. B.-O. Küppers, Natur als Organismus, a.a.O.; H.-D. Mutschler, Spekulative und empirische Physik, Stuttgart/Berlin/Köln 1990.
26 Vgl. A.O. Lovejoy, Die große Kette der Wesen, Frankfurt/M. 1985.
27 Vgl. H.R. Schlette, Weltseele, Frankfurt/M. 1993.
28 W. Capelle, Die Vorsokratiker, Stuttgart 1981, S. 142 = fr. 1.
29 Platon, Timaios 30 c.
30 Ebenda, 34 b.
31 M.T. Cicero, Vom Wesen der Götter, Buch II, 22.
32 Chrysipp Stoic. 2.186 = fr. 604.
33 Vgl. F.J. Wetz, Von der metaphysischen Kosmologie zum physikalischen Weltall, in: ders., Lebenswelt und Weltall. Hermeneutik der unabweislichen Fragen, Stuttgart 1994, S. 56.
34 Schelling an Hegel, 4.2.1795, in: M. Frank/G. Kurz (Hg.), Materialien zu Schellings philosophischen Anfängen, a.a.O., S. 125.
35 Kants Werke, Bd. 1, Berlin 1968, S. 346.
36 Kants Werke, Bd. 5, Berlin 1968, S. 384.
37 Ebenda, S. 304.
38 Ebenda, S. 307.
39 Vgl. A.O. Lovejoy, Die große Kette der Wesen, a.a.O.

40 Vgl. D. v. Engelhardt, Schellings philosophische Grundlegung der Medizin, in: H.J. Sandkühler, Natur und geschichtlicher Prozeß, Frankfurt/M. 1984, S. 305–325.
41 I. Kant, Briefwechsel, Akademieausgabe, Bd. 10, S. 28.
42 J.W. v. Goethe, Wilhelm Meisters Wanderjahre, in: ders., Ges. Werke, Bd. 5, Gütersloh 1976, Buch 1.3.
43 Novalis, Werke und Briefe, Gütersloh 1976, S. 123.
44 Ebenda, S. 128.
45 Ebenda, S. 127.
46 Ebenda, S. 129.
47 Ebenda, S. 135.
48 Ebenda, S. 105.
49 Ebenda, S. 390.
50 Fichtes Werke, Bd. 9, Berlin 1971, S. 362.
51 Fichte an Schelling, 31. 5. 1801, in: Fichte-Schelling, Briefwechsel, hrsg. von W Schulz, Frankfurt/M. 1968, S. 126.
52 Vgl. Fichte-Schelling, Briefwechsel, hrsg. von W Schulz, Frankfurt/M. 1968.
53 Fichtes Werke, Bd. 10, Berlin 1971, S. 26.
54 Vgl. J.-J. Rousseau, Vom Gesellschaftsvertrag oder Grundsätze des Staatsrechts, in: ders., Sozialphilosophische und politische Schriften, München 1981, S. 269ff.
55 Vgl. allgemein zu Schellings Rechtsverständnis: A. Hollerbach, Der Rechtsgedanke bei Schelling, Frankfurt/M. 1957.
56 Vgl. O. Pöggeler, Das Menschenwerk des Staates, in: C. Jamme/H. Schneider (Hg.), Mythologie der Vernunft, Frankfurt/M. 1984, S. 200ff.
57 Das älteste Systemprogramm des deutschen Idealismus, in: C. Jamme/H. Schneider (Hg.), Mythologie der Vernunft, a.a.O., S. 11f.
58 Fichtes Werke, Bd. 6, Berlin 1971, S. 306.
59 Antiquissimi de prima malorum humanorum origine philosophematis Genes. III explicandi tentamen criticum et philosophicum.
60 Vgl. allgemein zu Schellings Kunstverständnis: D. Jähnig, Schelling. Die Kunst in der Philosophie, 2 Bde., Pfullingen 1966/69.
61 Platon, Der Staat, Buch X.
62 Vgl. F.J. Wetz, Neue Mythologie, in: ders., Lebenswelt und Weltall, a.a.O, S. 395ff.

63 Das älteste Systemprogramm des deutschen Idealismus, a.a.O., S. 13.
64 F. Schlegel, Schriften und Fragmente, Stuttgart 1956, S. 129.
65 Vgl. F. J. Wetz, Lebenswelt und Weltall, a.a.O., S. 402.
66 Vgl. ebenda, S. 395–405.
67 Vgl. W. Beierwaltes, Platonismus und Idealismus, Frankfurt/M. 1972.
68 Kants Werke, Bd. 3, Berlin 1968, B 641.
69 F. Nietzsche, Kritische Studienausgabe, Bd. 6, München/Berlin/New York 1980, S. 96.
70 Ebenda, Bd. 11, S. 610.
71 Vgl. P. Probst, Kant. Bestirnter Himmel und moralisches Gesetz, Würzburg 1994.
72 Vgl. ebenda, S. 88 f.
73 Aristoteles, Über die Teile der Tiere, Buch IV, 10.
74 G. Manetti, Über die Würde und Erhabenheit des Menschen, Hamburg 1990, S. 14.
75 Seneca, Vom glückseligen Leben und andere Schriften, Stuttgart 1984, S. 79.
76 Ebenda, S. 157.
77 E Schiller, Über das Erhabene, in: ders., Ges. Werke, Bd. 5, Gütersloh 1975, S. 404.
78 Vgl. A.M. Sollbach, Erhabene Vernunft der Kunst, Gießen 1994 (Dissertation).
79 Vgl. M.J. Petry, Hegels Verteidigung von Goethes Farbenlehre gegenüber Newton, in: ders. (Hg.), Hegel und die Naturwissenschaften, Stuttgart-Bad Cannstatt 1987, S. 323 ff.
80 Die Schrift trägt den umständlichen Titel: F. W J. Schellings Denkmal der Schrift von den göttlichen Dingen etc. des Herrn Friedrich Heinrich Jacobi und der ihm in derselben gemachten Beschuldigung eines absichtlich täuschenden, Lüge redenden Atheismus.
81 Platon, Der Staat, Buch IX, 1; Aristoteles, Nikomachische Ethik, Buch I, 13.
82 Vgl. O. Marquard, Transzendentaler Idealismus, romantische Naturphilosophie und Psychoanalyse, Köln 1987.
83 Vgl. F.J. Wetz, Die Gleichgültigkeit der Welt, Frankfurt/M. 1994, S. 197.
84 Vgl. W. Wieland, Schelling Lehre von der Zeit, Heidelberg 1956.
85 Vgl. Platon, Der Staat, IV. und IX. Buch.

86 Vgl. E. Hermanni, Die letzte Entlastung. Vollendung und Scheitern des abendländischen Theodizeeprojekts in Schellings Philosophie, Wien 1994.
87 Vgl. Platon, Der Staat, IV. und IX. Buch.
88 Vgl. R. Groh/D. Groh, Von den schrecklichen zu den erhabenen Bergen, in: dies., Weltbild und Naturaneignung, Frankfurt/M. 1991, S. 92–149.
89 Vgl. H. Rickert, Die Philosophie des Lebens, Tübingen 1922.
90 Fichtes Werke, Bd. 9, Berlin 1971, S. 393.
91 Vgl. F.J. Wetz, Das nackte Daß. Zur Frage der Faktizität, Pfullingen 1990, S. 62–92; ders., Die Gleichgültigkeit der Welt, a.a.O., S. 22–29.
92 Pindar, Pythien 8,81, in: H. Fränkel, Dichtung und Philosophie des frühen Griechentums, München 1993, S. 568.
93 Brief vom 3.11.1841, in: M. Frank (Hg.), Schelling. Philosophie der Offenbarung 1841/42, Anhang III: Dokumente zu Schellings erstem Vorlesungszyklus in Berlin, Frankfurt/M. 1977, S. 461.
94 P.P. Rohde, Sören Kierkegaard in Selbstzeugnissen und Dokumenten, Hamburg 1959, S. 70.
95 E. Engels, Schelling und die Offenbarung, in: MEW, Erg.-Bd., 2. Teil, Berlin 1973, S. 174.
96 Vgl. A. Hollerbach, Der Rechtsgedanke bei Schelling, a.a.O., S. 46 ff.
97 Vgl. beispielsweise K. Löwith, Hegel und die Aufhebung der Philosophie, in: ders., Sämtliche Schriften, Bd. 5, Stuttgart 1988; M. J. Petry (Hg.), Hegel und die Naturwissenschaften, a.a.O.
98 G. W. F. Hegel, Vorlesung über die Geschichte der Philosophie I, in: ders., Theorie Werkausgabe, Bd. 18, Frankfurt/M. 1982, S. 13 f.
99 Vgl. F. J. Wetz, Das nackte Daß, a.a.O.
100 F. Engels, Schelling und die Offenbarung, a.a.O., S. 202.
101 Ebenda, S. 202; vgl. auch J. Habermas, Dialektischer Idealismus im Übergang zum Materialismus – geschichtsphilosophische Folgerungen aus Schellings Idee einer Contraction Gottes, in: ders., Theorie und Praxis, Neuwied 1963.
102 Vgl. Platon, Der Staat, a.a.O., Buch IX, 588.
103 Vgl. ebenda, Buch IV und IX.
104 Vgl. J.E. Wilson, Schellings Mythologie, Stuttgart-Bad Cannstatt 1993.
105 Vgl. ebenda.

106 Vgl. J. Burckhardt, Weltgeschichtliche Betrachtungen, München 1978.
107 Vgl. F. Nietzsche, Die Geburt der Tragödie, in: ders., Kritische Studienausgabe, Bd. 1, a.a.O.
108 Vgl. Ed. v. Hartmann, Schellings positive Philosophie als Einheit von Hegel und Schopenhauer, a.a.O., S. 35.
109 Vgl. K. Löwith, Gott, Mensch und Welt, in: ders., Sämtliche Schriften, Bd. 9, Stuttgart 1986.
110 Vgl. ders., Hegel und die Aufhebung der Philosophie, a.a.O., S. 239-323.
111 B. Bauer, Die Posaune des jüngsten Gerichts über Hegel den Atheisten und Antichristen, in: K. Löwith (Hg.), Die Hegelsche Linke, Stuttgart-Bad Cannstatt 1988, S. 201.
112 Ebenda, S. 102.
113 E. Engels, Schelling und die Offenbarung, a.a.O., S. 218.
114 Platon, Phaidros, 230 d.
115 Epiktet, Fragmente, Mainz 1938, fr. 175.
116 Arnobius, Adversus nationes, Liber II, Caput 61 (Corpus Scriptorum Ecclesiastorum Latinorum IV), 1875.
117 Augustinus, De moribus Ecclesiae catholicae, Liber I, Caput 21 (Corpus Scriptorum Ecclesiastorum Latinorum XC), 1982.
118 K. Löwith, Sämtliche Schriften, Bd. 2, Stuttgart 1983, S. 348.
119 Vgl. ders. (Hg.), Die Hegelsche Linke, a.a.O., S. 47, 67, 200.
120 Ders., Sämtliche Schriften, Bd. 5, Stuttgart 1988, S. 163.
121 K. Marx, in: MEW, Bd. 2, Berlin 1956, S. 135 f.
122 Vgl. E. Husserl, Die Krisis der europäischen Wissenschaften und die transzendentale Phänomenologie, Husserliana VI, Den Haag 1962.
123 Vgl. etwa S. J. Gould, Zufall Mensch, München 1994.
124 Vgl. K. Löwith, Von Hegel zu Nietzsche, in: ders., Sämtliche Schriften, Bd. 4, Stuttgart 1988.
125 Vgl. F.J. Wetz, Das nackte Daß. Zur Frage der Faktizität, a.a.O.; ders., Die Gleichgültigkeit der Welt, Frankfurt/M. 1994.
126 F. Nietzsche, Kritische Studienausgabe, Bd. 3, a.a.O., S. 109.
127 Ebenda.
128 Vgl. Ed. v. Hartmann, Schellings positive Philosophie als Einheit von Hegel und Schopenhauer, a.a.O.
129 Vgl. W. Schulz, Die Vollendung des Deutschen Idealismus in der Spätphilosophie Schellings, Pfullingen 1975.

130 P.P. Rohde, Sören Kierkegaard in Selbstzeugnissen und Dokumenten, a.a.O., S. 70.

131 S. Kierkegaard, Entweder/Oder 1/1, Köln/Düsseldorf 1979, S. 34.

132 H. Heine, Zur Geschichte der Religion in Deutschland, Stuttgart o.J, S. 213.

133 B. Bauer, Die Posaune des Jüngsten Gerichts über Hegel den Atheisten und Antichristen, a.a.O., S. 139

134 Ebenda, S. 144.

135 F. Kempner, Das Leben ist ein Gedichte, Leipzig 1986, S. 39.

136 L. Kolakowski, Die Gegenwärtigkeit des Mythos, München 1984.

137 H. Blumenberg, Arbeit am Mythos, Frankfurt/M. 1986.

138 Vgl. F.J. Wetz, Lebenswelt und Weltall, a.a.O.

Literaturhinweise

1. Werke von Friedrich Wilhelm Joseph Schelling

Siglen (in alphabetischer Reihenfolge)

I-XIV F. W. J. v. Schellings sämtliche Werke, hrsg. von K. E. A. Schelling, Stuttgart 1856–61. (Die römischen Zahlen verweisen auf die Bandzahlen.)

B Briefwechsel Fichte-Schelling, hrsg. von Walter Schulz, Frankfurt/M. 1968.

E Einleitung in die Philosophie, hrsg. von Walter E. Ehrhardt, Stuttgart-Bad Cannstatt 1989.

EV Erlanger Vorlesung Wintersemester 1820/21: Initia Philosophiae Universae, hrsg. von Horst Fuhrmans, Bonn 1969.

SW System der Weltalter, hrsg. von Siegbert Peetz, Frankfurt/M. 1990.

T Timaeus, hrsg. von Hartmut Buchner, Stuttgart-Bad Cannstatt 1994.

P Philosophie der Offenbarung 1841/42 (Paulus-Nachschrift), hrsg. von Manfred Frank, Frankfurt/M. 1977.

WA Die Weltalter, Fragmente. In den Urfassungen von 1811 und 1813, hrsg. von Manfred Schröter, in: Schellings Werke, Nachlaßband, München 1946.

Weitere Ausgaben

Schellings Werke nach der Originalausgabe in neuer Anordnung, hrsg. von Manfred Schröter, 6 Hauptbände und 6 Ergänzungsbände, München 1962–71. (Unveränderter Nachdruck der Ausgabe von 1927–59.)

F. W. J. Schelling, Historisch-kritische Ausgabe, im Auftrag der Schelling-Kommission der Bayerischen Akademie der Wissenschaften hrsg. von Hans Michael Baumgartner/Wilhelm G. Jacobs/Hermann Krings/Hermann Zehner, Stuttgart-Bad Cannstatt 1976 ff., Stand 1995: Werke 1/1–5. Die Ausgabe ist in vier Abteilungen gegliedert: I. Werke, II. Nachlaß, III. Briefe von und an Schelling, IV. Nachschriften von Vorlesungen Schellings durch Hörer.

F. W. J. Schelling, Ausgewählte Schriften in sechs Bänden, hrsg. von Manfred Frank, Frankfurt/M. 1985.

F. W. J. Schelling, Das Tagebuch 1848. Rationale Philosophie und demokratische Revolution, hrsg. von Hans Jörg Sandkühler, Hamburg 1990.

F. W. J. Schelling, Urfassung der Philosophie der Offenbarung in zwei Bänden, hrsg. von Walter E. Ehrhardt, Hamburg 1992.

F. W. J. Schelling, Briefe und Dokumente, hrsg. von Horst Fuhrmans, Bd. 1: 1775–1809, Bd. 2: Zusatzband 1775–1803, Bonn 1962/73.

Schelling und Cotta. Briefwechsel 1803–1849, hrsg. von Horst Fuhrmans/Liselotte Löhrer, Stuttgart 1965.

Plitt, G. L., Aus Schellings Leben. In Briefen, 3 Bde., Leipzig 1869–70.

König Maximilian II. von Bayern und Schelling. Briefwechsel, hrsg. von Ludwig Trost/Friedrich Leist, Stuttgart 1890.

Schelling, ausgew. und vorg. von Markus Brach, hrsg. von Peter Slotderdijk, München 1995.

2. Ausgewählte Sekundärliteratur

Allwohn, A., Der Mythos bei Schelling, Ruggell 1978.

Barth, B., Schellings Philosophie der Kunst, Freiburg 1991.

Balthasar, H.-U. von, Prometheus. Studien zur Geschichte des deutschen Idealismus, Heidelberg 1947.

Baumgartner, H. M. (Hg.), Schelling. Einführung in seine Philosophie, Freiburg 1975.

Ders./W. Jacobs, Philosophie der Subjektivität? Zur Bestimmung des neuzeitlichen Philosophierens. Akten des 1. Kongresses der Internationalen Schelling Gesellschaft, 2. Bde., Stuttgart-Bad Cannstatt 1993.

Beierwaltes, W., Platonismus und Idealismus, Frankfurt/M. 1972.

Benz, E., Schelling. Werden und Wirken seines Denkens, Zürich 1955.
Blanchard, G., Die Vernunft und das Irrationale. Die Grundlagen von Schellings Spätphilosophie im System des transzendentalen Idealismus und der Identitätsphilosophie, Frankfurt/M. 1979.
Buchheim, Th., Eins von Allem. Die Selbstbescheidung des Idealismus in Schellings Spätphilosophie, Hamburg 1992.
Dempf, A., Weltordnung und Heilsgeschichte, Einsiedeln 1958.
Dischner, G., Caroline und der Jenaer Kreis. Ein Leben zwischen bürgerlicher Vereinzelung und romantischer Geselligkeit, Berlin 1979.
Frank, M./G. Kurz, Materialien zu Schellings philosophischen Anfängen, Frankfurt/M. 1975.
Frank, M., Eine Einführung in Schellings Philosophie, Frankfurt/M. 1985.
Ders., Der unendliche Mangel an Sein. Schellings Hegel-Kritik und die Anfänge der Marxschen Dialektik, Frankfurt/M. 1975.
Frantz, K., Schellings positive Philosophie nach ihrem Inhalt, wie nach ihrer Bedeutung für den allgemeinen Umschwung der bis jetzt noch herrschenden Denkweise dargestellt, Aalen 1968.
Fuhrmans, H., Schellings letzte Philosophie. Die negative und die positive Philosophie im Einsatz des Spätidealismus, Berlin 1940.
Ders., Schellings Philosophie der Weltalter, Düsseldorf 1954.
Gamm, G., Wahrheit als Differenz. Umrisse einer anderen Theorie der Moderne. Descartes – Kant – Hegel – Schelling – Schopenhauer – Marx – Nietzsche, Frankfurt/M. 1986.
Gehlen, A., Gesamtausgabe, Bd. 2: Vom Deutschen Idealismus zur Lebensphilosophie, Frankfurt/M. 1994.
Görland, L, Die Entwicklung der Frühphilosophie Schellings in der Auseinandersetzung mit Fichte, Frankfurt/M. 1973.
Gulyga, A., Schelling. Leben und Werk, Stuttgart 1989.
Habermas, J., Das Absolute und die Geschichte. Von der Zwiespältigkeit in Schellings Denken, Bonn 1954 (Dissertation).
Hartmann, N., Die Philosophie des Deutschen Idealismus, Berlin 1974.
Hasler, L. (Hg.), Schelling. Seine Bedeutung für eine Philosophie der Natur und der Geschichte. Referate und Kolloquien der Internationalen Schelling-Tagung Zürich 1979, Stuttgart-Bad Cannstatt 1981.
Haym, R., Die romantische Schule. Ein Beitrag zur Geschichte des deutschen Geistes, Darmstadt 1972.

Heckmann, R./H. Krings/R.W. Meyer (Hg.), Natur und Subjektivität. Zur Auseinandersetzung mit der Naturphilosophie des jungen Schelling. Referate, Voten und Protokolle der II. Internationalen Schelling-Tagung Zürich 1983, Stuttgart-Bad Cannstatt 1985.

Heidegger, M., Schellings Abhandlung über das Wesen der menschlichen Freiheit, Tübingen 1971.

Heimsoeth, H., Metaphysik der Neuzeit, München 1967.

Heine, H., Beiträge zur deutschen Ideologie, Frankfurt/M./Berlin/Wien 1971.

Hermanni, F., Die letzte Entlastung. Vollendung und Scheitern des abendländischen Theodizeeprojektes in Schellings Philosophie, Wien 1994.

Heuser-Kessler, M.L., Die Produktivität der Natur. Schellings Naturphilosophie und das neue Paradigma der Selbstorganisation in den Naturwissenschaften, Berlin 1986.

Höffe, O./A. Pieper (Hg.), Über das Wesen der menschlichen Freiheit, Berlin 1995.

Hogrebe, W., Prädikation und Genesis. Metaphysik als Fundamentalheuristik im Ausgang von Schellings Weltalter, Frankfurt/M. 1989.

Hollerbach, A., Der Rechtsgedanke bei Schelling, Frankfurt/M. 1957.

Holz, H., Geist in Geschichte. Idealismus-Studien, II. Halbband: Fichte, Schelling, Hegel. Die Macht der Idee im konsystematischen Monolog, Würzburg 1994.

Ders., Spekulation und Faktizität. Zum Freiheitsbegriff des mittleren und späten Schelling, Bonn 1970.

Horstmann, R.P., Die Grenzen der Vernunft. Eine Untersuchung zu Zielen und Motiven des Deutschen Idealismus, Frankfurt/M. 1991.

Hühn, L., Fichte und Schelling, oder: Über die Grenze menschlichen Wissens, Stuttgart 1994.

Jacobs, W.G., Gottesbegriff und Geschichtsphilosophie in der Sicht Schellings, Stuttgart-Bad Cannstatt 1993.

Ders., Zwischen Revolution und Orthodoxie? Schelling und seine Freunde im Stift und an der Universität Tübingen, Stuttgart-Bad Cannstatt 1989.

Jamme, C./H. Schneider, Mythologie der Vernunft. Hegels ältestes Systemprogramm des deutschen Idealismus, Frankfurt/M. 1984.

Jänig, D., Schelling. Die Kunst in der Philosophie, 2 Bde., Pfullingen 1966/69.

Jaspers, K., Schelling. Größe und Verhängnis, München 1955.

Kasper, W., Das Absolute in der Geschichte. Philosophie und Theologie der Geschichte in der Spätphilosophie Schellings, Mainz 1965.

Knudsen, H., Gottesbeweise im Deutschen Idealismus, Berlin 1972.

Kreiml, J., Die Wirklichkeit Gottes. Eine Untersuchung über die Metaphysik und die Religionsphilosophie des späten Schelling, Regensburg 1989.

Krings, H., Die Entfremdung zwischen Schelling und Hegel (1801–1807), München 1977.

Küppers, B. O., Natur als Organismus. Schellings frühe Naturphilosophie und ihre Bedeutung für die moderne Biologie, Frankfurt/M. 1992.

Lanfranconi, A., Krisis. Eine Lektüre der »Weltalter«-Texte F. W. J. Schellings, Stuttgart-Bad Cannstatt 1992.

Lauth, R., Die Entstehung von Schellings Identitätsphilosophie in der Auseinandersetzung mit Fichtes Wissenschaftslehre 1795–1801, Freiburg 1975.

Lawrence, J. P., Schellings Philosophie des ewigen Anfangs, Würzburg 1989.

Loer, B., Das Absolute und die Wirklichkeit in Schellings Philosophie, Berlin 1974.

Löwith, K., Gott, Mensch und Welt in der Metaphysik von Descartes bis zu Nietzsche, Göttingen 1967.

Marquard, O., Transzendentaler Idealismus – Romantische Naturphilosophie – Psychoanalyse, Köln 1987.

Marx, K./F. Engels, Gesamtausgabe, Ergänzungsband, Zweiter Teil, Berlin 1967.

Marx, W., Schelling: Geschichte, System, Freiheit, Freiburg 1977.

Mutschler, H. D., Spekulative und empirische Physik, Stuttgart 1990.

Pawlowski, H. M./S. Smid/R. Sprecht, Die praktische Philosophie Schellings und die gegenwärtige Rechtsphilosophie, Stuttgart-Bad Cannstatt 1989.

Sandkühler, H. J., Natur und geschichtlicher Prozeß. Studien zur Naturphilosophie E. W. J. Schellings, Frankfurt/M. 1984.

Schraven, M., Philosophie und Revolution. Schellings Verhältnis zum Politischen im Revolutionsjahr 1848, Stuttgart-Bad Cannstatt 1989.

Schulz, W., Die Vollendung des deutschen Idealismus in der Spätphilosophie Schellings, Pfullingen 1975.
Tillich, P., Schelling und die Anfänge des existenzialistischen Protests, in: Zeitschrift für philosophische Forschung 9, 1955, S. 197–208.
Tilliette, X., Schelling. Une philosophic en devenir, 2 Bde., Paris 1970.
Ders. (Hg.), Schelling im Spiegel seiner Zeitgenossen, Turin 1974.
Wetz, F.J., Das nackte Daß. Zur Frage der Faktizität, Pfullingen 1990.
Ders., Die Gleichgültigkeit der Welt, Frankfurt/M. 1994.
Ders., Lebenswelt und Weltall. Hermeneutik der unabweislichen Fragen, Stuttgart 1994.
Wieland, W., Schellings Lehre von der Zeit. Grundlagen und Voraussetzungen der Weltalterphilosophie, Heidelberg 1956.
Wild, C., Reflexion und Erfahrung. Eine Interpretation der Frühphilosophie und Spätphilosophie Schellings, Freiburg 1968.
Wilson, J.E., Schellings Mythologie. Zur Auslegung der Philosophie der Mythologie und der Offenbarung, Stuttgart-Bad Cannstatt 1993.
Wüstehube, A., Das Denken aus dem Grund. Zur Bedeutung der Spätphilosophie Schellings für die Ontologie Ernst Blochs, Würzburg 1989.
Zehner, H., Schelling, Stuttgart 1954.

Zeittafel

1775	Friedrich Wilhelm Joseph Schelling wird am 27. Januar in Leonberg (Württemberg) geboren.
1790–95	Studium der Philosophie und Theologie an der Universität Tübingen und Studierwohnsitz im Tübinger Stift.
1794	*Über die Möglichkeit einer Form der Philosophie überhaupt. Vom Ich als Prinzip der Philosophie oder über das Unbedingte im menschlichen Wissen; Philosophische Briefe über Dogmatismus und Kritizismus.*
1796–97	Begleitung der jungen Barone von Riedesel nach Leipzig als Hofmeister. Dort Studium der Mathematik, Naturwissenschaften und Medizin.
1797	*Ideen zu einer Philosophie der Natur.*
1798	Außerordentliche Professur in Jena. *Von der Weltseele.*
1799	*Erster Entwurf eines Systems der Naturphilosophie.*
1800	*System des transzendentalen Idealismus.*
1801	*Darstellung meines Systems der Philosophie.*
1802	*Bruno oder über das göttliche und natürliche Prinzip der Dinge; Philosophie der Kunst.*
1803	Heirat mit Caroline Schlegel. Berufung als ordentlicher Professor nach Würzburg. *Vorlesungen über die Methode des akademischen Studiums.*
1804	*Philosophie und Religion; System der gesamten Philosophie und der Naturphilosophie insbesondere.*
1805	*Aphorismen über die Naturphilosophie; Darlegung des wahren Verhältnisses der Naturphilosophie zu der verbesserten Fichteschen Lehre.*
1806	Mitglied der Akademie der Wissenschaften in München.
1806–20	Ohne akademische Lehrtätigkeit in München.

1807 *Über das Verhältnis der bildenden Künste zu der Natur: Rede vor der Akademie der Wissenschaften.*

1808 Generalsekretär der Akademie der bildenden Künste in München und Verleihung des persönlichen Adelstitels. *Philosophische Untersuchungen über das Wesen der menschlichen Freiheit.* Tod Carolines.

1810 Stuttgarter Privatvorlesungen. Beginn der jahrelangen Arbeit an den *Weltaltern*, die zu Schellings Lebzeiten unveröffentlicht blieben.

1812 Heirat mit Pauline Gotter.

1820–23 Honorarprofessur in Erlangen.

1822 *Zur Geschichte der neueren Philosophie* (Erstfassung).

1827–41 Ordentlicher Professor in München. Arbeit an den zu Lebzeiten unveröffentlicht gebliebenen Vorlesungen: *Einführung in die Philosophie*, *Philosophie der Mythologie* und *Philosophie der Offenbarung.*

1835 Lehrer des späteren Königs Maximilian II.

1841–46 Ordentliche Professur in Berlin. Weitere Vorlesungen über *Philosophie der Mythologie* und *Philosophie der Offenbarung.*

1842 Mitglied der Preußischen Akademie der Wissenschaften.

1854 Schelling stirbt am 20. August in Bad Ragaz (Schweiz).

Franz Josef Wetz, geb. 1958, Studium der Philosophie, Germanistik und Theologie in Mainz, Frankfurt/M. und Gießen, 1989 Promotion in Philosophie. Dissertationspreis der Justus-Liebig-Universität Gießen. 1992 Habilitation in Philosophie am Zentrum für Philosophie und Grundlagen der Wissenschaft der Universität Gießen. Seit 1994 Professor für Philosophie an der Pädagogischen Hochschule Schwäbisch Gmünd. Mitglied im wissenschaftlichen Beirat der Giordano-Bruno-Stiftung, Humanistischen Akademie Bayerns, Feuerbach Gesellschaft und im Direktorium des Hans-Albert-Instituts. Neuere Monografien: Tod, Trauer, Trost. Was am Ende hilft, 2022; Das Fest der gewöhnlichen Dinge. Lesekompass durch Rilkes Duineser Elegien, 2021; Hans Blumenberg zur Einführung, 2020; Keine Liebe ohne Lüge, 2020; Tot ohne Gott. Eine neue Kultur des Abschieds, 2018; Exzesse. Wer tanzt tötet nicht, 2016; Rebellion der Selbstachtung. Gegen Demütigung, 2014. Speziell zu Schelling: F.W.J. Schelling, Über das Wesen der menschlichen Freiheit, herausgegeben und neu kommentiert von F.J. Wetz, 2021.